黄埔海关年鉴
2022

《黄埔海关年鉴（2022）》编纂委员会——编著

中国海关出版社有限公司
·北京·

图书在版编目（CIP）数据

黄埔海关年鉴.2022/《黄埔海关年鉴（2022）》编纂委员会编著.—北京：中国海关出版社有限公司，2023.3
（中国海关史料丛书）
ISBN 978－7－5175－0657－7

Ⅰ.①黄… Ⅱ.①黄… Ⅲ.①海关—广州—2022—年鉴 Ⅳ.①F752.55-54

中国国家版本馆 CIP 数据核字（2023）第 039827 号

黄埔海关年鉴（2022）
HUANGPU HAIGUAN NIANJIAN（2022）

作　　者：	《黄埔海关年鉴（2022）》编纂委员会
责任编辑：	夏淑婷
出版发行：	中国海关出版社有限公司
社　　址：	北京市朝阳区东四环南路甲 1 号　　邮政编码：100023
编 辑 部：	01065194242-7539（电话）
发 行 部：	01065194221/4238/4246/5127（电话）
社办书店：	01065195616（电话）
	https://weidian.com/? userid＝319526934（网址）
印　　刷：	北京新华印刷有限公司　　经　　销：新华书店
开　　本：	889mm×1194mm　1/16
印　　张：	19.75　　字　　数：345 千字
版　　次：	2023 年 3 月第 1 版
印　　次：	2023 年 3 月第 1 次印刷
书　　号：	ISBN 978－7－5175－0657－7
定　　价：	200.00 元

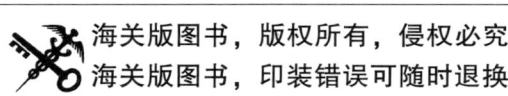

《黄埔海关年鉴（2022）》编纂委员会

主 任 委 员　　郑汉龙　金 海

副 主 任 委 员　　王 彬　周运保　钟文新　林利忠　包黎明
　　　　　　　　　邝 力　柳 陲　谢玉茹　薛永磊

编纂委员会委员　（按姓氏笔画排序）

王永俊　孔令瑜　朱 垠　刘 芳　刘化冰
刘荣水　刘晓昀　江 涛　汤 勇　杨 忠
杨晓勇　李立群　李嘉平　吴险峰　邱傅彬
沈方操　沈源里　宋 扬　宋海剑　张 胜
张 翀　张 瑞　张学敬　张家珍　陈 斌
陈 雷　陈啸坪　林 臻　罗 胜　郑育洪
赵明华　钟 声　钟宏文　宣 飞　贺韶辉
殷汉勤　高 翔　高泳庄　郭小东　陶理清
梁小梅　梁少芬　曾 方　曾 萍　蔡红宇
潘英启

《黄埔海关年鉴（2022）》编辑部

总　　　　编　　谢玉茹

副　总　　编　　张　胜

主　　　　编　　孟春龙

副　主　　编　　袁　峰　苏　峥　肖双红　岳文钊　杨为林
　　　　　　　　李长亮

编辑部成员　　（按姓氏笔画排序）
　　　　　　　　于惠中　王　单　王　颇　王　超　王　静
　　　　　　　　王晓亮　邓　靓　卢军锋　吕永才　朱　莉
　　　　　　　　朱红坤　朱薇霖　向　彬　刘真真　庄聪雅
　　　　　　　　闫　婧　关恩红　杨　宇　杨　阳　李　静
　　　　　　　　李　鑫　李丽莉　何伟峰　何薇倩　邱辉荣
　　　　　　　　沈孔忠　沈梓岚　张　铄　张炜东　张法军
　　　　　　　　张俊豪　陈岱媚　陈晓芝　武月婷　和丽娟
　　　　　　　　周春晖　封萌芳　赵　辉　徐　晖　高　赛
　　　　　　　　黄　捷　黄鑫湖　龚盛玮　常立丽　梁　珣
　　　　　　　　梁诗慧　舒　蕾　曾纪锐　赖志凯　蔡嘉颖
　　　　　　　　潘海强

编辑说明

一、《黄埔海关年鉴》坚持以马克思列宁主义、毛泽东思想、邓小平理论、"三个代表"重要思想、科学发展观、习近平新时代中国特色社会主义思想为指导，坚持辩证唯物主义和历史唯物主义的立场、观点和方法，围绕黄埔海关党委决策部署，全面、客观、系统地记载黄埔海关关区海关监管服务情况。

二、《黄埔海关年鉴（2022）》是由《黄埔海关年鉴（2022）》编纂委员会组织编纂，黄埔海关各单位共同参与的资料性工具书，主要载录黄埔海关2021年关区发展的基本资料，因首次编纂，设"综述"简要介绍此前黄埔海关发展历史。

三、《黄埔海关年鉴（2022）》采用分类编辑法，以类目、分目、条目组成框架结构的主体部分。设有特载，专记，党的建设，业务建设，综合保障，隶属海关单位，所属事业单位、群众团体，人物荣誉，大事记，海关统计资料共10个类目。

四、《黄埔海关年鉴（2022）》所载录的文章和条目，均由黄埔海关各单位负责撰写或提供，并经单位负责人审核。因供稿单位统计口径不同，有的数据在不同条目中不尽一致。如个别数据与黄埔海关统计部门公布的数据有出入，以黄埔海关统计部门数据为准。数据采用法定计量单位，个别遵从习惯。撰稿人按姓氏笔画排序。

目　录

综　述 …………………………………… 1
海关专题图片 …………………………… 1

第一篇　特　载

在2021年黄埔海关工作会议上的讲话 …… 3
在2021年黄埔海关全面从严治党工作会议上的讲话 …………………………… 17

第二篇　专　记

庆祝中国共产党成立100周年和党史学习教育 …………………………… 27
学习贯彻党的十九届六中全会精神 …… 30
全力服务粤港澳大湾区建设和"一带一路"高质量发展 …………………… 34
从严从紧、毫不松懈抓好新冠肺炎疫情防控 …………………………………… 38
优化口岸营商环境　促进跨境贸易便利化 ……………………………… 42
推动综合保税区高质量发展 …………… 44
打击走私重点专项工作 ………………… 48
严防外来物种入侵　维护国门生物安全 …………………………………… 51
开展进口食品"国门守护"行动　守牢食品安全底线 ………………………… 53
构建全链条检验监管机制　强化进出口危险品检验监管 …………………… 55
定点帮扶及推动乡村振兴工作 ………… 58

第三篇　党的建设

党建工作 ………………………………… 65
　概况 …………………………………… 65
　宣传思想文化 ………………………… 65
　基层党组织建设 ……………………… 65
　党风廉政工作 ………………………… 66
　准军事化建设 ………………………… 66
　群团工作 ……………………………… 66
巡察工作 ………………………………… 67
　概况 …………………………………… 67
　巡察工作 ……………………………… 67
纪检监察 ………………………………… 68
　概况 …………………………………… 68
　监督检查 ……………………………… 68
　执纪问责 ……………………………… 68
　标本兼治 ……………………………… 69
队伍管理 ………………………………… 70
　概况 …………………………………… 70
　机构编制管理 ………………………… 70

干部人事管理 …………………… 70
　　人才队伍建设 …………………… 71
教育培训 …………………………… 72
　　概况 ……………………………… 72
　　干部培训管理 …………………… 72
　　教育资源建设 …………………… 73
离退休干部管理 …………………… 74
　　概况 ……………………………… 74
　　党建工作 ………………………… 74
　　服务管理 ………………………… 75
　　发挥作用 ………………………… 75
　　医疗保障 ………………………… 76

第四篇　业务建设

法治建设 …………………………… 79
　　概况 ……………………………… 79
　　法规管理 ………………………… 79
　　复议应诉 ………………………… 80
　　法制协调 ………………………… 80
　　法治宣传 ………………………… 81
业务改革 …………………………… 83
　　概况 ……………………………… 83
　　深化业务改革 …………………… 83
　　通关运行管理 …………………… 84
　　贸易管制与技术规范 …………… 84
　　知识产权海关保护 ……………… 85
保税监管 …………………………… 86
　　概况 ……………………………… 86
　　保税监管业务改革 ……………… 86
　　海关特殊监管区域和保税监管场所
　　　管理 …………………………… 87
风险管理 …………………………… 89
　　概况 ……………………………… 89
　　风险预警与信息 ………………… 89
　　风险分析处置 …………………… 90
　　非贸渠道风险防控 ……………… 90
　　大数据应用 ……………………… 90
关税征管 …………………………… 92
　　概况 ……………………………… 92
　　税则税政 ………………………… 93
　　验估管理 ………………………… 93
　　税收征管 ………………………… 93
　　税收风险防控 …………………… 94
　　原产地管理 ……………………… 94
卫生检疫 …………………………… 95
　　概况 ……………………………… 95
　　检疫管理 ………………………… 95
　　疾病监测 ………………………… 95
　　卫生监督 ………………………… 96
动植物检疫 ………………………… 97
　　概况 ……………………………… 97
　　进出境动物检疫 ………………… 98
　　进出境植物检疫 ………………… 99
食品检验检疫 ……………………… 101
　　概况 ……………………………… 101
　　进口检验检疫 …………………… 101
　　出口检验检疫 …………………… 102
商品检验 …………………………… 103
　　概况 ……………………………… 103

质量安全风险预警和快速反应体系
　　建设 …………………………… 103
重点商品检验监管 …………………… 103
鉴定管理 ……………………………… 104

口岸监管 ……………………………… 105

概况 …………………………………… 105
物流监管 ……………………………… 105
货物监管 ……………………………… 106
寄递类及行李物品监管 ……………… 106
口岸监控管理 ………………………… 107
国门安全防控及口岸监管环节
　　安全生产 ……………………… 107
监管基础保障能力 …………………… 107

统计分析及政策研究 ………………… 109

概况 …………………………………… 109
统计调查 ……………………………… 109
贸易统计 ……………………………… 110
业务统计 ……………………………… 110
统计数据运用和管理 ………………… 110
政策研究 ……………………………… 111
监测预警 ……………………………… 111

企业管理 ……………………………… 113

概况 …………………………………… 113
企业资质管理 ………………………… 114
企业信用管理 ………………………… 114

稽（核）查 …………………………… 115

概况 …………………………………… 115
海关稽查 ……………………………… 115
海关核查 ……………………………… 116
属地查检 ……………………………… 116

查缉走私 ……………………………… 117

概况 …………………………………… 117
打击涉税走私 ………………………… 117
打击非涉税走私 ……………………… 118
打击水上走私 ………………………… 118
行政处罚 ……………………………… 119
全员打私 ……………………………… 119
综合治理 ……………………………… 119
国际执法合作 ………………………… 119

第五篇　综合保障

政务管理 ……………………………… 123

概况 …………………………………… 123
应急值守 ……………………………… 123
政务信息 ……………………………… 123
会议管理 ……………………………… 124
公文处理 ……………………………… 124
督查督办 ……………………………… 124
保密档案 ……………………………… 125
政务公开 ……………………………… 125
新闻宣传 ……………………………… 125

财务管理 ……………………………… 127

概况 …………………………………… 127
税费财务管理 ………………………… 127
预算管理 ……………………………… 127
经费管理 ……………………………… 128
企事业财务管理 ……………………… 128
政府采购管理 ………………………… 128
基建管理 ……………………………… 129

资产管理 …………………………… 129

科技发展 …………………………………… 130

　　概况 ………………………………… 130

　　信息化建设 ………………………… 131

　　实验室管理 ………………………… 131

　　科研管理 …………………………… 132

督察内审 …………………………………… 133

　　概况 ………………………………… 133

　　督察监督 …………………………… 133

　　内部审计 …………………………… 134

　　内控建设 …………………………… 134

　　执法评估 …………………………… 134

第六篇　隶属海关单位

总署风险防控局（黄埔） ………………… 139

　　概况 ………………………………… 139

　　党的建设 …………………………… 140

　　风险信息 …………………………… 140

　　风险预警 …………………………… 140

　　国际贸易规则研究 ………………… 141

　　风险分析 …………………………… 141

　　风险处置 …………………………… 141

　　保税及海关特殊监管区域风险

　　　防控 ……………………………… 142

　　大数据应用 ………………………… 142

　　队伍建设 …………………………… 142

黄埔老港海关 ……………………………… 144

　　概况 ………………………………… 144

　　政治建设 …………………………… 144

　　法治建设 …………………………… 145

　　关税征管 …………………………… 145

　　口岸监管 …………………………… 146

　　口岸服务 …………………………… 146

　　口岸疫情防控 ……………………… 147

　　老港平安建设 ……………………… 147

　　老港家园建设 ……………………… 148

黄埔新港海关 ……………………………… 149

　　概况 ………………………………… 149

　　党史学习教育 ……………………… 149

　　清廉海关建设 ……………………… 150

　　法治建设 …………………………… 150

　　口岸监管 …………………………… 150

　　口岸新冠肺炎疫情防控 …………… 151

　　口岸服务 …………………………… 152

　　中欧班列 …………………………… 152

　　税收征管 …………………………… 152

　　检验检疫 …………………………… 153

　　集中审像 …………………………… 153

　　综合保障 …………………………… 154

穗东海关 …………………………………… 155

　　概况 ………………………………… 155

　　党的建设 …………………………… 155

　　队伍建设 …………………………… 156

　　广州黄埔综合保税区封关

　　　运作 ……………………………… 156

　　保税加工监管 ……………………… 157

　　跨境电商监管 ……………………… 157

　　税收征管 …………………………… 157

　　通关监管 …………………………… 157

口岸监管 …………………… 158
　　企业管理 …………………… 158
　　政务管理 …………………… 158
　　法治建设 …………………… 159
　　财务及后勤保障 …………… 159
　　督察内审 …………………… 159
　　海关与地方的合作 ………… 159
　　新冠肺炎疫情防控 ………… 160
　　安全生产 …………………… 160

东江口海关 …………………… 161
　　概况 ………………………… 161
　　党的建设 …………………… 161
　　法治建设 …………………… 161
　　稽查业务 …………………… 162
　　核查业务 …………………… 162
　　政务管理 …………………… 163
　　财务及后勤保障 …………… 163
　　队伍建设 …………………… 164

萝岗海关 ……………………… 165
　　概况 ………………………… 165
　　党的建设 …………………… 165
　　新冠肺炎疫情防控 ………… 166
　　法治建设 …………………… 166
　　检验检疫 …………………… 166
　　监管业务 …………………… 167
　　企业管理 …………………… 167
　　政务管理 …………………… 168
　　综合保障 …………………… 168
　　队伍建设 …………………… 168

增城海关 ……………………… 170
　　概况 ………………………… 170

　　党的建设 …………………… 170
　　队伍管理 …………………… 171
　　监管业务 …………………… 171
　　检验检疫 …………………… 172
　　新冠肺炎疫情防控 ………… 172
　　企业管理 …………………… 172
　　保税监管 …………………… 173
　　中欧国际班列 ……………… 173
　　帮扶农产品外贸发展 ……… 174
　　寄递审核业务 ……………… 174
　　支持优势产业 ……………… 174

东莞海关 ……………………… 176
　　概况 ………………………… 176
　　星火计划 …………………… 176
　　疫情防控 …………………… 177
　　优化营商环境 ……………… 177
　　税收征管 …………………… 177
　　知识产权海关保护 ………… 178
　　统计分析及政策研究 ……… 178
　　服务"一带一路"建设 ……… 178
　　加工贸易监管改革 ………… 179
　　检验检疫 …………………… 179
　　寄递类物品监管 …………… 180
　　AEO 企业培育 ……………… 180
　　核查工作 …………………… 180

新沙海关 ……………………… 182
　　概况 ………………………… 182
　　全面从严治党 ……………… 182
　　口岸新冠肺炎疫情防控 …… 183
　　保障粮食供给 ……………… 183
　　助力能源进口 ……………… 184

促进汽车进出口 …………… 184
综合治税 ………………… 185
集约验估 ………………… 185
队伍建设 ………………… 185

常平海关 …………………… 187
概况 ……………………… 187
党史学习教育 …………… 188
新冠肺炎疫情防控 ……… 188
市场采购贸易 …………… 189
国际货运班列 …………… 189
跨境电商 ………………… 190
核查业务改革 …………… 190
反恐备勤 ………………… 191
"互联网+检验" ………… 191
截获国家二级保护动物
　大壁虎 ………………… 191

太平海关 …………………… 192
概况 ……………………… 192
稽查业务 ………………… 192
口岸监管 ………………… 193
全员打私 ………………… 193
综合业务 ………………… 194
优化服务 ………………… 194
基层党建 ………………… 194
队伍建设 ………………… 194
法制保障 ………………… 195
安全管理 ………………… 195

凤岗海关 …………………… 196
概况 ……………………… 196
党的建设 ………………… 196
法治建设 ………………… 197

风险管理 ………………… 197
税收征管 ………………… 197
检验检疫 ………………… 198
监管业务 ………………… 198
新冠肺炎疫情防控 ……… 198
政务管理 ………………… 199
队伍建设 ………………… 199
党史学习教育 …………… 199
优化营商环境 …………… 200

东莞长安海关 ……………… 201
概况 ……………………… 201
党的建设 ………………… 201
队伍管理 ………………… 202
新冠肺炎疫情防控 ……… 203
检验检疫 ………………… 203
口岸监管 ………………… 203
税收征管 ………………… 204
优化营商环境 …………… 204
政务管理 ………………… 204
后勤保障 ………………… 205
市场采购开通 …………… 205
粤港澳大湾区供应链安全通关
　便利化试点 …………… 205
举办涉恐突发事件应急处置
　现场演练 ……………… 206

沙田海关 …………………… 207
概况 ……………………… 207
党的建设 ………………… 208
法治建设 ………………… 208
疫情防控 ………………… 209
口岸监管 ………………… 209

知识产权保护 ………………… 209
动植物检疫 …………………… 210
食品监管 ……………………… 210
商品检验 ……………………… 210
危化品监管 …………………… 210
企业管理 ……………………… 210
后续核查 ……………………… 211
保税监管 ……………………… 211
促进东莞虎门港综合保税区
　发展 ………………………… 211
跨境电商业务 ………………… 212
口岸服务 ……………………… 212
政务管理 ……………………… 212
财务及后勤保障 ……………… 212

第七篇　所属事业单位、群众团体

黄埔海关后勤管理中心 ………… 215
　概况 …………………………… 215
　党的建设 ……………………… 215
　新冠肺炎疫情防控 …………… 216
　物业管理 ……………………… 216
　生活管理 ……………………… 217
　采购管理 ……………………… 217
　经营管理 ……………………… 218
　涉案财物管理 ………………… 218
中国电子口岸数据中心黄埔分中心 … 219
　概况 …………………………… 219
　党的建设 ……………………… 219

　新冠肺炎疫情防控 …………… 219
　提升科技服务能力 …………… 220
　服务关区外贸企业 …………… 220
　拓展经营性业务 ……………… 220
黄埔海关技术中心 ……………… 222
　概况 …………………………… 222
　党的建设 ……………………… 222
　新冠肺炎疫情防控 …………… 223
　实验室能力建设 ……………… 223
　检测业务 ……………………… 224
　安全生产 ……………………… 224
　综合管理 ……………………… 225
黄埔海关国际旅行卫生保健中心 … 226
　概况 …………………………… 226
　技术能力 ……………………… 226
　党的建设 ……………………… 227
　队伍建设 ……………………… 227
　新冠肺炎疫情防控 …………… 227
　监测体检 ……………………… 228
　安全防控 ……………………… 228
黄埔海关学会 …………………… 230
　概况 …………………………… 230
　理论研究 ……………………… 230

第八篇　人物荣誉

2021年黄埔海关获省部级以上表彰集体和
　个人名单 ……………………… 233

2021年黄埔海关首次荣获"光荣在党50年"
纪念章名单（57人） ………… 235
2021年黄埔海关获三等功奖励人员名单
（143人） ………… 236
2021年黄埔海关调整为三级关务监督及以上
人员名单（40人） ………… 237

第九篇　大事记

2021年黄埔海关大事记 ………… 241

第十篇　海关统计资料

2021年黄埔关区进出口贸易方式
总值表 ………… 261
2021年黄埔关区进出口国别（地区）
总值表 ………… 262

"中国海关史料丛书"编委会

"中国海关史料丛书"编委会 ……… 271

综　述

黄埔海关是广东省内7个直属海关之一，其前身系清政府于康熙二十四年（公元1685年）在广东设置的粤海关挂号口，位于广州市河南黄埔村南酱园码头（今海珠区新洲黄埔村），也称黄埔税馆。1950年10月黄埔支关设立，隶属广州海关；1952年9月黄埔支关更名为黄埔分关；1980年7月黄埔分关更名为黄埔海关，直属海关总署（以下简称"总署"）领导；1988年8月升格为副厅级单位；2000年11月升格为正厅级单位；2018年新一轮机构改革后，广州和东莞地区相关出入境检验检疫管理职责和队伍划入黄埔海关。目前，黄埔海关下辖2个副厅（局）级机构，下设21个正处级内设机构、14个正处级隶属海关单位、3个副处级办事处、6个所属事业单位，另有1个总署委托管理事业单位。

随着队伍壮大和业务发展，黄埔海关办公地点多次变迁。1950年10月黄埔支关租用广州市黄埔外运公司港前路办公楼作为办公地点，1953年黄埔分关迁至停靠在广州市黄埔区黄埔码头的3条船（"油麻地"、"惠通"趸船和"红星"舰）上办公，1954年2月黄埔分关迁至广州市黄埔区中山路（港前路），1962年年初黄埔分关迁至广州市黄埔区港湾路3号，1985年6月黄埔海关机关迁至广州市黄埔区港湾路15号，1990年11月黄埔海关机关迁至广州经济技术开发区志诚大道327号，2008年12月黄埔海关机关迁至广州经济技术开发区保金路36号，2021年10月黄埔海关机关迁至广州市黄埔区大沙地东路333号。

黄埔海关辖区面积约4,658平方千米，包括广州市黄埔区、增城区和东莞市，西部、北部与广州海关相连，东部、南部与深圳海关接壤，毗邻我国香港、澳门，水陆交通发达。水路有黄埔老港、黄埔新港、新沙港、东莞港等港口，陆路有京九铁路、穗深城际铁路、京港澳高速、沈海高速、珠三角环线高速、107国道、255省道等运输通道。黄埔海关的关区版图就像一只雄鹰，畅饮珠江水，翱翔狮子洋，昂首托举黄埔区，两翼携带东莞、增城，在粤港澳大湾区的中心地带"鹰击天风壮"，助力地区经济腾飞。虽然黄埔海关关区面积较小，但历来是华南地区重要的海上对外贸易口岸，也是我国加工贸易开展早、密度大的地区之一。黄埔海关业务量和税收量也长期位居全国海关前列，为守护国门安全和促进经济发展作出了突出贡献。它以一隅之地，见证了中国海关制度的萌芽、曲折和发展，见证了"海上丝绸之路"的繁荣和粤港澳地区的经济社会发展，见证了对外贸易史上许多重大历史事件的发生。例如，1759年英商状告黄埔关口事件、1829年外商"拒不进口"案、1924年"哈佛"轮走私军火案、1978年中国第一家"三来一补"企业创立和中国海关第一份来料加工贸易手册诞生，这些事件在一定程度上影响了中国海关的发展进程。

1978年，改革开放一声春雷，中国大地一派万象更新、宏图大展的景象。尤其是珠三角地区承担着改革开放"排头兵"的重任，经济社会呈现出飞跃式发展态势。1980年7月29日，海关总署征得广东省人民政府同意，将黄埔分关升格为黄埔海关，直属总署领导；10月1日，黄埔海关正式对外办公。从此，地处"珠三角腹地""加工贸易之都"的黄埔海关秉承改革理念，紧跟时代步伐，坚持创业创新、奋斗奋进，开始了波澜壮阔的探索和发展之路。随着改革开放的不断深入，黄埔海关的业务量不断增长，业务种类从改革开放前的船舶、货物监管，发展成为除进出境航空器监管业务外的所有海关业务。自1984年2月起，太平分关、新港办事处、东莞海关、新塘海关、惠州海关、驻广州经济技术开发区办事处、老港办事处等隶属海关（办事处）相继挂牌并对外办理业务。1986年，黄埔海关认真贯彻总署提出的变"防范为主"为"促进为主"工作方针，进一步解放思想，大力推进改革，在管理职能上，变过去的"单纯把关"为"把关服务"；在监管制度上，采取灵活措施，方便合法进出。1987年《中华人民共和国海关法》颁布实施后，黄埔海关从维护国家主权和利益出发，依法监督管理进出关境的运输工具、货物、行李物品，征收关税和其他税费，查缉走私，编制海关统计和办理其他海关业务，对促进国家对外贸易发展和科技文化交流，保障社会主义现代化建设作出积极贡献。黄埔海关的货运监管量、报关单量、征收税款额分别由1981年的561.5万吨、4.2万份、2亿元人民币（以下简称"元"）上升至1990年的1,046万吨、32万份、17.4亿元；来料加工、进料加工和补偿贸易等类型的加工贸易开始得到快速发展，企业数量由1981年的112家发展到1990年年底的8,675家。

20世纪90年代，中国对外贸易进入快速发展时期，特别是1992年邓小平南方谈话后，华南地区得风气之先，掀起新一轮改革开放浪潮。广州、东莞地区的国际航行船舶、来往港澳小型船舶、转关车辆等运输工具及货物，以及进出境旅客及其行李物品大幅增加。自1991年7月起东莞海关驻凤岗办事处、东莞海关驻常平办事处、河源海关、太平海关驻长安办事处等隶属海关（办事处）相继挂牌并正式对外办理业务。面对关区外贸爆发式增长态势，黄埔海关坚决贯彻总署提出的"促进为主"工作方针，立足"把关"和"服务"基本职责，进一步解放思想，紧跟开放步伐，主动探索，大胆创新，运用现代化科技管理手段，不断创新管理理念，全面推进通关、征税、企业管理、风险管理、打击走私、海关统计等业务改革，推动各项业务全面发展。1992年，在全国海关首创"进出口商品编码报关凭证"制度。1994年，正式推广应用"报关自动化系统"（H883系统），实现货运监管、征税、统计等业务的一体化管理。1993年，全面试行稽查制度。1994—1996年，连续三年税收量居全国海关第三位。1997年，率先在全国海关建立业务统计数据"双重审核"管理制度，形成业务统计管理以统计部门为主导，各业务部门共同参与的新格局。2000年，审核统计进出口报关单379.3万份，统计进出口商品记录条数835.1万条，均居全国海关第一位。

进入21世纪，随着2001年中国加入世界贸易组织，华南地区的对外贸易得到快速发展，对外开放格局向全方位、深层次、宽领域方向发展，黄埔关区的对外贸易也持续迅猛增长，特别是作为"世界工厂"的东莞市，这个时期陆路转关运输体量极大，甚至一度出现"东莞堵车、全球缺货"情况。为贯彻落实总署关于现代海关制度第一、二步发展战略和"依法行政、为国把关、服务经济、促进发展"工作方针，黄埔海关运用现代科技管理手段，率先推进通关改革，创新税收征管方式，不断提升口岸综合管控和进出口货物监管能力，实现"管得住""通得快"目标。在陆运和海运通关方面，黄埔海关在全国先行先试，陆续开展了快速通关、无纸通关、分类通关、区域通关等一系列通关作业模式改革。2001年，在东莞凤岗车检场启动全国陆路快速通关作业改革试点。2002年，在广州黄埔新港集司码头启动全国海运快速通关作业改革试点，为全国海关复制推广提供参照。2006年，在东莞寮步车检场启用"海关智能化车检场通关监管系统"，成为当时全国先进、通关效率高、社会满意的车检场通关监管系统之一，被《人民日报》等媒体誉为"通关高速公路"。2008年，自主研发的"超大流量陆路车检场智能通关系统"获得广东省科技进步一等奖。2009—2011年，创新审单通道决策机制，开展风险式审单模式改革，完成全关区海运、陆运进出口货物的分类通关改革。2012年，作为全国海关首批试点单位启动通关作业无纸化改革，推进单证审核依据由纸质单证为主向电子数据为主的转变。在税收征管方面，黄埔海关税收征管由注重数量向注重质量转化，2009年，在全国首先探索建立海关税收保全和强制措施；2011年，创新税收分类征管模式，税收入库首次突破千亿大关，达到1,000.26亿元，跻身全国税收千亿元海关行列。

在海关统计方面，统计分析向进出口监测预警深化，密切跟踪中国对外贸易发展轨迹；执法评估深入开展，成为统计监督促进业务管理的有力手段；统计数据审核工作重心由传统微观审核拓展至宏观数据监控。2012年，开始实施出口先导指数调查，为中央开展经济形势研判和国家宏观决策提供依据。2001—2002年，黄埔海关报关单记录条数居全国海关第一位；2001—2013年，黄埔海关报关单记录条数占全国海关的比重均不低于9%。在保税监管方面，随着经济全球化的加快推进，尤其是珠三角经济圈跨越式发展的逐步推进，传统意义上海关监管模式逐渐不能适应加工贸易企业的发展需求。由此，黄埔海关积极引导加工贸易健康发展，探索建立具有关区特色的现代化海关保税监管体系。2005年，试行保税监管作业内外勤分离改革；2006年，开出全国第一本总署版加工贸易电子化手册；2007年，在全国海关首次进行保税货物网上公开拍卖；2010年，上线运行全国首个加工贸易管理三方联网系统，实现企业、商务和海关的三方数据联网传输，并开出全国海关首本加工贸易"三方联网"手册。2012年，关区加工贸易进出口值达到1,271.98亿美元。在打击走私方面，2003年，走私犯罪侦查分局更名为缉私局，黄埔海关打私力量进一步增强，打私效果进一步提升。2003年，侦破全国最大一起牛皮走私案；2004年，破获"2·17"专案，案值高达18.2亿元，是当时全国最大一起加工贸易走私案；2009年，侦破"10·9"系列特大走私毒品案，共缴获海洛因1,033.36千克，抓获犯罪嫌疑人16名，击毙犯罪嫌疑人1名，是中华人民共和国成立后海关查获的最大一起海洛因走私案；2012年，查获"10·09"特大貂皮走私案、"5·30"毒品系列案等一批大要案，全年立案走私案值102.7亿元。与此同时，黄埔海关在跨境电商监管、稽查、督审、科技、办公政务等方面也率先推进多项改革举措。2006年，自主研发应用"黄埔海关风险管理平台"，被多个直属海关移植运用；自主探索制定的隶属海关建立健全长效内控机制实施办法被总署转发全国海关推广；2008年，受总署委托开发"海关第二步发展战略核心业务指标应用子系统"，并在全国推广应用；2009年，在全国首创实行"一企一户"式企业户籍管理模式；2011年，在全国海关率先开展通关时效评估；2013年，成为广东省内第一个开通政务微博、12360服务官方微信的直属海关。

党的十八大召开后，中国特色社会主义进入新时代。黄埔海关坚决贯彻中共中央"五位一体"总体布局和"四个全面"战略布局，按照总署关于"把好国门、做好服务、防好风险、带好队伍"总体要求，主动适应经济发展新常态，积极落实供给侧结构性改革、"放管服"改革、全国海关通关一体化改革，有针对性地选择验估、保税、稽查等领域进行"集约+分散"式改革，实现强化监管与优化服务并重，通关效率和监管效能齐升，有力推动了广州国际航运中心、穗港智造特别合作区、东莞加工贸易转型升级等广州市、东莞市的重点项目建设，促进地区外贸稳定增长。黄埔海关不仅在推动海关事业发展中提供了"黄埔海关经验"，而且在服务地方开放型经济社会发展中作出了"黄埔海关贡献"。在监管通关方面，2014年在全国率先探索直属海关层面一体化改革模式的实现路径，为总署出台全面深化改革方案"探路搭桥"。2015年，与出入境检验检疫部门合作在东莞寮步车检场开展陆路口岸"三互"（信息互换、监管互认、执法互助）大通关模式改革，在直属海关层面率先形成"水陆网"三位一体的大通关格局。2017年，全面承接全国海关通关一体化改革，全年受理全国海关通关一体化报关单151.04万份；在全国海关率先建立容错纠错机制，营造为改革者撑腰、为担当者担当、为廉洁者鼓劲的良好改革氛围。在税收征管方面，黄埔海关主动承接海关系统"自报自缴"、"关税保证保险"、"两步申报"、原产地证书自助打印等全国性改革工作试点，实施"集约+分散"的验估模式，推动税收征管高质量发展。2013—2017年，黄埔海关税收入库始终保持在全国前六位；成功将某大型企业归类合理诉求转化为议题报送至世界海关组织审议，在国际上发出"黄埔关税"声音。在海关统计方面，2014年以动态数据仓库为基础建设"智能化数据应用支持平台"，是全国海关统计系统首个"大数据"技术应用项目；在全国海关率先开展统计机构集约化改革。在保税监管方面，随着国家经济结构战略性调整，东莞市成为加工贸易产业转型升级试点城市，黄埔海关主动采取"建立风险式加工贸易分类管理模式""支持来料加工企业不停产就地转型"等措施促进加工贸易转型升级。2013年，在全国海关首创加工贸易电子化手册"参数判别、分类审核"改革试点，实现加工贸易作业的风险分类差别化管理。2015年，启动保税监管集中审核作业中心试点。2017年，在全国率先启动"以企业为单元"的加工贸易监管模式改革，开出该模式下的全国首份电子账册。同时，加工贸易转型升级的效果也逐步体现，2011—2020年关区内共有3,500余家非法人来料加工企业转为法人企业。在打击走私方面，2014年总署党组决定在全国海关设立三个区域性缉私战区（黄埔海关缉私局被编入第三战区），以强化全国海关打击走私的整体联动性。针对华南地区走私手法的不断变化，黄埔海关缉私部门指定专人、专案专办，相继查获一批有影响力的大要案。是年，侦破"3·05"走私进口皮革案，案值60.91亿元，是中华人民共和国成立后全国海关系统破获的最大一起走私进口皮革案。2016年起开始以"HP—N（黄埔—阿拉伯数字）"命名独立侦办的系列专案。是年11月，联合公安、税务、中国人民银行等四个部门开展行动，一举打掉一个长期活跃在广东多地实施走私、出口骗税、虚开增值税专用发票等多种犯罪行为的团伙，案值约14亿元，骗税额约2.11亿元，开创四部门联合打击出口骗税活动的先河。此外，黄埔海关在跨境电子商务、稽查、风险、知识产权保护、对外交流等方面也是亮点纷呈。

2014年，作为总署全国统一版"海关跨境贸易电子商务通关服务平台"的首个试点单位，率先启动跨境贸易电子商务零售出口试点。2015年，在全国设立第一个企业认证中心，并下设广州、东莞两个工作站，实现企业认证管理集约化、规范化、标准化。2017年，总署风险防控中心（黄埔）设立，是总署在全国海关范围内设立的履行跨关区风险防控职责的三个中心之一；作为全国首批试点单位，在东莞国际邮件互换局兼交换站启用总署"邮递物品信息化管理系统"，实现"电子申报、自动分拣、智能验放"快速通关，并在全国各互换局中率先使用智能机器人传输邮件；被世界知识产权组织和国家工商行政管理总局联合授予"中国商标金奖"；与日本名古屋海关签署关际合作意向书。

2018年党和国家机构改革后，海关新增出入境检验检疫职责，黄埔海关进入建设新时代中国特色社会主义新海关的重要阶段。2018—2020年，受中美经贸摩擦、新冠肺炎疫情[①]等重大不利因素影响，广州、东莞等地外贸稳定增长出现一定困难。黄埔海关坚持以习近平新时代中国特色社会主义思想为指导，深刻认识新发展阶段，全面贯彻新发展理念，加快构建新发展格局，推动高质量发展，以制度创新和治理能力建设为主线，坚持以系统集成观念推进"放管服"改革和"海关改革2020"，全面落实总体国家安全观，严防疫情疫病传入，将检验检疫业务纳入"互联网+海关"应用，推动检验检疫业务由条块式向链条式转变；坚决贯彻落实党中央缉私管理体制调整的重大决策，坚决履行打私"第一责任人""直接责任人"职责，推进"黄埔缉私云"实战化，始终保持打私高压态势；在服务"一带一路"倡议、建设粤港澳大湾区、支持深圳建设中国特色社会主义先行示范区、推动广州实现老城市新活力和支持东莞打造"湾区都市、品质东莞"过程中积极体现海关作为，在服务高水平开放高质量发展中走在全国海关前列。

2018年，黄埔海关在全国率先实现海运口岸24小时通关，主要业务指标继续位居全国海关前列，关检融合"五统一"多个项目领跑全国；关区进出口贸易总值1.53万亿元，口岸税收1,398.3亿元，创历史新高。2019年，黄埔海关在全国海关率先研发"涉案财物智慧仓库""智慧监督"系统，海运口岸24小时智能通关改革入选国务院支持粤港澳大湾区建设政策库；主动应对经贸摩擦影响，承接全国海关"两步申报"改革试点；助力"东莞常平号"中欧班列成功首发，东莞虎门港综合保税区通过国家正式验收；成功破获"1·17"特大国际走私象牙案，全年刑事立案358宗、案值242.5亿元。2020年，黄埔海关坚决服从全国抗疫大局，严格落实"三查三排一转运"等措施，实现口岸

---

① 2022年12月26日，国家卫生健康委员会发布2022年第7号公告，将新型冠状病毒肺炎更名为新型冠状病毒感染。本书主要载录黄埔海关2021年关区发展的基本情况，因此，书中"新冠肺炎疫情"等相关表述，沿用2022年第7号公告发布之前的说法。

疫情防控"零漏检、零延时、零感染",并成为全国海关首个病媒监测智能化试点海关;稽(核)查指标保持高位运行;手机全球维修业务顺利落地,市场采购贸易试点顺利启动,申报容错等改革经验纳入《广州市优化营商环境条例》;"互联网+海关"应用持续深化,5G、VR、人工智能等新技术应用场景不断拓展;"国门利剑2020""蓝天2020"等专项打私行动成效显著,查证固体废物7.41万吨。

2021年是"十四五"规划的第一年,是中国开启全面建设社会主义现代化国家新征程、向第二个百年奋斗目标进军的第一年。站在"两个一百年"的历史交汇点上,黄埔海关立足新发展阶段,从口岸海关职能出发,更加准确地把握机遇挑战,持续强化监管优化服务,推动建设更高水平开放型经济新体制,促进贸易自由化便利化,助力广州打造国内大循环的中心节点、国内国际双循环的战略链接,发挥各类改革叠加效应,让市场主体更有获得感。贯彻新发展理念,坚持统筹发展和安全,把安全发展贯穿工作各领域和全过程,坚决筑牢国门安全防线,提升实际监管效能,始终保持打击走私高压态势,系统强化风险防控,全面履行口岸海关在维护经济、政治、文化、社会、生态安全等方面的职责;融入新发展格局,按照《"十四五"海关发展规划》部署,提升通关一体化水平,支持对接"一带一路"倡议、粤港澳大湾区建设,更宽领域保障产业链供应链稳定,促进跨境电商等新业态新模式发展,持续优化口岸营商环境,更深层次支持外贸高质量发展,推动重大国家战略落地见效。是年,登临检疫进境船舶3,675艘次,筑牢口岸检疫防线。全面履行监管职责,监管进出境运输工具13.9万辆次,监管货运量9,239万吨,货值1.78万亿元、同比增长16.9%;税收入库1,274.05亿元;促进跨境贸易便利化,进出口整体通关时间分别为11.69小时和0.72小时,较2017年分别压缩72.87%、94.23%;黄埔海关缉私局获评联合国环境规划署"亚洲环境执法奖"。

黄埔海关建关以来,队伍建设成果斐然,涌现出"全国文明单位""全国优秀公安局""全国纪检监察系统先进集体""全国三八红旗集体""全国青年文明号""全国巾帼文明岗"等一大批先进集体和"全国劳动模范""全国五一劳动奖章"等众多国家级先进个人。

新时代新阶段,黄埔海关将在以习近平同志为核心的党中央领导下、在习近平新时代中国特色社会主义思想指引下、在伟大建党精神感召下,忠诚捍卫"两个确立",坚决做到"两个维护",心怀"国之大者",担责于身、履责于行,众志成城、奋力前行,在建设社会主义现代化海关"赶考"之路上再立新功,交出无愧于党和人民的新答卷。

海关专题图片

领导活动

◀ 2021年2月2日,黄埔海关召开2021年工作会议、全面从严治党工作会议

2021年4月8日,黄埔海关党委书记、关长郑汉龙(前)率队参观红色教育基地 ▶

2021年4月15—16日，黄埔海关党委书记、关长郑汉龙（左五）到黄埔海关定点帮扶村调研推进乡村振兴工作

2021年4月26日，黄埔海关党委书记、关长郑汉龙（右一）到穗东海关调研

◀ 2021年5月10—11日，黄埔海关党委书记、关长郑汉龙（左四）到新沙海关调研

2021年11月30日，黄埔海关党委委员、缉私局局长王彬（左）出席联合国环境规划署亚洲环境执法奖颁奖典礼 ▶

◀ 2021年5月12日，黄埔海关党委委员、纪检组长陈所庆（左一）到企业开展支持促进外贸高质量发展调研

2021年4月16日，黄埔海关党委委员、副关长周运保（前排左二）到黄埔新港海关辖区企业开展调研

◀2021年6月28日，黄埔海关党委委员、政治部主任钟文新（中）参加基层党建联系点穗东海关综合业务二科党支部主题党日活动

2021年1月27日，黄埔海关党委委员、副关长林利忠（前排左四）到黄埔综合保税区调研

2021年5月25日,黄埔海关党委委员、副关长包黎明(左二)参观指导黄埔海关科技活动周主题展览

2021年2月10日,黄埔海关党委委员、副关长谢玉茹(左二)到办公室开展调研

党的建设

2021年3月26日,"红心向党"退休老干部合唱团演唱《最美的歌儿唱给妈妈》《再唱山歌给党听》

2021年5月25日,穗东海关在广州保税区车检场开展队列训练

◀ 2021年6月3日，常平海关邀请老革命战士开展"讲述红色故事 赓续红色基因"党史大讲堂

▲ 2021年6月17日，黄埔海关举行"光荣在党50年"纪念章颁发仪式

2021年6月28日，太平海关稽查外勤一科开展党日活动

◀2021年7月1日，常平海关举行新党员入党宣誓仪式

2021年7月2日，萝岗海关综合业务科党支部组织学习"七一"讲话精神

◀ 2021年8月31日,总署风险防控局(黄埔)举行"学史·铸魂"系列读书分享会

2021年9月10日,穗东海关开展2021年新任党支部书记培训 ▶

◀ 2021年12月18日,财务处党支部组织开展党日活动

疫情防控

2021年1月11日凌晨1点,新沙海关关员结束对"苏卡快航"轮的登临检疫工作

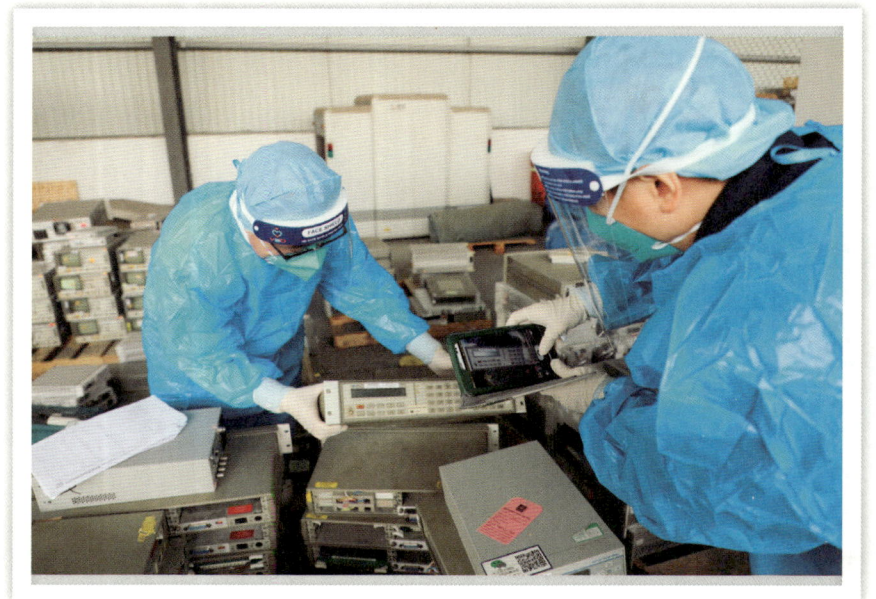

2021年1月20日,沙田海关查获禁止进口固体废物6.4吨

▲ 2021年2月12日,沙田海关关员在虎门港56号码头对"台塑货柜4号"轮进行登临检疫

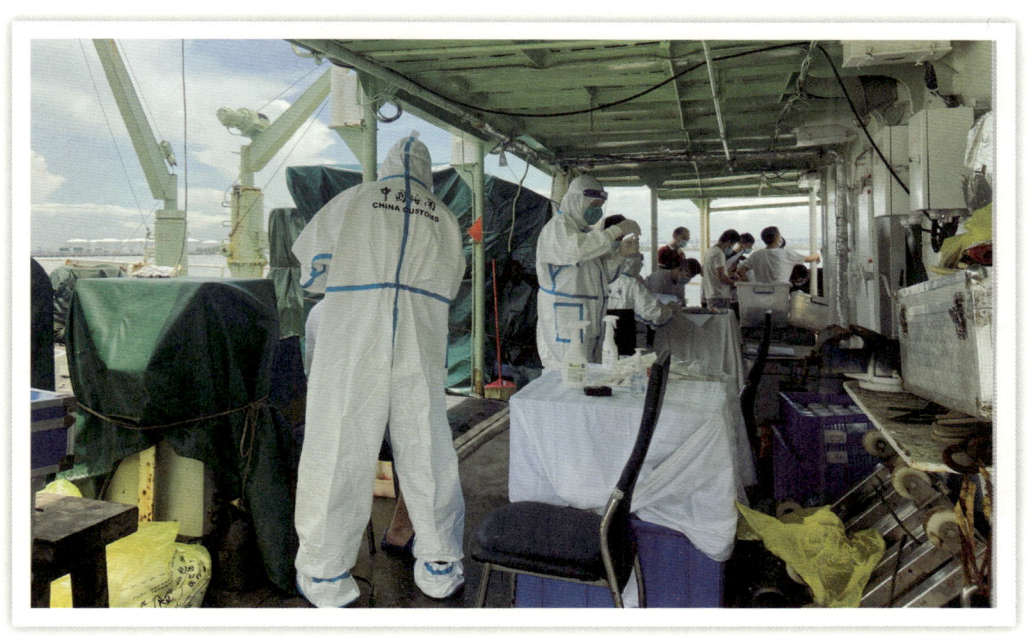

▲ 2021年6月15日,老港海关党员突击队在锚地登临完成入境科考船舶61名工作人员卫生检疫排查

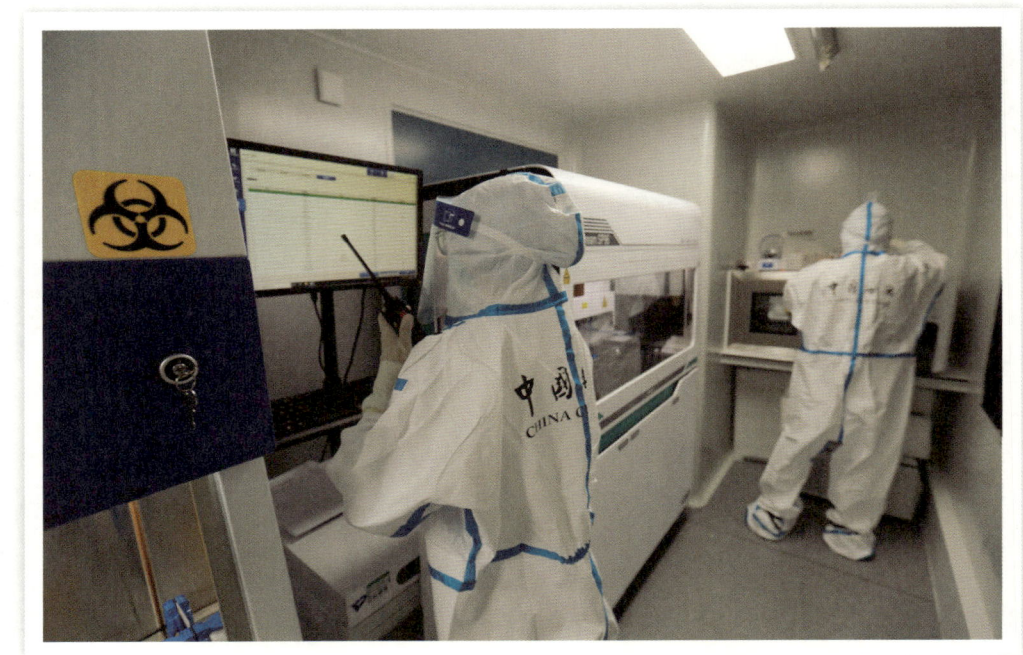

2021年7月12日,黄埔海关保健中心工作人员在移动P2+实验室开展工作

2021年12月4日,穗东海关关员支援老港海关开展登轮检疫工作

业务建设

◀ 2021年1月29日，穗东海关关员到跨境电商企业调研

2021年2月2日，▶ 萝岗海关关员实施供港活禽业务迁移后首次疫病监测和隔离检疫工作

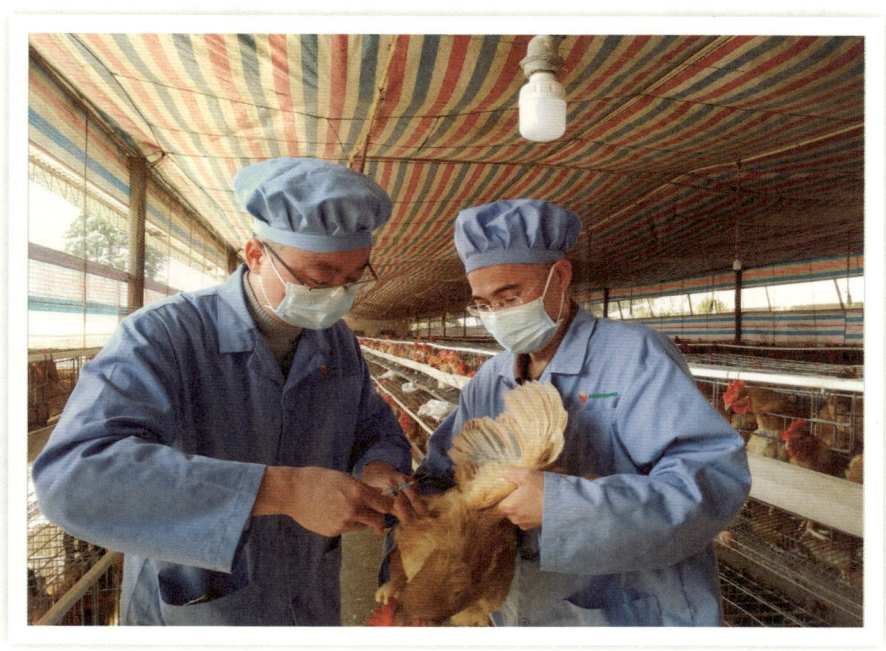

2021年3月19日,东莞长安海关成功验放黄埔关区首票市场采购业务使用车检场转关模式出口货物

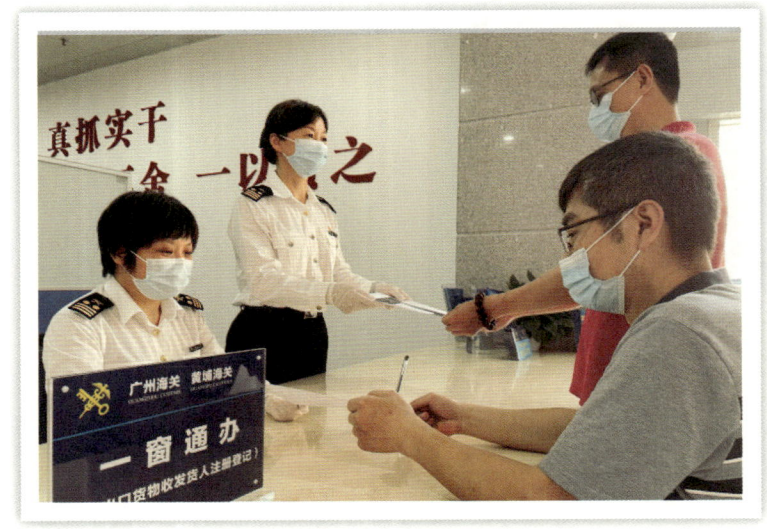

2021年4月1日,全国首宗跨直属海关注册登记业务"一窗通办"在黄埔海关成功落地

2021年4月9日,沙田海关查获侵权香烟超10吨

◀ 2021年4月29日,黄埔海关保障首列"广州港—阿拉山口—波兰"海铁联运中欧班列开行

2021年6月9日,增城海关到辖区荔枝出口企业开展日常监管业务 ▶

◀ 2021年6月30日,新沙海关关员对进口车辆进行查验

2021年7月13日,凤岗海关关员到东莞南方中集物流装备制造有限公司对集装箱实施查验 ▶

◀ 2021年8月4日,东莞海关关员到月饼出口企业进行核查

2021年9月24日,"东莞常平号"中亚班列成功首发 ▶

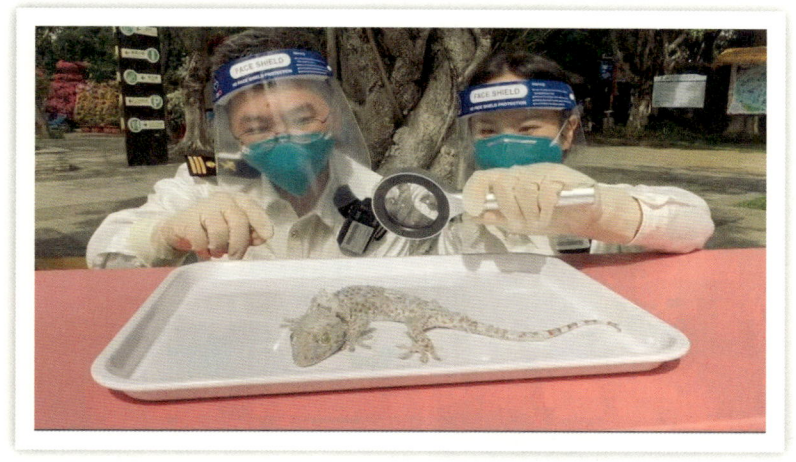

◀ 2021年9月25日,常平海关首次截获国家二级保护动物大壁虎

2021年11月18日,黄埔海关缉私局破获一批走私进口木材案 ▶

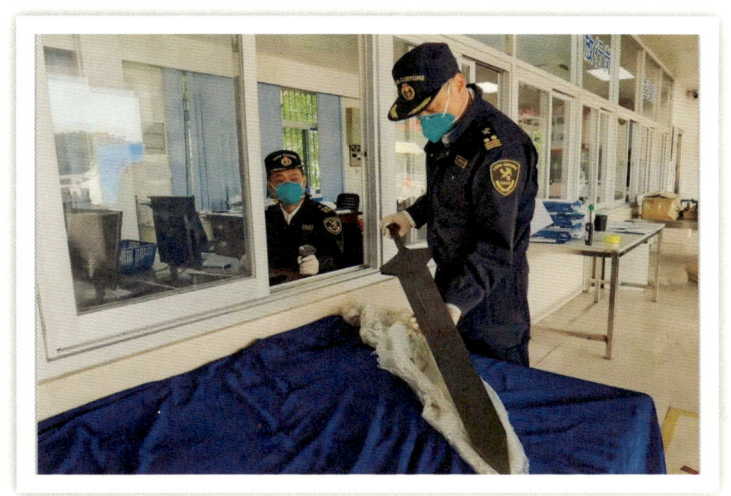

◀ 2021年11月26日,东莞长安海关查获仿古金属剑一把

队伍风采

◀ 2021年3月5日，东江口海关关员开展学雷锋志愿服务活动

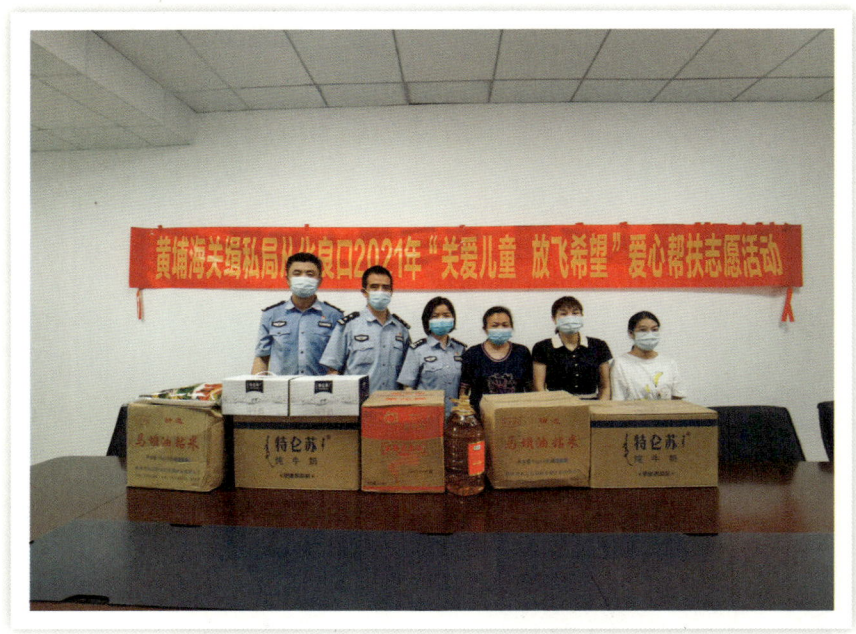

2021年6月1日，黄埔海关缉私局开展"爱心父母"帮扶志愿服务活动 ▶

◀ 2021年9月27日,沙田海关关员在码头巡查

2021年10月1日,黄埔海关 ▶ 举行升国旗仪式,并在大沙地办公区为新大院揭牌

◀ 2021年11月20日,东莞海关圆满完成2021年东莞"阳光热线"上线直播活动

第一篇

特载

在 2021 年黄埔海关工作会议上的讲话

黄埔海关关长、党委书记　郑汉龙

（2021 年 2 月 2 日）

同志们：

这次会议的主要任务是：以习近平新时代中国特色社会主义思想为指导，深入贯彻党的十九大和十九届二中、三中、四中、五中全会精神，认真落实中央经济工作会议部署，全面落实全国海关工作会议和全面从严治党工作会议要求，总结工作、分析形势、部署任务。下面，我代表关党委讲3点意见：

一、2020 年工作回顾

2020 年，是新中国历史上极不寻常的一年，是海关发展历程中极不平凡的一年，也是黄埔海关"走在前列"奋斗进程中极为不易的一年。这一年，面对复杂严峻的安全形势、艰巨繁重的工作任务，特别是新冠肺炎疫情的严重冲击，我们背靠祖国、心系人民，始终坚持以习近平新时代中国特色社会主义思想为指引，坚决贯彻落实习近平总书记重要指示批示精神和党中央、国务院重大决策部署，认真落实总署党委工作部署，保持定力、迎难而上、朝乾夕惕，用忠诚和实干书写了"走在前列"的崭新篇章。

（一）践行"两个维护"坚决有力。

我们坚持用党的创新理论武装头脑、指导实践、推动工作，持续深入学习贯彻习近平新时代中国特色社会主义思想和党的十九届五中全会精神，全关两级党委组织开展党委中心组（扩大）学习 76 次，2,544 人次参加中心组学习，切实做到学在深处、谋在新处、干在实处。牢牢把握政治机关属性，健全完善践行"两个维护"制度机制，严格落实"第一议题"制度，认真落实意识形态工作责任制，坚决走好"两个维护"第一方阵。全力以赴统筹推进口岸疫情防控和促进外贸稳增长各项工作。严厉打击"洋垃圾"、象牙等濒危野生动植物及其制品走私违法犯罪活动，有效守护国门生态安全。深入推进安全生产专项整治三年行动,涉危货物监管更加规范严密。中央巡视、总署党委巡视和巡视"回头看"整改任务扎实推进,对10个党组织开展巡察,突出政治监督,着力发现问题,推动解决问题,巡视巡察利剑作用有效发挥。脱贫攻坚目标任务如期完成,定点帮扶村实现集体和贫困人口"双脱贫"。

(二)口岸疫情防控扎实有效。

面对突如其来的严重疫情,我们坚决听从习近平总书记和党中央号令,在总署党委统一领导下,众志成城、全力以赴,坚决筑牢口岸检疫防线。疫情发生后,关党委闻令而动、遵令而行,第一时间成立领导小组、设立指挥部,健全完善应急处置机制,以最坚决的态度、最迅速的行动、最有力的措施,推进疫情防控责任到位、措施到位、工作到位。深入开展"战疫情走在前、当先锋作表率"主题党建活动,各级党组织和广大党员干部奋勇争先投身口岸疫情防控,57个党员突击队迅速成立,6名干部火线入党。全关上下坚守岗位、昼夜奋战,用绝对忠诚和专业执法,坚决守牢"外防输入"第一道防线。严格落实"三查三排一转运"等措施,全年检疫出入境人员38.4万人次,登临检疫进境船舶4,689艘次,在入境船员中检出新冠病毒阳性病例25例。圆满完成台胞包船入境返莞专项工作,得到地方和台胞的高度赞扬。科学开展进口冷链食品风险监测,严格规范采样检测、预防性消毒等各环节工作,全年采集样本1.25万个,检出冷链食品包装核酸阳性2例,并对其进行妥善处置。积极推动完善卫生检疫基础设施,大力推进保健中心建设,口岸公共卫生核心能力不断强化。加强出口防疫物资监管,查获违法违规出口防疫物资1,191.2万件。始终科学有序、抓实抓细内部疫情防控,扎实做好个人安全防护,实现了"打胜仗、零感染"目标。牢固树立"一盘棋"意识,抽调134人次支援疫情防控一线,选派97名优秀年轻干部、业务骨干支援上海口岸。落实激励关爱干部措施,67个表现突出的集体和个人获得表彰奖励。在这场没有硝烟的"战役"中,我们守土担责、守土尽责,以实际行动践行伟大抗疫精神,进一步锻造了听党指挥、绝对忠诚的政治本色,为夺取抗疫斗争重大战略成果贡献了力量。

(三)国门安全屏障更加牢固。

我们始终将监管作为最基本、最重要的职责,坚决维护国门安全。法治海关建设扎实推进,全面清理业务制度,推动严格规范公正文明执法。发挥两级风控协同优势,风险防控覆盖面、精准性实现双提升。三级监控指挥中心实体化运作试点顺利,监控效能逐步提升,智能审图准确率大幅提高。检疫性有害生物截获数量和种类位居全国海关前列。加强进出口涉危货物安全监管,查发"伪瞒报、逃漏检"情事91宗。重拳打击进出口侵权违法行为,查获涉嫌侵权商品530万件。圆满完成综合治税任务，全年税收入库 1,173.39 亿元。稽（核）查指标保持高位运行，贸易型企业稽查取得突破性成效。深入推进 AEO 认证工作。打击走私战果突出，"国门利剑 2020""蓝天 2020"等专项行动成效显著，查证固体废物 7.41 万吨，有力维护了进出口秩序。

（四）改革创新活力持续激发。

我们传承改革创新的优秀基因，进一步提升监管服务效能。"海关改革 2020"任务全面落实，"两步申报"应用比例大幅提高，"两段准入"信息化监管实现海运口岸全覆盖。关检业务融合持续深化，涉检指令选查更加协同高效，属地检验检疫业务集约化改革有序推进，进口检验检疫证单电子化试点全面铺开。跨境寄递智慧监管改革成效显著，协同监管机制更加健全。税收征管改革深入推进，汇总征税率达 30.7%，创历史新高。企业集团加工贸易监管改革顺利落地，保税货物流转更加顺畅高效。"互联网+海关"应用持续深化，新增 45 项"不见面审批"事项，"互联网+验估""互联网+稽查"等特色应用广受好评。5G、VR、人工智能等新技术应用场景不断拓展，实验室检验检测能力、安全管理水平进一步提升。"智慧缉私"稳步推进，"黄埔缉私云"应用效果初显。麻涌办案中心投入实战运行，缉私执法有效规范，办案效率进一步提升。

（五）服务全面开放积极有效。

面对促进外贸稳增长艰巨繁重的任务，我们齐心协力、精准发力、持续用力，扎实做好"六稳"工作、全面落实"六保"任务。深入开展外贸形势大调研，推进"一揽子"惠企措施落地见效。坚持突出重点、精准施策，助力手机、汽车、粮油产业链供应链安全稳定。提出减免加贸内销缓税利息等建议，扎实推动关税减让及税收优惠政策落地。口岸营商环境持续优化，进出口整体通关时间较 2017 年分别压缩 78.6% 和 93.12%，申报容错等改革经验纳入《广州市优化营商环境条例》。"一带一路"建设走稳走实，石龙中欧班列实现常态化运营，常平中欧班列顺利开行。支持粤港澳大湾区物流一体化取得新进展，启运港退税政策顺利落地，"船边直提""抵港直装"范围进一步扩大。积极推动虎门港综保区封关运作，全年进出区货值 1,362 亿元，手机全球维修业务顺利落地；推动黄埔综保区高标准建设、高水平招商。常态化开展跨境电商出口退货监管，B2B 出口试点深入推进，市场采购贸易试点顺利启动。积极参与海关国际合作，强化技贸措施应对，农产品通报评议意见获得欧盟采纳。宏观及贸易分析研究品牌持续擦亮，服务决策作用进一步增强。

（六）全面从严治党纵深推进。

我们坚持政治建关，不断强化政治机关意识教育，巩固深化"不忘初心、牢记使命"主题教育成果，模范机关创建深入推进。持续深化"强基提质工程"，各基层党组织通过"三会一课"等多种形式，深入学习政治理论，努力做到学思用贯通、知信行统一。建立组织生活指引和提醒函制度，基层党建标准化规范化水平不断提升。开展"四强"支部创建，7个支部获评全国海关基层党建示范品牌和培育品牌。加大典型培树和文明创建力度，新增文明单位7个，48个集体和个人荣获省部级以上表彰。扎实开展教育培训，创建12个实训教学点，新增专业资质人员550人次，队伍专业化水平不断提升。认真贯彻落实中央八项规定精神及海关各项具体措施，驰而不息纠治"四风"，切实为基层松绑减负。深化准军事化纪律部队建设，"制度执行不力、管理不规范、精气神不足"三个突出问题专项整治取得阶段性成效，扎实推进海关政务服务"好差评"工作，有效锤炼队伍纪律作风。构建业务运行监控闭环管理机制，内控机制建设不断完善，"三大风险"防控能力持续强化。深化"反围猎"综合治理，全年报告拒收"红包"、礼品礼金61人次。综合运用"四种形态"，从严从实监督执纪问责，立案审查违纪违法案件9件，给予党纪政纪处分17人，反腐败斗争压倒性胜利不断巩固发展。

同时，办公综合工作取得好成绩，关志续修取得阶段性成果。海关业务数据安全专项行动成效明显，护网行动圆满完成。坚持厉行节约"过紧日子"，财务保障能力进一步提升，规范化程度显著增强，预算管理、涉案财物管理等走在全国海关前列。后勤保障更加有力。养老保险改革、医疗保险改革等重大项目顺利实施。事业单位管理机制进一步健全。群团工作、群众性理论研究取得新进展。东莞老干部中心投入使用，老干部服务进一步加强。

过去一年，全关上下苦干实干、自我加压、深入挖潜，高质量完成了各项工作任务，成绩来之不易。这些成绩的取得，是习近平新时代中国特色社会主义思想引领的结果，是总署党委正确领导的结果，是地方党政和社会各界关心支持的结果，是全关上下所有干部职工创业创新、奋斗奋进的结果。在此，我谨代表关党委，向奋斗在疫情防控一线的黄埔海关最美奋进者，致以最崇高的敬意！向广大干部职工、离退休老同志，以及关心支持黄埔海关工作的各地区各部门各单位，表示最衷心的感谢！

在总结成绩的同时，我们也要清醒看到，当前黄埔海关工作还存在一些问题：政治建关仍需强化，一些党组织政治功能发挥不充分，将政治标准和政治要求贯穿监管服务各领域各方面各环节还不深入。改革的系统性、整体性、协同性有待提升，基层的参与度和企业的获得感有待增强。机关作风有待改进，职能监督指导不够到位。基层依法履职的意识和能力有待加强，一些单位执法规范化、专业化程度不高，依法行政不严格等问题仍然存在。

管党治党责任和压力传导尚未完全贯通，个别领导干部主动担当作为意识不强，"制度执行不力、管理不规范、精气神不足"三个突出问题整治效果还需要巩固深化。这些问题必须高度重视，在下一步工作中认真加以解决。

回首2020年，我们深切体会到：必须坚决做到"两个维护"，在疫情防控的大战大考面前，习近平总书记的重要指示批示为我们指明了前进方向，党中央权威是我们迎难而上、劈波前行的根本依靠，这是做好一切工作的根本政治保证；必须强化依法行政，不断增强法治意识，提高运用法治思维和法治方式解决问题、推动工作的能力，这是我们全面履职尽责的基本前提；必须狠抓工作落实，自觉将抓落实摆在更加突出的位置，健全"五个一"工作机制，强化"敢抓"的担当、增强"能抓"的本领、掌握"会抓"的方法，这是确保工作取得实效的必然要求；必须坚持问题导向，把能否发现问题、解决问题作为衡量抓落实是否到位的重要标准，把没有发现问题、解决问题作为最大的问题，建立研究解决问题常态化机制，这是改进提升工作的重要抓手；必须坚持底线思维，用大概率思维应对小概率事件，高度重视弱信号，防患于未然、处置于未萌，这是防范化解风险的重要方法；必须坚持全面从严，严字当头、一严到底，深入推进全面从严治党向基层延伸，这是各级党组织和领导干部的政治责任。这些体会既是一年来的实践积累，也是全关上下的普遍共识，必须做好传承，在今后工作中深化运用。

二、准确把握新形势新任务新要求

今年是实施"十四五"规划、开启全面建设社会主义现代化国家新征程的第一年，也是中国共产党成立100周年。党中央作出把握新发展阶段、贯彻新发展理念、构建新发展格局，实现高质量发展，统筹发展和安全等重大决策部署，为海关工作提供了科学指引和根本遵循。我们要切实把思想和行动统一到以习近平同志为核心的党中央的科学判断和决策部署上来，从全局和战略高度思考谋划各项工作，更好服务经济社会发展。

（一）深刻领会习近平总书记关于旗帜鲜明讲政治的重要论述，走好"两个维护"第一方阵。

习近平总书记指出，旗帜鲜明讲政治是我们党一以贯之的政治优势。海关是中央和国家机关，讲政治是第一要求。我们必须牢固树立政治机关意识，深入推进政治建关，建设"让党中央放心、让人民群众满意"的模范机关。

准确把握政治判断力这一前提。政治判断力就是要科学把握形势变化，清醒明辨行为是非。海关承担着把守国门的重要职责，各项工作都蕴含着极高的政治要求，需要我们头脑特别清醒、眼睛特别明亮。我们要把绝对忠诚作为第一原则，深刻认识每项工作的政治考量，增强"四个意识"、坚定"四个自信"、做到"两个维护"。

准确把握政治领悟力这一先导。政治领悟力就是对"国之大者"要心中有数。海关作为中央垂直管理机构，连接着贯彻落实习近平总书记重要指示批示精神和党中央重大决策部署的"最初一公里"和"最后一公里"。我们要持续深入学习习近平新时代中国特色社会主义思想，准确掌握贯穿其中的马克思主义立场观点方法，立足"两个大局"、心怀"国之大者"，切实维护党和国家根本利益。

准确把握政治执行力这一关键。提高政治执行力就是要经常同党中央精神对表对标，切实做到党中央提倡的坚决响应，党中央决定的坚决执行，党中央禁止的坚决不做。海关是准军事化纪律部队，在政治执行力上标准要更高、要求要更严、做得要更好。我们要不断强化号令意识，不折不扣抓好习近平总书记重要指示批示精神和党中央重大决策部署的贯彻落实，把"两个维护"体现在具体行动上、体现在使命担当上、体现在忠诚履职上。

（二）深刻领会习近平总书记关于构建大安全格局的重要指示，自觉肩负起维护国门安全的使命担当。

习近平总书记强调，要坚持系统思维，构建大安全格局。国门安全是大安全格局的重要组成，我们要坚持总体国家安全观，守好守牢国门"第一道防线"，努力为建设社会主义现代化国家提供坚强保障。

准确把握国门安全面临的严峻形势。世纪疫情推动百年变局加速演进，口岸日益成为安全防控的关键节点。黄埔海关位处祖国"南大门"，口岸安全形势更为复杂：一方面，反宣品、毒品、武器弹药、重点涉税商品走私风险长期存在，珠江口水上非设关地走私屡打不绝，"水客"走私漂移风险凸显，传统安全防控任务仍然艰巨。另一方面，新冠肺炎疫情全球蔓延，外防输入面临更大压力，各类疫情疫病叠加输入风险不容忽视，"洋垃圾"、象牙等濒危野生动植物及其制品走私屡禁不止，进出口粮食、危化品等重点商品安全监管任务日益繁重，非传统安全威胁更加严峻。我们要树立底线思维、提高预判能力，把困难估计得更充分一些，把风险思考得更深入一些，做好较长时期应对严峻复杂的口岸安全形势准备。

准确把握维护国门安全的艰巨使命。贯彻总体国家安全观，要坚持政治安全、人民安全、国家利益至上有机统一。黄埔海关是口岸监管业务和税收征管业务大关，监管场所、作业场地众多，业务门类齐全，承担着全国海关、直属海关两级风险协同防控的重任，事关国家政治、经济、文化、社会、生态安全。我们要树牢大安全理念，坚持把政治安全放在首要位置，统筹应对传统安全和非传统安全，不断完善国门安全防控体系，更好践行维护国门安全的神圣使命。

准确把握统筹发展和安全的基本要求。安全是发展的前提,发展是安全的保障。越开放越要重视安全,越要统筹好发展和安全,在发展中更多考虑安全因素,努力实现发展和安全的动态平衡。海关处在开放前沿,我们在任何时候都要牢记监管是最基本、最重要的职责,坚持系统思维,深化改革创新,不断增强开放监管能力,努力实现"管得住、放得开"。

(三)深刻领会习近平总书记关于构建新发展格局的战略抉择,助力国内国际双循环相互促进。

习近平总书记强调,加快构建新发展格局,是一项关系我国发展全局的重大战略任务。新发展格局不是封闭的国内循环,而是开放的国内国际双循环。我们要立足海关职责,积极主动作为,助力新发展格局加速构建。

准确把握助力国内大循环的切入点。构建新发展格局,必须具备强大的国内经济循环体系和稳固的基本盘。黄埔海关属地企业众多,产业链供应链已经深度嵌入国内经济体系,但供给体系的韧性还需提高。出口转内销面临瓶颈障碍,境外中高端消费回流不足,国内市场潜力挖掘还不充分。我们要立足海关职能职责,突出特色特点,保障产业链供应链安全,促进全球物流网内外融通,支持打造新发展格局的战略支点。

准确把握促进国内国际双循环的着力点。构建新发展格局,必须实施更大范围、更宽领域、更深层次对外开放。黄埔海关处于内外循环的交汇位置,黄埔港、石龙铁路国际物流基地、中新知识城、滨海湾新区等,是"一带一路"、粤港澳大湾区等国家政策的重要节点。《区域全面经济伙伴关系协定》的签署和中欧双边投资协定谈判的完成,为双循环畅通带来了新的契机。我们要坚持以推动支持国际物流大通道建设、做实做强对外开放平台为着力点,推动内外循环深度互动、联动发展。

准确把握畅通国内国际双循环的交汇点。构建新发展格局需要良好的口岸营商环境作为支撑。只有跨境贸易更加便利,才能更好联通两个市场、更好利用两种资源。"优"无止境,作为营商环境重点城市海关,我们必须对标最高标准、最好水平,持续深化制度创新和治理能力建设,优化流程、简化手续、创新手段,不断提高通关效率、降低通关成本,打造优化口岸营商环境示范高地。

(四)深刻领会习近平总书记关于以推动高质量发展为主题的重要论述,在社会主义现代化海关建设新征程中开好局、起好步。

习近平总书记强调,新时代新阶段的发展必须贯彻新发展理念,必须是高质量发展。在社会主义现代化海关建设新征程中,我们要完整准确全面贯彻新发展理念,把发展质量摆在更加突出的位置,努力推动各项工作实现高质量发展。

准确把握服务外贸高质量发展目标。外贸连接着实体经济和国际市场，推动外贸高质量发展，事关经济社会发展全局。当前，疫情变化和外部环境存在诸多不确定性，我国外贸发展依然面临困难和挑战。关区制造业基础雄厚、经济外向程度较高，但外贸"大而不强"问题仍然比较突出，打造世界级先进制造业产业集群仍然存在"卡脖子"问题。我们要聚焦高质量发展主题，落实科创税收优惠政策，加强知识产权海关保护，支持生产性服务业发展，助力打造高端要素集聚地、科技产业创新策源地，塑造外贸高质量发展新优势。

准确把握高质量党的建设重点。高质量党的建设是高质量发展的引领和保障。只有把党建设得更加坚强有力，全关各项工作才能实现高质量发展。近年来，我们聚焦加强党的建设做了大量工作，基层党建提质增效，纪律作风更加严明，精气神持续提振。但我们也要看到，黄埔海关执法基础比较薄弱，业务结合部衔接不够顺畅，制度执行刚性不足，制约监督存在盲区，外部执法环境依然复杂，"三大风险"隐患未除，违纪违法问题时有发生。这些都需要通过高质量党的建设从根本上加以破解。我们要紧扣全面从严和全面落实，立足常态长效，着眼深入深化，锻造准军事化纪律部队，为社会主义现代化海关建设提供坚强政治保证。

面对新形势新任务新要求，关党委认为，今年全关工作的总体要求是：以习近平新时代中国特色社会主义思想为指导，深入贯彻党的十九大和十九届二中、三中、四中、五中全会精神，认真落实中央经济工作会议精神，按照全国海关工作会议和全面从严治党工作会议部署，全面加强党的领导和党的建设，增强"四个意识"、坚定"四个自信"、做到"两个维护"，立足新发展阶段、贯彻新发展理念、构建新发展格局，坚持系统观念，扎实做好"六稳"工作、全面落实"六保"任务，更好统筹发展和安全，强化监管优化服务，巩固拓展口岸疫情防控和促进外贸稳增长成效，不断深化"五关"建设，以更高标准持续强化党的建设、强化依法履职、强化改革创新、强化风险防控、强化制约监督、强化基层基础，提升制度创新和治理能力建设水平，在社会主义现代化海关建设新征程中走在前列，以优异成绩庆祝建党100周年。

今年，我们继续将"走在前列"作为全关的奋斗目标，既体现了与既往工作要求的承续和衔接，又赋予这个目标新的内涵和要求，即"在社会主义现代化海关建设新征程中走在前列"。这个目标贯彻了以习近平同志为核心的党中央关于全面建设社会主义现代化国家的重大决策部署，承载着习近平总书记对广东"走在全国前列"的寄望和重托，体现了总署党委开启社会主义现代化海关建设新征程的部署和要求，彰显了黄埔海关创业创新、奋斗奋进的底气和追求。全关上下要砥砺奋进、乘势而上，不断强化走在前列的担当、夯实走在前列的基础、积蓄走在前列的动能、巩固走在前列的成果，努力在社会主义现代化海关建设新征程中走在前列。

实现这个目标，我们必须以更高标准持续强化党的建设、强化依法履职、强化改革创新、强化风险防控、强化制约监督、强化基层基础。去年，我们确定了"六个强化"的实现路径。经过一年的努力，党的建设不断加强，依法履职持续推进，改革创新全面深化，风险防控扎实有效，制约监督更为到位，基层基础逐步夯实。"更高标准"既是对过去一年努力的充分肯定，也提出了新的更高要求。"持续强化"意味着不能有片刻停顿、不能有丝毫松劲、不能有丁点折扣。我们要将制度创新和治理能力建设深度贯穿其中，持续用力、久久为功、不获全胜、决不收兵。

持续强化党的建设，关键是把严的主基调长期坚持下去，坚持高标准严要求，扛好政治责任，努力推进党的建设高质量发展。持续强化依法履职，关键是优化制度供给，强化执行刚性，促进严格规范公正文明执法。持续强化改革创新，关键是聚焦痛点难点堵点，创新理念、重构制度、再造流程、整合系统，不断提升综合效能。持续强化风险防控，关键是强化意识、完善机制、提升能力，将风险防控贯穿海关工作全过程各领域。持续强化制约监督，关键是强化政治监督、做实日常监督，推动监督下沉、监督落地、监督于问题未发之时。持续强化基层基础，关键是贯通主体责任、监督责任、第一责任人责任和"一岗双责"，切实推动全面从严治党向基层延伸。

三、2021年工作部署

（一）坚定不移强化政治统领，坚决做到"两个维护"。

强化党的创新理论武装。深入学习贯彻习近平新时代中国特色社会主义思想，推动理论学习往深里走、往心里走、往实里走。深入学习宣传贯彻党的十九届五中全会精神，完善党委理论学习中心组巡听旁听工作机制，组织处级领导干部集中轮训，推动各级党组织学习贯彻全面覆盖、走向深入。

扎实践行"两个维护"。开展政治能力提升行动，切实提高政治判断力、政治领悟力、政治执行力。严格落实"第一议题"制度，规范隶属海关形势分析及工作督查例会，提升例会的政治性。完善传达学习、贯彻落实闭环链条，加强政治监督，确保习近平总书记重要指示批示精神和党中央重大决策部署落实到位。

加强政治机关建设。持续加强政治机关意识教育，开展经常性政治体检，切实将政治标准和政治要求贯穿监管服务全过程。落实意识形态工作责任制，加强检查督导。坚持把政治纪律和政治规矩挺在前面，严格做到"五个必须"，坚决杜绝"七个有之"，不断增强党内政治生活的政治性、时代性、原则性、战斗性。持续巩固深化"不忘初心、牢记使命"主题教育成果，开展庆祝建党100周年系列活动，引导党员干部坚定理想信念、强化宗旨意识。持续推进巡视整改，做好巡视"后半篇文章"。巩固拓展脱贫攻坚成果，助力乡村振兴。

（二）慎终如始抓好疫情防控，持续巩固疫情防控成果。

强化口岸卫生检疫。加强疫情监测预警，强化风险研判。加强入境交通工具和入境人员卫生检疫，严格落实各项疫情防控措施。积极对接地方联防联控机制，切实做好信息通报和移交转运，确保衔接严密、形成闭环。落实特殊物品监管要求，做好新冠病毒疫苗出口监管工作。

加强货物渠道疫情防控。扎实开展进口冷链食品风险监测，进一步规范各环节操作。强化进口高风险非冷链集装箱货物监管，落实采样检测和预防性消毒工作要求。妥善做好检出阳性处置，切实防范新冠病毒通过进口货物输入风险。

加大疫情防控保障力度。进一步完善口岸卫生检疫设施，积极推动口岸公共卫生核心能力建设。大力推进保健中心建设，提升实验室传染病检测能力。健全人力资源应急保障机制，加强口岸疫情防控人员储备。完善疫情防控物资装备动态平衡供应机制，确保配备充足、保障精准。

做好内部疫情防控。完善内部疫情防控管理机制，确保无死角、无盲区。加强监管场所安全防护，组织疫情防控应急演练，提高应急处置能力。进一步落实"应检尽检"和疫苗接种要求，加强个人安全防护，杜绝职业暴露感染。

（三）切实筑牢国门安全防线，坚决维护国门安全。

加强风险整体管控。健全完善一体化风险防控机制，强化两级风控部门协同防控，推进安全风险一体研究、指令一体下达。加强重点领域风险态势把控和信息情报定向收集，深入推进大数据智慧风控，完善模型预警与人工分析相结合的精准布控模式，提升布控针对性和有效性。完善指令协调处置机制，提升选查工作规范性。

深化综合治税。坚持依法征管、科学征管，提升税收征管质量，确保应收尽收，实现税收入库与全国海关同步增长。优化"集约+分散"验估模式，强化税收风险监控分析和联合防控，提升税收智能化预警监控水平。建设属地纳税人评估体系，实施差别化管理。深化多元化税收担保改革，探索"以企业为单元"的总担保管理。

强化检验检疫监管。严防境外重大传染病传入，做好动植物疫情疫病防控，防止疫情疫病叠加。严防外来物种入侵，保障国门生物安全。强化进出口食品安全源头监管,开展"国门守护"行动,提升食品安全监管效能。强化进出口危化品等重点敏感商品监管,严厉打击进出口商品假冒伪劣行为。

加强口岸监管。加强查验规范性建设,完善查验异常报告、审批复核、带班科长巡查工作机制。持续推进智慧监管改革,全面推进三级监控指挥中心实体化运作,实现监管作业场所、运输工具、货物精准监控。加强口岸监管环节反恐维稳,筑牢政治安全屏障。持续推进安全生产专项整治三年行动,完善口岸安全风险联合防控机制。

严密后续监管链条。完善稽(核)查外勤作业全过程管理机制。进一步加大贸易型企业专项稽查工作力度,开展重点敏感商品专项稽(核)查行动。完善差别化稽(核)查机制,优化分类核查。优化规范属地查检业务。扩大主动披露适用范围至检验检疫领域。加大AEO认证企业培育力度,完善企业协调员工作机制。

保持打击走私高压态势。深入实施加强打击走私工作"1+6"项制度,深化全员打私,强化专业打击,构建防控、监管、打击一体化的海关打私体系。始终保持对"洋垃圾"、象牙等濒危野生动植物及其制品走私的高压严打态势,重拳打击毒品、武器弹药、重点涉税商品走私。建立打击治理"水客"走私长效机制,防止"水客"走私向其他渠道漂移。加强"智慧缉私"建设,提升"黄埔缉私云"实战应用成效。深化反走私综合治理,推动地方政府落实主体责任。

(四)全力服务更高水平对外开放,推动外贸量稳质升。

持续优化口岸营商环境。开展新一轮跨境贸易便利化专项行动,深化国际贸易"单一窗口"应用,拓展"两步申报""两段准入"等改革,优化查验作业模式,提高非侵入式检查比例,扩大智能审图应用,巩固压缩整体通关时间成效,推动降低进出口环节合规成本。深化海运口岸24小时智能通关改革,深入推进"船边直提""抵港直装",确保改革落地见效。

促进外贸高质量发展。积极推广企业集团加工贸易监管改革,探索实施高端制造业全产业链保税模式。支持重点产业原材料、生产设备和关键零部件进口,促进实体经济发展。支持战略性农产品进口,服务保供稳价。支持跨境电商、市场采购等新型贸易业态健康发展。全面加强知识产权海关保护,打击进出口侵权违法行为。开展技贸交涉应对,推动出口转型升级。加强外贸形势监测预警和业务动态分析研判,积极服务宏观决策。

打造对外开放新高地。积极服务"一带一路"建设,做好中欧班列海关监管,支持中欧班列持续健康发展。积极服务粤港澳大湾区建设,支持"香港—东莞国际空港中心"、穗港智造特别合作区等重点项目落地。促进综合保税区高水平开放高质量发展,支持保税维修、保税研发、保税展示、保税融资租赁等业务发展，推动黄埔综合保税区如期验收、高水平运作。

（五）持续深化海关业务改革，提升监管服务效能。

促进制度集成创新。做好业务制度"立改废释"，完善制度规范体系。编制权责清单，厘清职责边界。编制业务操作规范，建设执法疑难问题请示答复平台，确保执法规范统一。完善业务制度清理和常态化评估工作机制，加强制度创新联动和衔接配套，以制度形式固化改革成果。

扎实推进改革攻坚。深化"放管服"改革，推动"多证合一""证照分离""注销便利化"落地见效。深入推进"选、查、处"环节关检融合，优化抽批检查工作，规范检查作业异常处置，优化涉检案件处置流程。大力推进属地检验检疫业务集约改革，探索检验检疫证单集约签发。深化跨境寄递智慧监管改革，推进改革向出口领域延伸。深化"互联网+海关"建设和应用，拓宽业务网上办理范围。

强化科技创新应用。全面推广应用H2018新一代通关管理系统。深化智慧监管，优化业务系统，丰富物联网、5G、人工智能等新技术应用场景。健全网络安全防护技术体系，提升数据安全管理水平。加快推进实验室能力建设，强化技术支撑。

（六）落实管党治党政治责任，推进党的建设高质量发展。

提升党建工作质量。做好"三个表率"，深入推进模范机关创建。实施基层党建全面提升计划，突出政治领导力、强化思想引领力、提升基层组织力和增强纪律约束力，扎实推进"四强"支部建设。继续深化融合党建，坚持"双谋双责双考"，强化支部政治功能。完善组织生活指引、党建提醒函制度，提升组织生活质量。开展"示范党课下基层"活动，对全关支部书记进行全面轮训，持续打造"六会"书记队伍。深化党建品牌创建，提升党建品牌的政治性，推动基层党组织全面进步、全面过硬。

做好干部人事工作。全面贯彻新时代党的组织路线，坚持"好干部"标准，严把政治关、廉洁关、素质能力关，培养选拔优秀年轻干部，选优配强各级领导班子，不断强化领导班子建设。加强执法一线科长队伍建设，强化科级领导干部能力培训。持续推进公务员分类改革，深化职务职级并行制度落实。完善"三位一体"考评体系，在隶属海关稳步推行基层科室绩效考核。建立以业务量为基础的人力资源动态评估调配机制，推动人力资源配置精准化、科学化。

建设准军事化纪律部队。深化"制度执行不力、管理不规范、精气神不足"三个突出问题专项整治。加强内务规范和准军事化集训，常态化开展明察暗访、视频检查、现场督察，加大通报曝光力度。以推进政务服务"好差评"为抓手，提升政务服务质量。深化酒驾醉驾整治，加强

"八小时外"管理监督。积极开展分级分类培训,建好用好重点业务实训点,强化专业资质人员业务能力,全面推进高素质专业化人才队伍建设。深入推进海关文化建设,扎实推进文明创建。

(七)深入推进党风廉政建设和反腐败斗争,建设清廉海关。

加强廉政教育。常态化开展党性党风党纪教育,持续整治"四风"问题,完善作风建设长效机制。坚持典型案例"画像式"通报,以案促改、标本兼治,提升警示教育针对性、实效性。创新廉政教育平台载体,畅通线上线下渠道,推动廉政文化入脑入心。

健全监督体系。协调贯通监督力量,完善协调联动工作机制,形成常态长效监督合力。高质量推进审计全覆盖,聚焦重点实施精准督察,深化内控机制建设,加强业务运行监控机制监督检查,促进权力规范运行。以"零差错"的高标准严抓个人有关事项报告,常态化整治"裸官"等突出问题,从严从实推进干部监督。立足常规巡察,针对性开展专项巡察、机动式巡察和"回头看",推动巡察监督、整改、治理有机贯通。压紧压实监督责任,提升派驻纪检组发现问题能力和推动解决问题能力,持续增强纪检监督效能。

严肃执纪问责。深入推进党风廉政建设和反腐败斗争,推动管党治党责任落实到位。贯通运用监督执纪"四种形态",落实分级问责要求,及时精准规范全面问责。深化打私反腐"一案双查"。落实与地方纪委监委协作配合办法,推动纪法贯通机制化、常态化。深化"反围猎"综合治理、"红包"问题整治,坚决查处不收敛不收手违纪违法行为,一体推进不敢腐、不能腐、不想腐,建设新时代清廉海关。

同时,要强化值班应急和内部安全管理,拓展督查督办的广度和深度。加快推进续修关志工作。坚决落实"过紧日子"要求,切实保障重点领域支出。加强事业单位管理,提高管理效能。用心用情做好老干部管理服务工作。突出政治性、先进性、群众性,做好工青妇群团组织工作。

落实好各项工作,领导干部作为"关键少数",要以身作则、以上率下,发挥关键作用。在此,我代表关党委对各级领导班子和领导干部提几点要求,与大家共勉:

一是提高政治站位,不断增强政治自觉。要深入学习贯彻习近平总书记重要讲话、重要指示批示精神和党中央重大决策部署,自觉从政治高度思考谋划推进工作,以对党、对海关事业高度负责的态度,精心抓好每一项工作,把"两个维护"体现在工作成效上。

二是提升能力本领,努力成为行家里手。要增强补课充电的紧迫感,强化政治理论、管理知识、专业知识学习。要掌握学懂弄通的方法论,全面系统学、结合职责学、付诸实践学。要找准知行合一的着力点，切实把学习成果转化为履职本领，努力成为善于把方向、抓管理、防风险的内行领导。

三是切实改进作风，真正做到用心用力。要扑下身子、沉到一线，摸清情况、解剖麻雀。要找准问题，抓住主要矛盾，分析深层次原因。要提实对策，拿出指导性、针对性、操作性强的举措方案。要狠抓落实，抓实抓细、一抓到底，确保问题清零、工作见效。

四是敢管严管善管，带出一支过硬队伍。要敢于动真碰硬，旗帜鲜明与"庸懒散推拖"现象作斗争。要坚持高标准严要求，严在平时、严于经常、严到实处。要切实提升管理水平，练就"一口清"本领，拿出实招新招硬招，充分激发干部队伍干事创业热情。

同志们，目标任务已经明确，新的征程已经开启。让我们以习近平新时代中国特色社会主义思想为指导，在总署党委的正确领导下，砥砺奋进、乘势而上，努力在社会主义现代化海关建设新征程中走在前列，以优异成绩庆祝建党100周年！

在 2021 年黄埔海关全面从严治党工作会议上的讲话

黄埔海关党委书记、关长　郑汉龙

（2021 年 2 月 2 日）

同志们：

这次会议的主要任务是：深入学习贯彻习近平新时代中国特色社会主义思想和党的十九届五中全会、中央纪委五次全会精神，认真落实全国海关工作会议和全面从严治党工作会议部署，总结去年我关全面从严治党工作，部署今年重点任务。

一、充分肯定 2020 年全面从严治党工作

过去一年，全关上下坚持以习近平新时代中国特色社会主义思想为指导，深入贯彻落实党中央决策部署以及总署党委工作要求，深化"五关"建设，推进全面从严治党取得新成效。

（一）政治统领作用不断增强。

健全完善坚决落实"两个维护"制度机制，严格落实"第一议题"制度，自觉在统筹推进疫情防控和促进外贸稳增长、严打"洋垃圾"、象牙等濒危物种走私，服务"一带一路"、粤港澳大湾区建设，扎实做好"六稳"工作、全面落实"六保"任务等工作中践行"两个维护"。抓好坚持政治建关、强化政治机关意识教育和"灯下黑"问题专项整治，深化模范机关创建，开展"战疫情走在前、当先锋作表率"主题党建活动。深入学习宣传贯彻党的十九届四中、五中全会精神，全面落实意识形态工作责任制。坚决打赢精准脱贫攻坚战，帮扶村提前实现"双脱贫"。

（二）管党治党责任压紧压实。

制定两级党委全面从严治党主体责任清单，完善党建责任、问题、整改"三张清单"管理。制定落实强化党的建设和强化基层基础实施意见，扎实完成 78 项全面从严治党年度重点任务。深化"强基提质工程"，推进"融合式党建"和"四强"支部建设，严格规范"三会一课"，提高

各项组织生活质量，7个支部获评全国海关基层党建示范和培育品牌，48个集体和个人获全国先进工作者等省部级以上表彰。建立党建提醒函制度，针对问题分类处置、及时通报、"对症"督促，整改问题72个。

（三）政治监督效能进一步提升。

紧盯常态化疫情防控、安全生产、优化营商环境等党中央重大决策部署，抓好14项专项监督。一体推进中央巡视整改以及总署党委巡视整改，严格执行"五个一"重点任务落实机制，总署党委巡视"回头看"66项整改任务按进度如期推进。把准政治巡察定位，对6个单位开展常规巡察，对2个隶属海关开展巡察"回头看"，聚焦机关作风、"反围猎"工作和"红包"治理、危化品进出口监管，开展3个专项巡察，抓好238个问题整改，做好巡察"后半篇文章"。

（四）纪律作风建设持续深化。

认真落实贯彻中央八项规定精神、切实纠正"四风"各项具体措施，常态化督查检查办公用房、公务用车、公务接待等情况。持续做好基层减负工作，发到隶属海关的文件、开到隶属海关的会议同比下降6.14%、50.8%。强化队伍管理，开展制度执行不力、管理不规范、精气神不足"三个问题"专项整治并取得阶段性成效。落实进一步激励关爱疫情防控一线党员干部职工担当作为的具体措施，依托12个实训教学点提升基层业务和执法能力。开展领导干部个人有关事项报告专项整治，不如实报告率由上年的14.74%大幅下降到3.89%。深化酒驾醉驾整治，开展内务规范强化月、纪律作风学习月活动，稳步推行海关政务服务"好差评"管理。

（五）风险防控成效明显。

深入推进"反围猎"和违规收受红包礼金专项治理，全关报告拒收礼品礼金、"红包"61人次。召开警示教育大会，修订印发廉政教育手册，推送"廉政小闹钟"短信45万条次，对受处分人员进行回访教育，高压震慑和政策感召效应不断增强。深化源头反腐，开展业务改革评估，组织全领域工作检查，推进内控机制建设，全年开展审计、督察48次。

二、清醒认识当前全面从严治党工作存在的问题

在肯定成绩的同时，更要清醒地看到，我们全面从严治党工作中存在的短板和不足，主要表现在：

（一）政治建设存在差距。

有的单位政治机关意识不牢，落实"第一议题"制度不严格不规范，没有将学习贯彻习近平总书记重要讲话和重要指示批示精神单列，对党中央重大决策部署学习领会不到位、贯彻落实有偏差。一些党员领导干部政治意识淡薄，连续两年巡察发现一些处科级领导未能及时阅办上级重要文件。一些基层党支部对党员干部政治能力提升重视不够，效果不明显，个别

支部党建品牌政治站位不高,"党"味不浓,缺少基本政治要素。

(二)责任传导还有堵点。

有的机关部门担当作为不够,工作推诿扯皮,名为压实责任,实则怕担责任、转嫁责任。有的隶属单位主体责任扛得不紧,把责任上推下卸,工作虚化、责任弱化,发挥主观能动性不够,抱有"等靠要"思想,遇到棘手事、硬骨头,首先想的不是怎么干怎么办,而是讲客观要资源,马上能办的事非要等等看,拖到领导发话了、上级通报了、问题出来了才下决心解决。有的处科级领导干部抓管理、带队伍,不敢管、不想管、不善管,当老好人、怕得罪人,身子骨软,遇到矛盾和问题时有畏难情绪,责任落实的"最后一米"没有打通。

(三)工作作风不够严实。

有的机关部门动辄要求基层报材料、报数据、报表格,任务来了习惯当"二传手",以提要求代替抓落实,表面上发文少了,实际上邮件多了、电话多了,给基层松绑减负大打折扣。有的处级领导干部下基层浮在面上、扑不下身子,只是到现场转一圈、问一问、看一看,调查研究不深、了解下情不细,指导督促落实的方法不多、力度不大。有的单位抓日常养成"三天打鱼、两天晒网",窗口作风不严实、关容风纪不严整等问题时有反复。

(四)"三个问题"仍然存在。

有的单位对"三个问题"整治认识上有偏差、执行上有落差。有的落实制度打折扣,党内制度执行不严肃、业务制度执行不规范、管理制度执行不严格、保障制度执行不到位。有的党员干部抓落实主动性不够,不愿干事、怕多干事,工作推推动动、不推不动,办事敷衍应付、做做样子,满足做没做、不求好不好。有的不能正确看待个人与组织的关系,成绩面前争功劳、任务面前讲条件、待遇面前想当然、利益面前患得失,缺乏进取精神,没有将组织的悉心培养和关心关爱转化为积极向上、奋发有为的精神状态,转化为马上就办、真抓实干的工作作风,出工不出力、出勤不出活,甚至不知足、发牢骚。

(五)廉政隐患不容忽视。

从全关看,执法领域风险仍然居高不下,传统业务、新兴业务、改革伴生风险交织叠加,监管查验、稽核查、检验检疫、跨境电商、寄递业务等风险防控难题尚未根本解决,一些重点执法岗位违纪案件屡禁不止。非执法领域风险日益凸显,财务管理、基建工程、数据安全等风险防控机制还不够完善,事业单位管理、实验室建设等风险分析研判有待加强。从基层看,有的单位风险意识不牢,底数不清、心中没数,对重点领域、重点岗位风险缺乏有力有效的管控措施。有的单位和科室开展廉政高风险人员排查不仔细不深入,研判有误区、有漏项。有的派驻纪检组未能及时有效掌握基层情况,落实政治监督和日常监督职责不全面不扎实。少数干部自律不严、警醒不够，对拒收"红包"认识仍有偏差，不愿上报、不忍上报，缺乏对"围猎"最起码的警觉。

上述问题，既有老问题、也有新情况，有的比较普遍、有的局部存在，有些还非常突出。这些问题再次警醒我们，当前全关党风廉政建设和反腐败斗争形势仍然严峻复杂，全面从严治党一刻也不能松懈。必须做到态度不能变、决心不能减、尺度不能松，持之以恒正风肃纪反腐，坚定不移推动全面从严治党向纵深发展、向基层延伸。

三、扎实推进2021年全面从严治党工作

习近平总书记在十九届中央纪委五次全会上指出，全面从严治党首先要从政治上看，不断提高政治判断力、政治领悟力、政治执行力，一刻不停地推进党风廉政建设和反腐败斗争。要始终保持"赶考"的清醒，保持对"腐蚀""围猎"的警觉，把严的主基调长期坚持下去，以系统施治、标本兼治的理念正风肃纪反腐。习近平总书记重要讲话精神为我们深入推进全面从严治党提供了根本遵循、指明了努力方向。全国海关工作会议和全面从严治党工作会议也对今年工作作出了部署、提出了要求。全关上下必须深入学习领会、坚决贯彻落实，切实把思想和行动统一到习近平总书记重要讲话精神和党中央重大决策部署上来，统一到总署党委工作要求上来。

2021年，我关全面从严治党工作的总体要求是：坚持以习近平新时代中国特色社会主义思想为指导，增强"四个意识"、坚定"四个自信"、做到"两个维护"，全面贯彻党的十九大和十九届二中、三中、四中、五中全会精神，认真落实中央纪委五次全会精神以及全国海关工作会议、全面从严治党工作会议要求，以政治建设为统领，准确把握新发展阶段、全面贯彻新发展理念、推动构建新发展格局，坚持系统观念，坚持全面从严、一严到底，把严的主基调长期坚持下去，围绕"五关"建设，落实"六个强化"，突出常态长效，着眼深化细化，一刻不停地推进党风廉政建设和反腐败斗争，坚持一体推进不敢腐、不能腐、不想腐，充分发挥全面从严治党引领保障作用，持续锻造忠诚干净担当的准军事化纪律部队，为建设社会主义现代化海关提供坚强保证。

落实好这一总体要求，要紧扣"把严的主基调长期坚持下去"，不折不扣抓好全面从严治党各项制度规定的落实，坚持和完善各项行之有效的方法措施，拿出更多有力度、可落实、见效果的新招实招硬招。这里，我着重强调5个方面工作：

（一）牢牢把握政治建设这个根本，始终坚定坚决做到"两个维护"。

坚持把政治建关摆在首位，将政治要求和政治标准贯穿全关工作各方面、全过程。

一要旗帜鲜明讲政治、抓政治。坚持在深入践行"两个维护"上重行重效，在贯彻落实党中央重大决策部署上到底到位，时时刻刻、方方面面自觉对标对表习近平总书记重要讲话、重要指示批示精神和党中央决策部署，任何时候、任何情况都始终坚持政治立场不移、政治方向不偏。规范落实"第一议题"制度，建立书面督办、实地督查和专项评估机制，今年重点对各单位党委落实"第一议题"制度情况开展全覆盖专项检查，健全学习、传达、落实的闭环链条，把"两个维护"坚决地、具体地落实到打击洋垃圾、象牙等濒危物种走私，常态化疫情防控，安全生产，优化营商环境，推动外贸高质量发展等各项工作中。

二要强化政治机关意识教育。引导党员干部紧盯防范和化解政治领域、经贸领域、国门安全等重大风险的新要求新情况新变化，善于从政治层面分析业务问题，从业务问题查找政治短板，确保政治和业务融为一体、高度统一。

三要深入推进模范机关创建。评选表彰先进单位和标兵单位，当好"三个表率"。抓好经常性政治体检，严格执行党员权利保障条例，开展贯彻民主集中制、遵守政治纪律和政治规矩情况督促检查，提高党内政治生活熔炉的温度和热度。

四要实施政治能力建设"四项行动"。抓好处科"一把手"政治能力强化项目、支部政治功能提升示范点、青年政治历练计划、党员干部政治能力锤炼全员培训，不断提高政治判断力、政治领悟力、政治执行力。

（二）不断夯实思想建设这个基础，坚持不懈推动党的创新理论武装走深走心走实。

围绕开启新征程、建功"十四五"，扎实做好全关宣传思想工作，为全面落实社会主义现代化海关建设要求提供不竭动力。

一要巩固深化"不忘初心、牢记使命"主题教育成果。深入推进"大学习、深调研、真落实"，抓好党的十九届五中全会精神全员培训和处级以上领导干部轮训。定期检查通报政治要件学习、重要文件阅办情况，组织开展应知应会理论知识考核测试，督促党员干部做到学习及时、领悟及时、落实及时。

二要开展"党旗在基层一线高高飘扬——以实际行动庆祝中国共产党成立100周年"活动。加强党史、新中国史、改革开放史、社会主义发展史教育，筑牢理想信念宗旨的根基，唱响中国共产党好的主旋律，引导党员干部做对党绝对忠诚的国门卫士。学习弘扬伟大抗疫精神、劳模精神、工匠精神，评选表彰"两优一先"和第三届"爱岗敬业十佳关员"，培育新时代海关职业精神。开展"奋发有为、感恩奋进"教育，用"创业创新、奋斗奋进"的好传统激发新动能。

三要推动宣传思想工作理念、手段、

方法创新。做到集中教育与日常教育、思想教育与人文关怀、线下活动与线上教育、讲好道理与办好实事"四个结合"。做实做细经常性思想工作，在绩效考核、职级晋升等关系群众切实利益的政策制定执行过程中，耐心细致地同步做好听取意见、政策宣传、教育引导等工作，培植干部职工向上向善的积极心态。

（三）紧紧抓住提升组织力这个关键，在建强基层组织、打造高素质专业化干部队伍上不断展现新作为。

坚持一步一个脚印、一年一个台阶地推进强化党的建设和基层基础三年计划，把党组织建设好、作用发挥好、效果巩固提升好，以党建高质量发展引领全关工作高质量发展。

一要着力开展"基层党建高质量发展年"行动。坚持抓平台、抓载体、抓项目，落实"七个一"重点工作任务，即创建一批党建工作室、搭建一批党建品牌交流提升平台、推广一批融合党建经验做法、实施一批党性教育体验项目、评选一批优秀组织生活案例、打造一批特色主题党日活动、推出一批精品党课，以支部建设高质量发展推动基层基础建设高质量发展。

二要着力选优配强领导班子。坚持好干部标准，严把政治关、廉洁关、素质能力关，加强对处科级领导班子和领导干部的综合分析研判，注重在重大专项行动、口岸疫情防控、急难险重任务一线考察识别干部，加强优秀年轻干部培养选拔，注意班子成员的性格、能力、专长、年龄等搭配，及时把愿干事、真干事、干成事的干部选出来用起来，把合适的人放到合适的位置。

三要着力抓好科级领导干部分级分类培训。重点加强执法一线科长培训，提高抓党建、强管理、带队伍、管业务、防风险的能力。加大一线岗位资质培训力度，加强急需紧缺专业人才培养，提高人力资源适配度。

四要着力加强干部日常管理。坚持抓在日常、管在经常，落实谈心谈话制度，健全内务督察、视频检查机制，强化"八小时外"管理。坚持高标准、零差错做好领导干部个人有关事项报告工作，对违反规定的实名通报、严肃处理。加强对职级干部的教育管理，健全完善科级领导干部廉政档案，严格退休或辞职后从业行为管理。以最实要求、最严标准、最大力度巩固拓展整治酒驾醉驾的强大声势、强力举措，反复抓、抓反复，确保案件"零发生"。

（四）聚焦聚力"三个问题"整治这个重点，持续巩固深化拓展正风肃纪成效。

坚持纠"四风"与树新风并举，以"马上就办、真抓实干"的过硬作风塑造新风貌、焕发新气象。

一要持之以恒深入贯彻中央八项规定精神。一贯到底纠治"四风"，特别是形式主义、官僚主义，高度警惕"四风"隐形变异，露头就打、反复敲打，坚决杜绝"舌尖上的浪费""公务上的铺张""指尖上的形式主义"。健全基层减负常态化机制，保持对精文减会刚性约束，督查检查考核必须先报备、后实施，让基层"轻装上阵"。

二要把深化"三个问题"整治作为今年工作的重要抓手。通过个人查、同志帮、上级点等方式，深入抓、持续抓，彻底解决问题，实现根本转变。着眼打通制度落实梗阻，编制权责清单，制定业务操作规范，常态开展业务制度规范立改废释，推动各类业务系统整合优化、互联互通，畅顺制度制定、执行、检查、评估的闭合回路。抓好科级领导干部压力传导，在隶属单位全面实施基层科室绩效管理。在执法一线科室探索推行班前会，清点人头、传达学习、总结讲评、布置工作，提高科室工作质效。大力推动机关部门转作风、提效能、优服务，对基层的诉求和函问，要有问必答、有呼必应，对基层请示要限期办理，对推诿不复、拖延不办的要点名通报、严督整改、纳入考核。

三要深入抓好政风行风纠建。推进"单一窗口"建设，推广"不见面"审批，把便民利企落到实处。组织特约监督员开展明察暗访，对发现的问题、收到的意见实施"一事一督一反馈"。以政务服务"好差评"管理为抓手，推动业务现场高效文明执法。

（五）始终紧握反腐败这把利剑，心无旁骛推进新时代清廉海关建设。

坚持以严的态度、紧的尺度和"零容忍"的决心，"惩、治、防"三管齐下、同向发力，综合施策、标本兼治，始终保持反腐败高压态势。

一要抓好监督执纪。聚焦打招呼干扰执法、群众身边腐败、受贿索贿、以权谋私、放纵走私等不收敛不收手问题，一查到底、决不放过。深化打私反腐"一案双查"，把纳入全面从严治党主体责任统筹推动的要求落到实处。坚持横向协同、纵向贯通、内外兼顾、纪法衔接，深入推进"反围猎"工作，深化礼品礼金、"红包"治理，加大不良中介和不法企业整治力度。

二要抓好巡视巡察整改常态化长效化。巩固深化中央巡视整改以及总署党委巡视整改成果。坚守政治巡察定位，突出政治监督，全年对14个以上单位开展常规巡察、专项巡察、"机动式"巡察及巡察"回头看"。

三要抓好廉政教育。坚持正面引导与反面警示相结合，推动廉政教育进课堂、进科室，开展家庭助廉活动，提升警示教育月、典型案例"画像式"通报等的教育警醒功效。充分发挥新媒体作用，用好"埔关党建"微信、"廉政小闹钟"短信、"违纪违法曝光"平台，大力营造崇廉拒腐的浓厚氛围。

四要抓好风险防控。拓展运用"新海

廉"系统功能，实施跨部门风险联合研判，加强内控节点岗位清单制管理，聚焦重点领域和关键环节靶向督察、精准审计。推动制度与改革有机衔接，以内嵌作业流程等方式加强改革创新和风险防控协同。巩固海关业务数据安全专项行动成果，筑牢数据安全防线。

五要抓好管党治党政治责任落实。贯通主体责任、监督责任、第一责任、一岗双责，扣紧知责于心、担责于身、履责于行、考责问责链条，构建党委履行管党治党主责、机关党委聚焦机关党建主业、支部书记当好基层党建主角、党员干部发挥好改革发展主力军作用，一级抓一级、层层抓落实的工作格局。各级党委要加强对纪检监察工作的领导，支持纪检监察部门履行监督专责，选优配强纪检监察干部队伍。

同志们，让我们坚持以习近平新时代中国特色社会主义思想为指导，按照党中央决策部署以及总署党委工作要求，扛起新担当、奋进新征程，锲而不舍、一以贯之，不断开创全面从严治党工作新局面，以优异成绩庆祝中国共产党成立100周年！

第二篇 专记

庆祝中国共产党成立 100 周年和党史学习教育

2021年，黄埔海关深入学习贯彻习近平总书记重要讲话和重要指示精神，认真落实党中央决策部署以及总署党委、广东省委工作要求，周密部署、精心安排，有力推进庆祝中国共产党成立100周年和党史学习教育各项工作。

一、坚持以上率下，组织推动有力有序

黄埔海关党委坚持旗帜鲜明讲政治，把党史学习教育作为重大政治任务，切实扛起政治责任。第一时间、第一议题学习习近平总书记关于党史学习教育重要论述，对标对表抓落实，党委委员带头开展宣讲24次，以"关键少数"带动"绝大多数"，推动党中央部署要求落到实处。认真审定党史学习教育工作方案、庆祝中国共产党成立100周年活动方案、重点民生实事项目清单，实行任务项目化、项目清单化、清单责任化，压紧压实工作责任。设立领导小组办公室，建立健全工作会议、请示报告、工作推进等6项工作制度机制，下发10期工作指引。根据阶段安排、工作进展和时间节点及时开展总结评估。各隶属海关单位党委成立相应组织机构，切实加强领导，确保组织到位、人员到位、工作到位、责任到位，形成扎实开展、有序推进的良好工作格局。全关各党支部高质量完成专题组织生活会，查摆班子问题1,242个并完成整改。

二、抓好学习宣讲，理论武装入脑入心

黄埔海关建立党委领学、机关党委督学、党支部研学、党小组促学、党员自学"五学"机制，开展5次中心组学习，集中学习习近平总书记在党史学习教育动员大会、庆祝中国共产党成立100周年大会、党的十九届六中全会上的重要讲话精神；跟进学习习近平总书记参观"不忘初心、牢记使命"中国共产党历史展览、北大红楼，和在广西、福建、西藏、陕西等地考察期间重要讲话和重要指示精神；学习新民主主义革命时期、社会主义革命和建设时期、改革开放和社会主义现代化建设新时期、中国特色社会主义建设新时代的党的历史。党委会22次专题研学习近平《论中国共产党历史》、习近平总书记"七一"重要讲话精神、党的十九届六中全会精神。全关各级党组织通过多种形式开展学习，组织党员及时跟进学习习近平总书记最新重要讲话精神，学好用好中央4本指定教材，确保学习到边到底、全面覆盖。认真开展习近平总书记"七一"重要讲话精神和党的十九届六中全会精神学习宣讲，关党委委员带头讲好专题党课，深入基层联系点宣讲，全关各级党组织书记、班子成员、先进典型等讲党课544次。中央电视台、"学习强国"平台等宣传报道110余篇次，总署、广东分署、广东省直机关工委刊发文章481篇次。

三、开展实践活动，办实事用情用力

黄埔海关党委常态化开展"大学习、深调研、真落实"，深入基层单位、业务现场、辖区企业，通过跟班作业、个别谈话、集体座谈等方式，多层面多渠道听取企业、群众意见建议，认真研究、推动解决实际问题。围绕"国门安全、便民利企、暖心聚力"3项工程，把学习成果转化为谋划工作的思路、推进工作的举措、完成工作的效果，关党委研究制订的59项重点民生实事项目、全关各单位研究制订的635项民生实事项目全部落实。

四、积极创新形式，学习教育走深走实

黄埔海关大力弘扬伟大建党精神，开展"永远跟党走"庆祝中国共产党成立100周年主题演讲、书画摄影展、党史知识竞赛、微视频创作大赛、红色家书诵读会、百名新党员入党宣誓等"六个一"（进行一次现场宣誓、聆听一个历史故事、诵读一段文献史料、观看一部纪录影片、参加一次场景体验、进行一项互动教学）系列活动，荣获广东省职工主题演讲比赛银奖、广东省直机关青年演讲比赛亚军。举办"学史·铸魂"埔关红色讲坛126次，依托"2+N"党建实训体系（设立广州片、东莞片党建实训中心及各隶属单位党建实训点），开设"红色体验课堂"312次，组织"党史十分钟""党史夜读"，推动学习教育热在基层、热到一线。开展"与先烈对比、与先辈对话、与先进对照"活动，组织参观红色教育基地，挖掘梳理东江纵队税站等红色资源，作为党史学习

▲2021年5月7日，黄埔海关党委委员及部分处室领导干部赴华为南方工厂东莞基地开展党史学习教育

教育的生动内容。为 57 位老党员颁发"光荣在党 50 年"纪念章，评选 86 个"四强"支部（政治功能强、支部班子强、党员队伍强、作用发挥强）、57 个党建品牌、"第三届爱岗敬业十佳关员"、"十佳执法一线科长"，先进典型示范带动作用充分发挥。

▲2021 年 4 月 8 日，黄埔海关党委委员参观红色教育基地

五、坚持全程跟进，督导工作见行见效

黄埔海关组建 5 个巡回指导组，明确掌握情况、发现问题、督促整改等 5 项督导职责。实行"一周一调度、一月一总结"工作制度，开展全过程参与、全方位把关、全周期指导。通过材料审核、巡听旁听、专题调研、个别访谈、随机抽查等方式，对全关 41 个部门单位全覆盖督导，发现典型、总结经验，提出工作建议、明确整改方向，推动学习教育规定动作不走样、创新动作有特色。对各部门各单位党史学习教育进行评估，随机抽取 343 名干部职工参加问卷调查，326 人评价为"好"，15 人评价为"较好"，占比为 99.42%。

（撰稿人：陈　红）

学习贯彻党的十九届六中全会精神

2021年，黄埔海关党委按照党中央决策部署以及总署党委工作要求，制订工作方案，明确工作重点、细化具体任务、强化责任落实，分阶段、分步骤组织好党的十九届六中全会精神的学习宣传贯彻工作。

一、学深悟透"两个确立"对党和国家事业发展的决定性意义，当好"两个维护"第一方阵排头兵

一是坚决贯彻落实习近平总书记重要指示批示精神和党中央决策部署。黄埔海关立足"两个大局"、胸怀"国之大者"，时刻同以习近平同志为核心的党中央对标对表，做到党中央提倡的坚决响应，党中央决定的坚决执行，党中央禁止的坚决不做。严格执行"第一议题"制度，以维护国门安全、优化口岸营商环境、做好常态化口岸疫情防控，打击"洋垃圾"、象牙等濒危野生动植物及其制品走私的实际行动拥护"两个确立"，做到"两个维护"。二是切实用习近平新时代中国特色社会主义思想武装头脑、指导实践、推动工作。黄埔海关运用党委会、中心组学习、宣讲会、座谈会、"三会一课"、主题党日等多种形式，把习近平新时代中国特色社会主义思想学懂弄通做实。认真学习《中共中央关于党的百年奋斗重大成就和历史经验的决议》中提出的"十个明确"核心内容，进一步弄清楚中国共产党为什么能、马克思主义为什么行、中国特色社会主义为什么好的历史逻辑、理论逻辑、实践逻辑，深刻感悟创新理论的真理力量、实践力量、人格力量，不断增强对"两个确立"的政治认同、思想认同、理论认同、情感认同。三是扎实开展忠诚教育。黄埔海关紧扣中央和国家机关"两个维护"第一方阵，紧盯对党绝对忠诚这一共产党人的首要政治品格，紧密结合模范机关创建和准军事化纪律部队建设，扎实开展忠诚党和人民、忠诚党的理想信念、忠诚党的初心使命、忠诚党的组织、忠诚党的理论和路线方针政策的教育，引导全关各级党组织和广大党员干部自觉在政治立场、政治方向、政治道路上同以习近平同志为核心的党中央保持高度一致，切实把"两个确立"真正转化为坚决做到"两个维护"的思想自觉、政治自觉、行动自觉，转化为对习近平新时代中国特色社会主义思想的忠诚信仰，转化为做好各项工作的实际行动。

▲2021年11月30日—12月2日，黄埔海关举行党委理论学习中心组第五次专题（扩大）学习暨党的十九届六中全会精神专题学习班

二、学深悟透总结党的百年奋斗重大成就和历史经验的重大意义，切实扛起建设社会主义现代化海关的政治责任

一是在深化拓展党史学习教育上取得新成效。黄埔海关把学习贯彻党的十九届六中全会精神，作为深化党史学习教育的重大任务，教育广大党员干部从党的百年奋斗历程中汲取智慧和力量，坚定历史自信，弘扬伟大建党精神，进一步做到学史明理、学史增信、学史崇德、学史力行，深入推动"我为群众办实事"实践活动项目落实落地，健全完善办实事长效机制，达到学党史、悟思想、办实事、开新局的目的。二是在实现"走在前列"上开拓新局面。黄埔海关不断深化对海关事业发展的规律性认识，顺势而为、乘势而上，切实强化走在前列的担当、夯实走在前列的基础、积蓄走在前列的动能、巩固走在前列的成果，努力取得与黄埔海关地位相匹配的好业绩。三是在推进"六个强化"（强化党的建设、强化依法履职、强化改革创新、强化风险防控、强化制约监督、强化基层基础）上展现新作为。黄埔海关在更高起点上全面深化"五关"建设（政治建关、改革强关、依法把关、科技兴关、从严治关），持续强化党的建设，持续强化依法履职，持续强化改革创新，持续强化风险防控，持续强化制约监督，持续强化基层基础，深入推进三年行动计划，推动贯彻落实《"十四五"海关发展规划》开好局、起好步。四是在"创业创新、奋斗奋进"上焕发新气象。黄埔海关用苦干的精神、实干的作风和巧干的能力，始终保持一往无前的奋斗姿态和永不懈怠的精神状态，一棒接着一棒跑，跑出我们这一棒的好成绩。

三、学深悟透党的百年奋斗的初心使命和重大成就，牢记监管是海关最基本、最重要的职责

一是从严从紧落实疫情防控各项措施。黄埔海关扎实做好口岸疫情防控，坚持"人、物、环境同防""多病共防"，强化入境人员、交通工具、进口冷链食品和高风险非冷链集装箱货物检疫，从严顶格做好安全防护，严格应急预备梯队培训考核，提升实验室检测能力。二是持续提升实际监管效能。黄埔海关大力推进风险防控一体化，持续提高人工分析布控查获率，加强对各种风险的识别和防控。加强口岸监管、属地监管，加强协同协作，从属地看口岸、从口岸看属地，织牢织密安全防护网。落实税收风险防控主体责任，加强综合治税，做到量质效并举。强化业务学习培训，提升专业素养，大力培养"一专多能"的专业化监管队伍。三是始终保持打击走私高压态势。黄埔海关坚持全关"一盘棋"，深化全员打私，强化专业打击，构建防控、监管、打击一体化的海关打私体系。四是抓好安全生产。推进安全生产专项整治，强化口岸安全风险联合防控和协同处置，坚决杜绝各类安全事故。

四、学深悟透中国特色社会主义进入新时代的历史性成就和历史性变革，持续深化海关各项改革

一是推进重点领域改革。黄埔海关围绕海关全业务领域一体化改革，着力推动重点改革项目落地落实、取得突破。加强外勤执法事项统筹，推进属地监管领域关检融合。坚持查发导向，加大贸易型企业稽查力度，探索实施不事先通知的稽查，集中资源查发大案要案。二是深化"智慧海关"建设。黄埔海关加大新技术应用力度，进一步发挥科技引领支撑作用，切实提升系统集成、协调联动水平。三是推动改革落地见效。黄埔海关坚持调查研究、整体推进、狠抓落实，确保改革项目抓在手上、一抓到底。坚持目标导向、问题导向、效果导向，对一些成效还不够明显的改革项目，克服松劲心态、防止虎头蛇尾，紧盯改革成效持续发力，久久为功、善作善成。

五、学深悟透党的百年奋斗的历史意义和历史经验，主动融入国家对外开放大局

一是主动服务高水平对外开放。黄埔海关深入推进"三智"（智慧海关、智能边境、智享联通）建设，认真落实《区域全面经济伙伴关系协定》（RCEP）实施工作，大力支持中欧班列国际物流大通道建设，积极服务粤港澳大湾区建设、前海横琴双合作区建设等国家战略，积极促进综合保税区高水平开放高质量发展，积极支持粤港澳大湾区组合港、"香港—东莞国际空港中心"、穗港智造特别合作区等项目建设。二是持续优化口岸营商环境。黄埔海关大力推广进口货物"船边直提"、出口货物"抵港直装"，深化海运口岸24小时智能通关，不断优化流程、简化手续、创新手段，不断巩固压缩整体通关时间成果。三是着力服务高质量发展。黄埔海关落实国家对集成电路、生物医药等战略新兴产业的优惠政策，支持重点产业原材料、生产设备和关键零部件进口，助力提升产业链、供应链稳定性和竞争力。积极推广企业集团加工贸易监管模式，探索实施高端制造业全产业链保税模式，为企业高质量发展注入新动力。积极促进跨境电商、市场采购等新业态健康发展，打造外贸高质量发展新增长点。

六、学深悟透以史为鉴、开创未来的重要要求，发挥全面从严治党引领保障作用

一是压紧压实责任。黄埔海关严格落实主体责任、监督责任、第一责任人责任、一岗双责，突出对"一把手"和领导班子的监督，严格监督执纪问责，切实把"关键少数"管住用好。二是巩固深化"强基提质工程"。黄埔海关持续增强党支部政治功能和组织力，推动基层党建提质增效，实施加强党的基层组织建设三年行动计划，完善合格支部、先进支部、"四强"支部、品牌支部梯次争创机制，构建"2+N"党建实训体系，提升党建实效。三是持续深化作风建设。黄埔海关深入落实贯彻中央八项规定精神、切实纠治"四风"（形式主义、官僚主义、享乐主义、奢靡之风）各项措施，深入整治形式主义、官僚主义，盯紧抓实"三个突出问题"整治，深化"灯下黑"问题整治不放松。四是着力建设清廉海关。黄埔海关巩固拓展"现场监管与外勤执法权力寻租"专项整治成果，深化"一案双查"和"反围猎"综合治理，用好监督执纪"四种形态"，持续治理酒驾醉驾、违规收受礼品礼金、"红包"问题，强化"制度+科技"运用，一体推进不敢腐、不能腐、不想腐。

（撰稿人：陈　红）

全力服务粤港澳大湾区建设和"一带一路"高质量发展

2021年,黄埔海关充分发挥海关职能和湾区几何中心的区位优势,主动融入广州、东莞经济社会发展大局,全力支持促进粤港澳大湾区发展,顺利推动"香港—东莞国际空港中心"、粤港澳大湾区组合港、"湾区一港通"等项目试点运行;服务共建"一带一路"高质量发展,支持开通中老、中越国际货运班列线路,助力畅通国际物流大通道,关区企业对"一带一路"沿线国家(地区)进出口货值3,970.83亿元,同比增长18%。

一、服务粤港澳大湾区建设

(一)推进粤港澳大湾区"港口群"建设。

持续推动海运口岸24小时智能通关改革,叠加"两步申报""两段准入"等措施,推进"进口直提""出口直装",初步构建监管场所、运输工具、货物"三位一体"智能物流监控体系。主动推动"香港—东莞国际空港中心"项目试点运行,首创跨关境安检前置,将中国香港机场货运站的出口集拼、安检、打板,以及进口入区理货、拆板等业务转移至东莞虎门港综合保税区,实现直达空侧的海空联运模式,提升粤港澳大湾区港口联动性。2021年12月15日,首票航空货物顺利在东莞虎门港综合保税区完成验放、打板后,经东莞港海运离境至中国香港机场通关。整合"同船运输"业务,升级"湾区水上货运巴士",实现沿途随装随卸。联合广州、深圳海关,推进"一港通""组合港"项目落地。

▲2021年12月15日,沙田海关关员在东莞虎门港综合保税区开展查验作业,"香港—东莞国际空港中心"项目试运行阶段首票航空货物顺利通关

（二）持续优化通关流程。

深入推进"两步申报""两段准入"改革，全面推广"提前申报"，优化查验方式，推进第三方检验结果采信，加快口岸验放。综合运用"两步申报""两段准入""智慧监管"等改革措施，优化智能卡口、智能地磅、智能装卸、智能视频、智能审图综合应用，拓展新型智能监管手段，整体提升监管效能，服务企业便利通关。

（三）落实启运港退税政策。

与广州海关、深圳海关及地方税务部门密切配合，结对授权，联通系统，顺利启动启运港退税试点，同时强化途中监管，共同防范风险。截至2021年年底，黄埔海关辖区码头与南沙、前海均已成功试点。

（四）支持粤港澳大湾区"菜篮子"工程。

开发"黄埔海关供港蔬菜监管系统"，实现种植、加工、流通等环节紧密衔接，电子化溯源管理稳步优化。设立"东莞供港蔬菜监管中心"，发挥集约化监管优势，促进东莞供港蔬菜产业集群发展。2021年该中心共监管供港蔬菜约36.25万吨。支持地方打造"粤港澳大湾区菜篮子通关（增城）便利区"，配套检测实验室，服务企业300余家。增城"菜篮子"供港项目被总署评选为"'我为群众办实事'百佳项目"。

▲2021年4月21日，增城海关关员监管验放一批供港蔬菜

（五）促进生物医药产业发展。

以全球疫情对生物制品需求大幅度增加为契机，发挥粤港澳大湾区生物孵化基地的产业优势，畅通生物制品出口验放机制，简化人体组织、血液等科研样本通关查验手续，卫生检疫审批时限由20天压缩至10天。支持粤港澳大湾区生物企业扩大产能助力抗击疫情，打造防疫物资出口"绿色通道"，协助联合国环境规划署世界和谐基金会快速验放两批次检测试剂逾2万人份支援尼泊尔。2021年，黄埔海关监管出口新冠病毒检测试剂2.63亿人份，价值约20.25亿元，出口100多个国家（地区），位居全国海关首位，助力"黄埔造"生物抗疫物资在全球抗击新冠肺炎疫情表现瞩目，推动成为团结抗疫的合作典范。

（六）推进综合保税区监管创新。

2021年3月8日，广州黄埔综合保税区获总署验收合格批复并封关运作，区内业态实现多元化发展。顺利推动广东省首个进口汽车保税存储项目落户区内，创新打造有色金属大宗散货集散中心，持续推进仓储货物按状态分类监管、区内企业保税货物与非保税货物库内直转等便利措施，提升货物流转效能。2021年，广州黄埔综合保税区（含原广州保税物流园区）（一线）进出区货值167.46亿元，同比增长55.3%。发挥东莞虎门港综合保税区区位优势，携手打造"莞盐组合港"，支持"香港—东莞国际空港中心"建设，推动香港机场部分货运打板业务在东莞虎门港综合保税区内办理，降低物流成本。2021年，东莞虎门港综合保税区（一线）进出区货值640.58亿元，同比增长90.9%[同比数据包含原东莞保税物流中心（B型）]。

（七）强化执法监督力度。

加强知识产权海关保护。参与粤港澳海关知识产权保护联合执法行动，2021年，黄埔海关共组织3次联合执法行动，查扣输往或经港澳地区中转的侵权商品近180批次、约102万件。强化粤港澳食品领域执法合作。认真贯彻落实《粤港澳卫生检疫、动植物检疫和食品安全控制合作备忘录》要求，密切关注香港食物环境卫生署食品安全信息通报，及时落实相关企业的风险核查和监督整改，通过强化信息沟通及处置响应，共同防范供港食品安全风险隐患。严厉打击治理粤港澳跨境走私。始终保持打击走私高压态势，打击"水客"走私、粤港澳海上跨境走私取得实效，"洋垃圾"、象牙等濒危野生动植物及其制品走私得到有效遏制，黄埔海关缉私局荣获联合国环境规划署"亚洲环境执法奖"。

二、对接"一带一路"建设

（一）助推与"一带一路"沿线国家（地区）外贸量稳质升。

聚焦特色重点产业，成立全产业链保税政策、手机零配件供应链稳定、扩大粮油进口和扩大整车及汽配件进口4个工作专班，精准施策助力企业扩大进出口；收集梳理新冠肺炎疫情期间"一带一路"沿线国家（地区）对中国采取的技术性贸易措施等出入境限制措施，多维度分析对企业的影响，提出对策建议。大力培育AEO企业，对"中欧陆海快线"沿线国家有贸易往来企业开展专场培育，鼓励企业提升信用等级，对百家出口金额较大企业开展"一对一"培育，助推企业享受"一带一路"AEO互认国家的通关便利。稳外贸相关典型经验做法获国务院第七次大督查通报表扬。

（二）支持中欧班列高质量开行。

推广多式联运，形成班列运行"水陆空铁"联结成网，允许企业在属地报关、"一站式"办理通关监管手续后转关运抵换乘装运中欧班列出境，支持货物通过港口过驳、内河驳船"水运中转"和公路运输至班列站点。支持班列拓展线路，建立跨关区通关协调机制，及时解决企业在中欧班列沿线遇到的通关问题，做大"中亚—广州—东南亚"出海物流通道，顺利开行广州增城至老挝、越南、德国杜伊斯堡、挪威奥斯陆等国际班列，打通

"中国—欧洲""中国—东盟"大通道。在东莞石龙中欧班列站点常态化运营的基础上,积极对接地方政府、铁路部门及企业,制定"一对一"帮扶措施,推动中欧班列在辖区集结发展,现辖区已有广州港、广州增城、东莞常平、东莞石龙4个始发站点。

▲2021年2月6日,常平海关关员对辖区出境中欧班列进行监管,"东莞常平号"中欧班列"东莞制造"专列成功首发

(三)支持外贸新业态新模式发展。

积极开展跨境电商B2B出口业务试点,落实属地查验、优先查验等措施,支持企业更好拓展"一带一路"电商市场;强化科技应用和系统集成,打造跨境电商出口24小时全天通关模式,支持保税电商商品24小时出区。创新市场采购贸易组货拼箱、报关申报和查验放行等"一站式"服务,推动市场采购健康快速发展,为广大中小型企业提供发展新动能。

(撰稿人:李劼聪 谢惠旋)

从严从紧、毫不松懈抓好新冠肺炎疫情防控

2021年，黄埔海关坚持"外防输入、内防反弹"总策略和"动态清零"总方针，坚持人民至上、生命至上理念，坚持"人、物、环境同防"，毫不松懈、严格执行口岸疫情防控各项措施，坚决守牢外防输入关口，切实做好内部安全防护。凝心聚力统筹抓好各项工作落实，着力促进外贸稳定增长，以实际行动践行"两个维护"。

一是开展出入境人员检疫。严格按照总署要求，落实"三查三排一转运"等各项口岸卫生检疫措施，加强入境船舶多维度风险分析布控，及时动态调整关注对象，实现精准检疫。2021年，检疫出入境人员20.2万人次，开展流行病学调查3.56万人次，采样检测近9,000人次。指导隶属海关对检疫发现确诊病例、疑似病例、有发热和呼吸道等症状及核酸检测阳性船员的，由船舶运营者对船舶进行终末消毒，未实施终末消毒前不得上下人员、装卸货物（地方确保采取不登轮作业的方式装卸货物的除外）。支持穗港客运码头项目和黄埔国际邮轮城项目建设，积极配合东莞市虎门港澳客运码头复通复航工作，保障澳门航线在2021年4月28日至6月6日顺利复航。

二是落实进口冷链食品和高风险非冷链集装箱货物预防性消毒监督。制发实施方案等文件，明确各部门职责及协调机制；采取实地检查、实时连线、调阅系统数据等方式，强化对现场消毒作业、录证和资料归档等规范性检查。安排专人专岗每日跟进各现场作业开展情况，指导口岸一线开展工作。加强日常监督检查，严格落实安全防护工作要求，强化培训力度，开展业务培训3次，组织开展实操考核并全员通过。开展巡回指导，完成10次现场指导、16次远程视频指导。2021年，黄埔海关采样1,776个，消毒3.2万件商品外包装。

三是强化联防联控。对接属地一市两区联防联控工作指挥部，进一步加强中国

籍兼营船舶从跨境运输转为国内内贸运输新冠肺炎疫情防控工作，完善船舶船员信息通报机制。2021年，办理改营手续并推送相关船舶信息近400艘次、船员信息3,600余人次，向地方通报每日数据报表等800多份。与地方保持紧密联系，落实新冠病毒阳性病例的后续处置。

四是严格落实各项新冠肺炎疫情内部防控措施。密切关注本土新冠肺炎疫情发展形势，因时因势因地调整出差出行管理、健康监测、核酸检测等各项内部新冠肺炎疫情防控管理措施，建立完善风险人员动态排查机制，按要求分级分类落实相关防疫管理措施。严格落实全员出差出行台账管理，修订工作人员出差出行信息台账。严格做好干部职工健康监测，坚持落实全员健康监测"日报告、零报告"制度，实现"打胜仗、零感染"。积极提高干部职工新冠肺炎疫情防控意识，编制新冠肺炎疫情个人安全防护提醒"小闹钟"201期。严格落实新冠病毒疫苗接种，按照"应接尽接"原则，结合关区人员结构特点，制订接种计划，主动对接接种点，有序组织人员分批次前往指定地点实施集中接种；建立接种台账，做好后续跟踪，提醒符合条件人员按时完成后续剂次接种流程，及时更新新冠病毒疫苗接种及抗体检测数据报送；开辟"绿色通道"，为外出执行紧急公务关员"紧急接种"提供保障；持续推进加强免疫接种，为集中封闭管理人员协调上门接种加强剂。

严格落实高风险岗位工作人员封闭管理，成立封闭管理工作专班，制订重点岗位人员封闭管理工作、高风险岗位人员封闭管理期间新冠肺炎疫情防控细化指引等，明确和细化人员集中封闭管理、居家健康监测、核酸检测、点对点人员转运、消毒处理、垃圾处置、应急处置等工作；开发"集中封闭管理人员信息管理"小程序，加强封闭管理人员班次管理，相关隶属海关建立封闭管理人员台账，详细记录封闭管理期间的核酸检测、体温监测、工作任务等信息，落实登记造册；落实工作地点到集中封闭管理场所"两点一线"、专车接送要求，确保与其他人员非必要不发生交集，2021年共对373人次实施封闭管理。配合口岸监管处加强作业现场个人防护视频监控，与多个职能部门联合组成"挑毛病"专家组，明确"挑毛病"专家组人员组成及工作机制，以黄埔海关新冠肺炎疫情防控专项视频监控作业表单为监督基础，聚焦登临检查、高风险非冷链集装箱货物采样消毒等重点业务作业情况，重点关注安全防护、采样、消毒、医疗废弃物处置等关键环节；2021年配合口岸监管处撰写下发监控日志100余份，发现并整改问题186项。日常工作中不断加强个人安全防护，7月至8月组织全关以理论学习考试、视频教学、作业互评、登轮检疫作业技能比武等方式开展了"加强疫情防控安全防护月"活动,其中1,894人参加3期理论考试,4个口岸一线隶属海关参与技能比武;2021年持续开展高风险岗位人员、应急预备梯队人员防护及采样技能培训考核等20余次、覆盖人员1,000余人次。严格落实船舶卫生监督及新冠肺炎疫情防控垃圾处置,制发加强入境船舶卸载生活垃圾卫生监督、规范口岸新冠肺炎疫情防控垃圾处置专项工作等通知,细化落实总署和地方新冠肺炎疫情防控要求,规范口岸新冠肺炎疫情防控垃圾处置工作;加强船舶卫生监督规范作业、船舶废弃物检查项目及废弃物排放前实施的卫生处理相关知识培训,300余人参加培训。

五是加强新冠肺炎疫情防控队伍建设。针对国内新冠肺炎疫情防控工作的复杂性、严峻性和艰巨性,在全关各单位筛选25名政治立场坚定、工作成绩突出、有医学背景人员和4名关区新冠肺炎疫情防控专家组专家进入应急大队,不断扩大应急队伍,"以点带面"提升整体人才队伍素质;从关区内挖掘7名有护理专业背景的采血技能人员进行集中管理、培训、上岗,在充实关区卫生检疫专业人才队伍储配的同时提升入境人员传染病的检出率。强化业务实践技能培训,充分发挥黄埔海关卫生检疫实训基地作用,开展多轮次传染病排查、个人安全防护、卫生处理监督、智慧病媒等实践技能培训;组织对业务应急预备梯队开展安全防护、口鼻咽拭子采样、高风险非冷链货物采样等技能实操考核,确保"随时能上岗";完成总署卫生检疫业务实训"e课堂"课程(新冠肺炎疫情防控常态化下的口岸公共场所卫生监测与评价)。开展船舶废弃物检查项目及废弃物排放前实施的卫生处理培训及演练2次、387人次。

六是服务更高水平对外开放。严厉打击新冠病毒疫苗非法出境,成立工作组、制订方案,牵头组织召开打击新冠病毒疫苗非法出境工作专班会议,制发黄埔海关新冠病毒疫苗出境监管工作流程和特殊物品相关业务操作规范,开展特殊物品监管培训。通过定期会商、开展专项培训、推进智能审图现场制图、强化部门间联系配合等多种方式,实施严格监管、严厉打击,严防新冠病毒疫苗非法出境。开展新冠病毒诊断试剂、新冠病毒疫苗等特殊物品H986、CT机检制图,完成3大类218幅图像绘制,查获冠状病毒检测试剂盒3,600个。进一步优化口岸营商环境,充分释放政策红利培育粤港湾大湾区生物医药企业,促进生物医药产业发展。收到企业赠送的牌匾、感谢信以及尼泊尔卫生部、阿尔及利亚抗疫指挥中心发来感谢函。分级分类办理卫生检疫审批,大幅压缩特殊物品审批时长;主动倾听企业诉求,针对用于预防、诊断、治疗人类疾病的生物制品监管政策,收集汇总实际审批事项中有疑义的实施细则,提请总署相关部门研究和评估，争取上级支持并获总署公告予以明确；指导一线监管岗位帮助企业充分研判商品目录，选择正确检验检疫代码报关，简化企业通关前环节。通过邮件、微信等方式解答企业疑问800余次。对特殊物品严格审批，全年实现"零超时、零差评"。2021年，黄埔海关共签发特殊物品卫生检疫审批单3,474份，同比增长154.1%；监管出入境特殊物品4,669批次，同比增长198.0%，其中监管出口新冠病毒检测试剂2.63亿人份，货值20.25亿元。

（撰稿人：王　超）

优化口岸营商环境　促进跨境贸易便利化

2021年，黄埔海关深入学习贯彻习近平总书记关于统筹做好新冠肺炎疫情防控和经济社会发展工作的重要指示精神，坚决落实党中央国务院"六稳""六保"决策部署。1—4月，在国家口岸管理办公室指导下扎实开展跨境贸易便利化专项行动，推动落实25项具体措施，高质量完成2021年促进贸易便利化专项行动，并以2021中国营商环境评价等口岸营商环境评价为契机，以评促改持续优化口岸营商环境。5月财政部公布对重点城市营商环境评估结果，广州市跨境贸易指标排名全国第一位。9月，广州市被国务院确定为首批6个国家营商环境创新试点城市之一。

一、持续巩固通关时间压缩成效

在尊重企业自主选择前提下，推进"提前申报""两步申报"等改革，实施进口货物"船边直提"和出口货物"抵港直装"，合理压减通关时间。结合关区粮食、汽车、食品等进口量较大的情况，扩大实施"两段准入"改革，全年共对386批约680万吨进口粮食实施"附条件提离"，有效加快疏港调运。探索优化抽批工作，合理应用合格评定程序，降低守法合规企业和低风险商品查验率。加强通关时效监控，实行"日监控、周通报、月评估"制度，持续巩固货物整体通关时间压缩成效。2021年12月，黄埔海关进出口整体通关时间分别为11.69小时、0.72小时，较2017年分别压缩72.87%、94.23%。

二、进一步降低进出口合规成本

落实进一步精简作业单证要求，主动对接广州推进港航物流单证无纸化电子化工作，提升货物及集装箱运转效率。全面落实减税降费政策，减少新冠肺炎疫情对企业影响。深化多元化税收担保改革，为企业节约大量资金。通过中国国际贸易单一窗口（以下简称"单一窗口"）实施查验信息推送，提升执法透明度，加强信息互换共享。严格执行收费目录清单及公示制度，全关区无行政事业性收费。配合地方政府口岸管理部门进一步规范口岸收费,推动各收费主体在"单一窗口"公开收费标准。

三、不断增强企业获得感

应对新冠肺炎疫情影响,与企业共克时艰,为企业复工复产急需物资开通"绿色通道",通过免到场查验等措施压缩货物在港时间。推进"互联网+海关"升级,便利企业办事,全面保障外贸产业链、供应链畅通。与广州港集团联合开发"关港直装直提平台",在线办理进口货物"船边直提"业务。积极助力地方缓解海运资源紧缺的影响,优化新造箱出口、空箱进境监管模式,同时全力支持在增城西站、广州新港开通中欧班列,拓展新渠道。2021年,关区共发行国际班列182班次、货运量10.41万吨,同比分别增长37.88%、15.82%。聚焦企业关心关注问题,由关领导带队对重点企业进行走访调研,了解企业生产经营状况,听取企业对海关工作的意见建议。通过12360服务热线、韩日资企业座谈、企业协调员等多种渠道,定期收集通关环节问题,建立"问题清零"台账,实现企业诉求件件有落实,推动解决企业问题124个。

四、持续助力扩大口岸开放

立足海关职能,站位口岸全局。2021年1月11日,东莞港口岸同舟石化码头扩建工程(3#泊位)作为东莞港口岸沙田港区新建码头泊位正式对外开放,10月13日,广东中远海运重工有限公司造船项目配套码头作为东莞港口岸麻涌港区新建码头正式对外开放。积极推动穗港客运码头复建工作,建立联系人制度专门负责项目对接,协调各方做好穗港澳出入境大楼海关工作区域建设。跟进大屿山锚地临时口岸开放延期申请,牵头组织相关部门召开口岸扩大开放研讨会,就口岸开放所需的监管、办公条件及需求进行充分沟通,同意其延期申请。配合推动黄埔国际邮轮城、黄埔新港二期项目建设。

(撰稿人:李劼聪　谢惠旋)

推动综合保税区高质量发展

2021年，黄埔海关深入开展党史学习教育，坚持贯彻落实习近平总书记"七一"重要讲话、党的十九届六中全会精神及中央经济工作会议精神，通过健全体制机制、创新监管模式、优化服务方式，积极推动关区海关特殊监管区域转型升级，并以综合保税区落地为新起点，立足综合保税区高水平开放平台，结合地区产业实际，全面贯彻落实《国务院关于促进综合保税区高水平开放高质量发展的若干意见》（以下简称《若干意见》），在东莞虎门港综合保税区、广州黄埔综合保税区内，落实《若干意见》21项主要任务中的11项；推动业态多元化发展，保税维修、研发、租赁、展示交易、进口汽车保税存储、有色金属物流分拨等新业态从无到有，实现了多个"零突破"，综合保税区"五大中心"初现雏形；推进区域贸易便利化措施，做好自由贸易试验区（以下简称"自贸区"）创新监管制度复制推广，助力地方特色产业做大做强，助力区内企业融入国内国际双循环。2021年，关内辖区综合保税区保持高速增长，其中广州黄埔综合保税区（含原广州保税物流园区）（一线）进出区货值167.46亿元，同比增长55.3%；东莞虎门港综合保税区（一线）进出区货值640.58亿元，同比增长90.9%〔同比数据包含原东莞物流保税中心（B型）〕。

一、推动海关特殊监管区域整合优化升级为综合保税区

2021年，广州保税物流园区转型升级为广州黄埔综合保税区，顺利实现封关运作，为广州市乃至广东省实现高水平开放高质量发展增添又一新平台；配合地方政府推进广州保税区、广州出口加工区调整整合方向，申请合并迁址转型为广州知识城综合保税区。

▲2021年2月1日，广州黄埔综合保税区通过正式验收

二、推动综合保税区业态多元化发展

（一）保税维修业务扩大发展。

利用综合保税区集中监管及保税维修政策优势，引导东莞市本地生产供出口的境外手机售后维修点回境内、回区发展，减少企业在香港或海外设分拣仓的成本。应用金关二期系统优化保税维修账册管理，简化进出区申报手续，降低物流成本，货物自港、澳入境最快1小时可抵达综合保税区。指导企业搭建符合保税维修业务物流、报关、维修、耗用、后续处置等业务流程要求的企业资源计划（ERP）、仓库管理系统（WMS），对维修物料实行专门管理，与海关联网实施网上监管。同步融合"四自一简"（综合保税区内企业可自主备案、合理自定核销周期、自主核报、自主补缴税款，海关简化业务核准手续）模式，企业自主根据维修生产实际，可实现自主备案、合理自定核销周期、自主核报和自主补缴税款，同时简化海关业务核准手续。2021年，东莞虎门港综合保税区内入驻保税维修企业3家，其中2家开展OPPO和vivo海外手机维修项目，1家开展多功能眼镜保税维修业务；广州黄埔综合保税区内入驻保税维修企业3家，其中2家企业已开展液晶显示屏维修业务。2021年，关区综合保税区累计保税维修进出区货值1.68亿人民币、货运量186吨，维修液晶显示屏1.56万个、维修功能眼镜1,656台、手机等通信产品4.24万台，区内电子产业价值链向两端延伸。

（二）进口汽车保税存储落地实施。

组建工作专班，聚焦综合保税区和新沙整车进口口岸联动，针对区内企业开展进口汽车保税存储业务的个性化需求，逐一指导助力进口整车从新沙口岸"落地征税"向"仓储保税"复合发展，力促广州黄埔综合保税区打造进口汽车分拨中心。探索保税汽车检验模式，从汽车口岸进口、保税存储到出区销往国内，前置进口整车检验作业环节，实现"抵港—入区—出区"一次性检验，畅通进口汽车保税全链条，助力企业享受综合保税区保税优惠便利。建立汽车要素检索跟踪机制，升级智能卡口，对接新沙整车进口口岸"汽车监管系统"，对汽车车架号、出口岸堆场时间等要素进行匹配管理，便利汽车物流检索跟踪及企业自行运输。2021年3月，首家汽车企业在广州黄埔综合保税区开展汽车保税仓储试点，为广东省汽车行业发展增添一"翼"。2021年，广州黄埔综合保税区共进区斯巴鲁、保时捷、奔驰等多个品牌整车1,623台，货值11.43亿元，其中出区1,566台，货值10.66亿元，征税4.96亿元。

（三）首单保税租赁业务顺利落地。

允许设立在综合保税区内的租赁企业，同承租企业以综合保税区内保税货物为租赁标的物开展进出口租赁业务。利用综合保税区内租赁企业将处于保税状态的设备出租给境内区外的企业，海关仅对租金而非货值进行征税的政策优势，降低区外企业进口设备的成本，实现"立足区内政策，服务区外企业"政策目标。开展企业调研及政策宣传，对重点企业开展靶向辅导，指导企业开展首单设备保税租赁业务。2021年11月18日，东莞某公司以保税租赁方式，从在东莞虎门港综合保税区向区外企业租赁一台电晶体式高周波金属加热机，节约企业税费成本，助力中小微企业缓解新冠肺炎疫情及海运运费上涨等市场压力。

（四）跨境电商网购保税进口拓展保税展示交易业务。

结合实际监管及企业需求情况，将保税存储与保税展示交易相融合，促进形成多元化保税货物销售渠道，打造保税货物交易中心，为综合保税区"五大中心"建设培育产业配套。应用金关二期系统功能模块优化保税展示交易业务流程，助力电商商品凭保出区运往经批准门店作样品展示，实现"线下体验、线上下单、综合保税区发货到家"。2021年6月份首票业务开展以来，截至当年12月底，出区展示1.16万件商品，货值125万元，展示后出区发货包裹数751票。

（五）开展专项调研促进保税研发业务取得初步进展。

协调广州经济技术开发区管委会，主管海关先后组织开展3次保税研发专项调研，发放调查问卷超过400份，对重点意向企业进行回访，引导企业运用综合保税区研发政策开展业务项目评估。截至2021年12月31日，首个保税研发项目vivo研发项目落户东莞虎门港综合保税区，价值约1,300美元的手机零配件类保税研发货物顺利入区；东莞某公司受委托开展保税研发业务；广州黄埔综合保税区启动保税研发中心奠基仪式。

（六）扶持有色金属物流分拨中心。

深度融合"两步申报""分送集报"政策便利，实现大宗货物"一单多车，批次运抵"，打造有色金属集散中心。2021年，广州黄埔综合保税区有色金属进出区66.51万吨，货值292.14亿元，同比增长80.29%。

（七）支持"香港—东莞国际空港中心"项目建设。

发挥东莞虎门港综合保税区区位优势，把香港机场货运站出口集拼、安检、打板，以及进口入区理货、拆板等部分业务移至东莞虎门港综合保税区办理。2021年12月15日，首票航空货物顺利在东莞虎门港综合保税区完成验放、打板后，经东莞港海运离境至香港机场通关。

三、复制推广自贸区创新监管制度，持续推进区域贸易便利化措施

结合广州黄埔综合保税区、东莞虎门港综合保税区的发展现况，对照国务院、广东省政府两个层级发布的自贸区创新制度，与海关特殊监管区域相关的制度及改革试点经验，按照积极稳妥原则，强化协调督促，完善推广机制，坚持问题导向，解决缺乏实施细则、信息化系统不完善等

问题，促使制度与业务匹配发展，抓紧抓实落地实施，做好自贸区制度的复制推广工作。对暂无相关业务类型未能复制推广的，加强政策宣传及业务指导，增强综合保税区及自贸区制度对企业的吸引力。截至2021年12月31日，复制推广国务院、广东省政府部署推广的自贸区与海关特殊监管区域相关的改革试点经验共24项。

（一）推进增值税一般纳税人资格试点工作。

联合税务、财政部门开展广州黄埔综合保税区、东莞虎门港综合保税区试点需求调研和可行性分析，做好试点的前期准备工作。联合制订试点实施方案，建立综合保税区行政管理机构、税务、海关等部门协同推进试点的工作机制，明确各单位的职责与分工，并将实施方案上报国家税务总局、财政部和总署备案。关区综合保税区均已具备试点条件，企业有需求即可开展业务。

（二）持续推进"两步申报"、"仓储货物按状态分类监管"、区内企业保税货物与非保税货物库内直转，及大宗货物一单多车便捷进出等便利措施落地。

允许综合保税区内企业在仓库内对进口货物、中转货物、区内出口货物开展分拨、集拼、转运等业务，实现全球揽货、中转分拨、进出口集拼等一站式业务；利用科技创新手段推动业务改革，自主研发"库内直转"功能，一键触发保税账册与非保账册分别记账，实现保税、非保货物同仓互转，企业可根据进出口需要对货物状态进行灵活转换，提升货物进区—区内流转—出区全物流链条流转效率，节省物流配送时间和装卸运输费用，提升企业对国际、国内两个市场的利用率，打通供应链为产业链增量；除有效利用闲置库容外，允许进境保税货物转为非保税货物及国内进入区内的非保税货物在区内存储，同时非保税货物可以一般贸易方式申报出口享受出口退税。2021年，累计进出口保税货物34.97万吨、货值30.96亿美元、内销征税3.26亿元；进出区非保货物13.51万吨、货值40.70亿元。其中，共有两家企业开展库内直转模式，2021年，累计库内直转货物9,460.18吨，货值3.07亿元，内销征税3,988.87万元。

（撰稿人：王　单　蔡嘉铖）

打击走私重点专项工作

2021年，黄埔海关缉私局坚持以习近平新时代中国特色社会主义思想为指导，坚决贯彻习近平总书记重要指示批示精神，认真落实上级决策部署，将开展党史学习教育和教育整顿作为重大政治任务，切实提高政治站位，强化政治建设，坚持"高质量发展"的目标要求和"精准细严"的管理理念，紧扣"巩固提高，强化管理"工作着力点，全面履职尽责，突出打击重点，圆满完成各项任务。

一、保持高压态势，打击走私战果丰硕

打击治理粤港澳海上跨境走私。2021年，黄埔海关缉私局以习近平总书记关于打私工作的重要指示批示为根本遵循，加强与广州、东莞市政府及相关执法部门联系配合，自10月12日起开展为期3个月的打击治理粤港澳海上跨境走私联合行动。截至12月31日开展联合查缉行动15次，出动缉私艇287航次，航时1,600小时，航程2万海里，查获案件14宗，查扣涉嫌走私红油200吨、涉案船舶30艘。

打击"水客"走私。2021年4月，黄埔海关缉私局参与总署缉私局打击"水客"走私集中收网第一轮专项行动，立案侦办1宗，现场查扣奢侈品200余件，案值约200万元。9月开展打击"水客"走私专项行动，在广州、珠海、东莞、成都等地先后对涉案的"水客"团伙和境内客户实施两轮集中打击，共抓获犯罪嫌疑人27名，打掉1个"水客"走私团伙，现场查获高档服装、鞋包、化妆品等相关涉案货物共计347件，该案案值1.1亿元。全年共刑事立案29宗，抓获犯罪嫌疑人35人，案值1.24亿元。

严厉打击濒危动植物走私。2021年，开展打击走私进口珍稀木材专项行动，侦办走私国家禁止进出口木材案37宗，抓获犯罪嫌疑人25名，打掉5个特大濒危木材走私团伙，冻结账户资金约480万元，查证走私进口刺猬紫檀、交趾黄檀约1.4万吨，案值约9,982万元。开展"护卫2021"专项行动，立案侦办两宗涉及濒危物种及其制品走私案件，查获涉嫌走私犀牛角丝1,130克、犀牛角966克。

成立境外追逃处置工作专班，抓获"1·17"特大象牙走私案在逃嫌疑人。2021年境外追逃到案9人。

持续高压严打"洋垃圾"走私。2021年，黄埔海关开展"蓝天2021"专项行动，参与"大地女神"第七期国际联合行动，共刑事立案8宗，案值1,322万元，查证涉案废塑料5,793吨。

"国门利剑2021"专项行动。2021年全年集中开展HP系列专项行动，立案179宗，案值143.96亿元，查证废旧金属1.63万吨、二手挖掘机829台、各种木材约10万立方米。开展打击走私进口废金属第二轮行动，共抓获犯罪嫌疑人21名，打掉3个走私进口废金属犯罪团伙，该案涉嫌走私进口废五金共计1.63万吨，案值1.85亿元。开展打击走私进口旧挖掘机专项行动，摧毁1个横跨多省的走私旧挖掘机犯罪团伙，抓获犯罪嫌疑人13名，该案案值约4.96亿元。开展打击低报价格走私进口木材专项行动，共抓获犯罪嫌疑人17名，查缉涉案企业14家，查证走私进口各种木材约10万立方米，该案案值5.2亿元。与广州、东莞两地公安机关协商建立打击枪爆违法犯罪的联系配合机制。开展"国门勇士2021"集中缉枪行动，查获水弹枪7支，发泡水弹1桶。核查涉枪线索9条，共查获收缴水弹枪7支，仿真枪54支。结合开展"净边2021""寄递渠道禁毒百日攻坚行动"，立案侦查1宗台湾吸毒人员利用快件渠道走私新型毒品"蓝精灵"案件，现场查获新型毒品224粒，抓获犯罪嫌疑人2人，刑拘1人。严厉打击重点涉税商品、农产品、危化品等走私。立案侦查走私出口危化品案件5宗，案值约1,018万元，查证涉嫌走私水银26.07吨；立案侦查走私雪茄案11宗，案值约1,986万元；立案侦查走私香烟案4宗，案值112.72万元；立案侦查走私红柴油案36宗，查获走私红柴油3.17万吨，案值约1.91亿元；立案侦查走私农产品案1宗，查获伪报原产地走私进口花生仁554吨；立案侦查走私榴梿等果蔬案4宗，案值8.91亿元。

二、深化全员打私，整体效能大幅提升

2021年，全关上下坚决贯彻落实习近平总书记重要指示批示精神，全面落实总署党委"1+6"制度规定和打私工作决策部署，建立"缉私指导、风险抓总、职能牵头、现场承接"全员打私工作机制，完善全员打私绩效评估实施办法，层层压紧压实责任。在统筹抓好新冠肺炎疫情防控工作的同时，积极构建防控、监管、打击一体化的海关打私体系。全年海关业务部门查发行政案件1,973宗。

三、推进多元共治，工作合力不断增强

综合治理工作情况。与烟草部门、地方公安开展联合查缉，查获无合法来源香

烟1,927万支，激光打码机、无线电干扰器等作案工具一批。重点推进涉案冻品移交地方镇街处置和"去库存"工作，依托地方政府新冠肺炎疫情联防联控工作机制，推动涉案冻品归口地方处置模式在广东省内率先落地。

深化与公安、税务、人民银行等部门联合打击虚开发票、骗取出口退税活动，提升执法综合效果。与国家税务总局驻广州特派办稽查大队开展打击联合虚开增值税发票行动，地方各税务部门根据黄埔海关缉私局移交线索行政立案14宗，涉及虚开税额6.5亿元。

2021年11月12日，黄埔海关缉私局获评联合国"亚洲环境执法奖"，联合泰国、越南海关获评"亚洲环境执法奖合作奖"。11月30日，联合国环境规划署在北京举行亚洲环境执法奖颁奖仪式，授予黄埔海关缉私局"亚洲环境执法奖"。

（撰稿人：刘　畅　周春晖）

严防外来物种入侵 维护国门生物安全

2021年，黄埔海关坚持总体国家安全观，落实"国门绿盾2021"专项行动各项工作要求，加大打击非法引进外来物种和种子苗木工作力度，严防外来物种入侵，维护国家生态安全和生物安全。全年截获进境植物有害生物998种、3.76万种次，在非贸渠道查获外来入侵物种97批次，同比提升44.8%，在全国口岸首次检出入侵杂草"三叉针茅"。

一、提高政治站位，强化组织领导

根据总署关于开展打击非法引进外来物种和种子苗木"国门绿盾2021"行动的要求，制订黄埔海关"国门绿盾2021"行动方案，成立以分管关领导为组长的行动工作领导小组，由动植物检疫处负责牵头，其他相关处室、各隶属海关紧密配合，发挥各自职能作用，协同推进"国门绿盾2021"行动。细化落实外来入侵物种口岸防控工作措施，并将工作措施纳入黄埔海关落实《"十四五"海关发展规划》方案中，抓好抓实外来入侵物种口岸防控工作。

二、加强调研培训，提升监管质效

组织学习习近平总书记关于加强我国生物安全建设的重要指示批示精神，开展外来物种口岸防控专业技能现场培训和线上培训，各隶属海关130人次参加培训，切实提升口岸一线关员外来物种口岸防控业务能力和实操水平。组织查检一线科室，认真学习总署2020年度进境携带寄递渠道截获外来物种案例汇编，提升外来物种非法入侵查发能力。召开风险研判会议，交流借鉴成功经验，结合各隶属海关业务特点，提出具体的外来物种口岸防控针对性措施，提前研判风险，加强布控。组建专家团队，赴各一线口岸，开展外来物种口岸防控情况实地调研9次。结合各口岸业务特色，找准外来物种防控要点，提出了防控意见，提高外来物种截获率。

三、强化实际监管，守牢国门安全底线

密切关注、编译、分析外来入侵物种和国外动植物疫情信息，汇总分析关区口岸外来入侵物种和种子苗木截获情况，依托关区业务风险防控协同机制开展联合研判。发挥CT机检智能审图作用，对进口电商货物实行非侵入式检查。保持打击高压态势，利用工作犬加大电商包裹复查复验力度，防止外来物种入侵。加强旅检口岸及经国际船员通道上下船换班船员携带行李管理，对行李进行100%过X光机检查，对图像异常的进一步开包检查。

四、严格行政执法，强化违规违法处罚

强化非法携带种子苗木及外来入侵物种的处罚，加强与法规、缉私和财务等相关部门的联动配合，明确对截获种子苗木及外来物种非法行为实施行政处罚的法律依据、实施部门、现场缴款及当场处罚的一般流程，制发黄埔海关携带外来入侵物种行政处罚适用简易程序指导意见，指导现场海关强化对违规违法行为的处罚，守牢国门生物安全关。全年对6宗携带外来物种非法行为实施行政处罚。

五、强化技术支撑，筑牢国门绿盾"科技防线"

按照"急用先买、统筹使用"原则安排专项资金，为实验室配备实时荧光PCR仪、生物显微镜、体视显微镜和生物安全柜等设备，提高黄埔海关外来入侵物种检出能力。加大智能审图技术在船员（司机）携带物、快件和跨境电商货物等非贸渠道查验中的应用力度，防止种子、多肉植物、昆虫、爬行类动物等外来物种入境。推广便携式电子显微镜、有害生物图谱AI鉴定等现场查验智能终端技术，以"口岸初筛+实验室远程鉴定"模式，开展口岸现场截获各类生物的快速初步鉴定，提升外来入侵物种技术鉴定效能。

六、持续做好宣传，形成共治合力

广泛利用视频、宣传册等多种宣传手段和载体，通过拍摄生物安全宣传视频、编发生物安全普法微信、展播生物安全宣传片等多种形式，宣传外来入侵物种防控知识与措施。以旅客、跨境司机、船代、入境船员为重点，加大《中华人民共和国生物安全法》《中华人民共和国禁止携带、寄递进境的动植物及其产品和其他检疫物名录》等相关法律法规宣传力度，提高全社会生物安全风险防范意识，推动形成"人人守护国门生物安全"的良好社会共治氛围。

（撰稿人：潘海强 戴 霖）

开展进口食品"国门守护"行动守牢食品安全底线

2021年，黄埔海关深入开展进口食品"国门守护"行动（2020—2025年），强化进口食品安全监管，筑牢国门安全防线。全年截获未获准入境食品化妆品198批次，同比增长153.8%。

一、严格依法行政，强化违规违法处罚

抓好规范性制度建设，梳理进出口食品安全处业务制度25份，废除1份，保留24份，制发业务指引9份，并上传至黄埔海关政策法规管理系统，便于查询、学习和执行。加强隶属海关的联动，职能部门研判预审检疫除害处理技术方案，评估关键处理指标；隶属海关严格按照检疫除害处理规范，对进口不合格需退运或销毁的产品严格后续监管。主动对接缉私局职能部门，加强与业务现场联动，收集冻品等食品相关走私信息，开展重要食品数据监控。全年行政立案涉及食品走私案件24宗，案值935万元，涉税156万元，查获走私冻品2,494吨。

二、强化源头治理，压实企业主体责任

加强新法新政解读，大力宣贯《中华人民共和国进出口食品安全管理办法》《中华人民共和国进口食品境外生产企业注册管理规定》等新法新政，推送政策解读新媒体稿件16篇，开展线上线下培训讲座21次，线上云宣讲2次、门户网站在线访谈1次，共计1,000余家企业、6,600余人次参加培训。积极配合总署开展对境外食品安全管理体系和食品安全状况的评估审查，协助总署梳理拉脱维亚等中东欧国家输华肉类企业注册信息。2021年，完成对哈萨克斯坦、乌兹别克斯坦、智利、印度尼西亚、土耳其、俄罗斯等国11家输华食品生产企业远程评审。推动落实中国—中东欧国家合作机制，加强中东欧国家海关检验检疫法律法规研究，梳理准入食品种类，定期监控关区与中东欧相关贸易国家食品进出口情况。积极承担总署加快"一带一路"沿线国家（地区）食品农产品

准入风险评估任务，形成土耳其、以色列食品安全监管体系研究报告2篇；校对土耳其法规3部；牵头完成相关评估报告。

三、完善预警机制，提升风险管理能力

根据总署风险预警通报、举报投诉信息、重点敏感商品风险、日常监管信息等内容，黄埔海关进出口食品安全领导小组成员单位协同配合，细化18类高风险食品化妆品审单要求，对重点潜在风险产品开展风险布控。总署食品局根据黄埔海关风险分析建议，对印度输华枯茗子加严监管。密切跟踪境外动植物疫情动态，2021年黄埔海关收集报送信息3,446条，被总署食品局采用298条，同比分别增长409%、255%，被食品安全信息日报刊登248条。

四、严格口岸把关，守牢食品安全底线

坚持"外防输入、内防反弹"总策略，坚持"人、物、环境同防"，在源头管控、口岸风险监测基础上，推进落实进口冷链食品口岸环节预防性消毒工作，最大程度降低新冠病毒通过进口冷链食品的输入风险。强化进口食品准入把关，加强口岸验核，定期对进口植物源性食品、干坚果、乳制品、肉制品、水产品等敏感商品实施准入复审。根据总署统一部署，制订黄埔关区年度进口食品农产品安全监督抽检和风险监测计划实施方案，严格实施进口食品安全监督抽检和风险监测。

五、强化科技支撑，加快推进"三智"建设

沟通对接技术中心食品实验室，梳理未开检的重点检测项目并积极推动扩项。利用"黄埔海关供港蔬菜系统"，探索数据从采集利用、风险信息预警到抽检的全链条智能化溯源，创建优化多级检查计划集约、统计分析算法集成等监管模式。采集供港蔬菜原料农残速测信息8.2万条、溯源信息12.5万条，实现全链条信息溯源；风险数据库自动生成并推送风险信息30条、抽检建议6条，提高供港蔬菜监管成效。

六、强化正面宣传，推进关地合作共管

紧密围绕2021年全国食品安全宣传周"尚俭崇信，守护阳光下的盘中餐"主题，打造"线上+线下"多维联动模式。在总署、黄埔海关12360服务平台、《南方日报》、人民网、"广东普法"等媒体平台，分别刊载文章推送40余篇次。配合做好广州市创建国家食品安全示范城市评价验收迎检工作，全力支持办好中国进出口商品交易会。2021年8月，黄埔海关在广州市食品安全评议中，被评为A级（优秀）单位并通报表扬。

（撰稿人：吴堪卓　何薇倩）

构建全链条检验监管机制 强化进出口危险品检验监管

2021年，黄埔海关深入贯彻落实习近平总书记关于安全生产的重要指示批示精神，按照总署"全覆盖、零容忍、严监管、重实效"要求，建立全链条检验监管机制，加强监督检查，打击"伪瞒报、逃漏检"行为，充实检验队伍，强化进出口危险品检验监管工作。全年检验进口危化品7,650批次、重量478.1万吨、货值222.2亿元；检验出口危化品5,487批次、重量216.56万吨、货值72亿元。

一、提高政治站位，强化组织领导

黄埔海关坚持以习近平总书记关于安全生产重要论述精神为指引，深入领会守住海关系统安全生产红线的政治意义，严格贯彻落实总署领导关于"危化品监管只能加强不能削弱"的要求，严守安全底线，保障安全生产。成立黄埔海关进出口危险品全链条检验监管专项工作领导小组，由关长任组长，分管商检、监管、稽查的关领导任副组长，统筹组织、落实落细各项工作；召开关长办公会专题研究，深入剖析解决工作中存在的难点、痛点、堵点，确保安全监管责任落实到位。

二、构建全链条工作机制与业务管理制度体系

聚焦进出口危化品及其包装、出口危险货物包装容器检验监管，统筹发展和安全，将安全发展理念贯穿到与之相关的海关业务全链条，依照海关法定权责职能，着力构建形成涵盖13个职能部门、13个隶属海关，责任分工明确、部门配合密切、技术支撑有力的全链条检验监管机制。建立"总关+基层"两级技术专家体系，成立总关、隶属海关两级技术专家组。构建危险品安全风险联合研判机制，发挥涉检风险人工分析处置机制作用，加强人工布控单证审核力度，实现安全风险排查前置。完善业务管理制度，制订黄埔海关进出口危化品及其包装、出口危险货物包装容器全链条检验监管工作方案，涵盖进出口危化品及其包装检验监管、出口危险货物包装检验鉴定、抽（取）样及实

验室检测要求等9项工作要求。制订进出口危化品及其包装检验监管业务操作指引、出口危险货物包装检验鉴定业务操作指引，逐条梳理业务制度规范，汇编进出口危险品管理文件和检验标准158个。

三、打击"伪瞒报、逃漏检"行为，强化重点涉危货物检验监管

科学应用大数据手段开展监控预警，提炼高风险影子商品、商品别名、高风险国别地区等风险特征，动态更新风险甄别参数及风险预警模型，处置异动风险，提升人工分析布控有效性。开展出口氧化锌风险专题分析研判，研究讨论黄埔海关出口氧化锌的风险防控、通关监管、后续处置以及行政处罚等工作。举办涉危单证审核要点专题培训班及单证审核经验交流会，提升一线单证审核人员对涉危商品的判定和甄别能力。加强商检、风控、稽（核）查、缉私等部门联合研判，明确不如实申报检验检疫名称行为的处置意见。开展执法联动，对涉危不报、多危少报、高危低报等"伪瞒报、逃漏检"违法行为实施严厉打击。

四、以问题为导向，开展监督检查

开展安全生产专项检查。商品检验处联合口岸监管处、稽查处、企业管理处、督察内审处等职能部门，深入开展危险品检验领域安全生产专项检查。组织各隶属单位开展自查整改，针对发现问题督促整改。2021年，不定期开展"四不两直"（不发通知、不打招呼、不听汇报、不用陪同接待、直奔基层、直插现场）安全检查13次。

开展全面自查。对照总署督察内审司2021年进出口危化品监管措施落实情况督察重点内容，组织开展全面自查。摸清业务底数，详细了解关区进出口危化品的种类、批次、重量、货值、不合格检出、岗位资质等情况。对隶属海关业务运行情况进行实地检查和远程数据监控检查，以问题为导向，"刀刃向内"切实查找问题隐患，督促隶属海关一线严格执法。对照总署进出口危险货物及其包装检验岗位资质相关管理办法规定，进一步加强关区进出口危险货物及其包装检验岗位资质人员管理，调取进出口危化品数据1万多条，对查发的问题，督促隶属海关立行立改。对可能存在"'两步申报'危化品未查验检验"问题的30票报关单开展自查。

五、强化检验监管能力建设，提升关区一线执法能力

加强资质人员培训考核。开展送教上门、线上辅导、模拟练习等迎考准备工作，举办4期进出口危险货物及其包装检验岗位资质培训考核，601人参加资质考核，新增资质人员388人，与2020年相比增加146人。现行有效进出口危险货物及其包装检验岗位资质人员619名（2019年为136人，2020年为272人），其中隶属

海关580人，充分满足关区业务需求。

开展岗位练兵和技能比武。对接总署司局，了解岗位练兵和技能比武具体要求和计分规则，全面做好广泛动员、课件制作、培训测试、模拟考试等备战工作。广泛发动检验监管人员、实验室检测人员和职能管理人员，积极报名参加岗位练兵和技能比武，共698人报名参赛。参照总署评分规则，策划制作上传培训视频课件11个，其中3个被总署采纳并上传"海关全员培训网络学习课堂"（以下简称"钉钉"平台）。组建关区"全国百强备战人员"团队开展重点培训，做好练习督导，编制2,800道模拟练习试题，组织参赛人员利用"钉钉"平台开展练习，编写581道重难点考题解析、100个重点速记知识点、50道高频易错考点解读，方便参赛人员理解掌握。全面整理危险品及其包装检验领域法律法规、规范性文件和检验标准158个，供各隶属海关执法和备战比武练兵使用。营造"比、学、赶、超"的竞赛氛围，开展"限时作答"模拟考试6期。

▲2021年12月24日，沙田海关关员开展危化品泄漏应急演练，进一步提升现场应对突发事件能力

（撰稿人：朱红坤　蔡英俊）

定点帮扶及推动乡村振兴工作

2021年，黄埔海关坚持贯彻落实习近平总书记重要指示批示精神和党中央决策部署，按照总署和广东省委、省政府部署安排，把脱贫攻坚作为一项重要政治任务，切实扛起主体责任，发挥党建统领作用，全力抓好定点帮扶和推动乡村振兴工作各项任务落实。

一、提高政治站位，圆满完成脱贫攻坚定点帮扶任务

黄埔海关在完成定点帮扶村韶关市翁源县翁城镇富陂村脱贫摘帽，全村93户贫困户293人全部脱贫的基础上，转入巩固脱贫攻坚成果、推进美丽乡村建设、完成定点扶贫交接衔接等方面巩固脱贫攻坚成果、推动乡村振兴。

一是推进产业帮扶。黄埔海关协助富陂村申请注册"粤陂""粤陂谷香"商标，打造富陂村农副产品特色品牌。引进专业合作社种植150亩优质无害供港蔬菜，持续推进供粤港澳大湾区蔬菜种植基地建设。推进富硒特色种植产业发展，指导富陂村扩大富硒米种植至170亩，与邻近村组团开发种植富硒米150亩，形成富陂村"白（富硒大米）、绿（供港蔬菜）、黑（黑皮甘蔗）"特色产业。指导富陂村争创集体经济增收示范村，争取专项创建经费50万元。

二是开展消费扶贫。黄埔海关为富陂村富硒大米、花生、红薯、蔬菜等14类农产品，申请广东省消费扶贫产品认定，推动农产品进入广东东西部扶贫协作产品交易网交易。黄埔海关工会通过消费扶贫方式，采购价值53.3万元的富陂村农家米。设置特色农产品展厅，利用电商平台拓展销售渠道，与东莞市某公司达成采购3吨富硒大米意向。

三是助推美丽乡村建设。黄埔海关投入40多万元帮扶资金，完成村委广场、文化广场、村主干道路等周围环境整治改造工程。协调广东狮子会捐建翁城中心小学富陂校区"狮爱足球场"。培育乡村文明，挖掘、整理帮扶村先古文化、红色文化，传承红色基因，用好红色资源，推进红色旅游发展。接收广州出入境检验检疫协会向富陂村定向捐款51万余元。指导帮扶富陂村开展"广东省文明村"的创建活动。

四是落实"四个不摘"(摘帽不摘责任、摘帽不摘政策、摘帽不摘帮扶、摘帽不摘监管)要求。黄埔海关认真贯彻习近平总书记在脱贫攻坚总结表彰大会上的讲话精神,坚决落实"四个不摘"要求,健全黄埔海关党委统筹推动、职能部门抓好落实、隶属海关单位结对帮扶、机关支部联系共建村党总支、驻村干部具体承办的"五位一体"扶贫工作机制,将脱贫不稳定户、边缘易致贫户、突发严重困难户作为重点监测对象,常态开展走访慰问和差异化帮扶,做好扶贫系统的维护和录入。

五是建强基层党组织。黄埔海关成立驻村工作队党支部,创新"12360"支部工作法,指导村党总支落实"三会一课"等组织生活制度,开展结对联学共建活动。协助帮扶村党总支通过开展贫困识别、精准帮扶,提升做群众工作的本领,提升村"两委"班子凝聚力、组织力、战斗力。

六是加强宣传报道。黄埔海关驻村工作队事迹《富硒米成致富"硒望"米》在《经济参考报》上刊载。帮扶工作经验被韶关电视台、韶关头条微信公众号等相继报道。制作黄埔海关定点帮扶韶关市翁源县翁城镇富陂村纪实微信视频——"五年蝶变 富美富陂"。

七是完成定点扶贫工作交接。根据广东省扶贫开发领导小组相关要求,黄埔海关将资产收益项目、办公财物资产、扶贫档案台账进行整理归档移交。2021年7月9日,完成定点帮扶富陂村工作任务,驻村工作队正式撤离返回。

二、强化政治统领,扎实做好乡村振兴驻镇帮镇扶村工作

根据广东省委农村工作领导小组部署要求,黄埔海关作为牵头单位与广东技术师范大学组团结对,帮扶韶关市乐昌市坪石镇,并于2021年6月30日进驻坪石镇开展驻镇帮镇扶村工作。

一是加强组织领导。黄埔海关把乡村振兴驻镇帮镇扶村工作纳入关党委议事清单,把乡村振兴列入"三重一大"决策事项。黄埔海关领导先后两次深入帮扶镇实地调查,协调解决重大问题。建立黄埔海关乡村振兴驻镇帮镇扶村工作例会制度,每季度专题研究解决帮扶工作相关问题。对驻镇帮镇扶村工作进行整体部署,会同组团单位签订定点帮扶责任书。把落实乡村振兴驻镇帮镇扶村工作情况,作为基层党组织建设考核、党组织书记抓基层党建工作述职评议考核的重要内容。

二是开展走访调研。黄埔海关驻镇帮镇扶村工作队走遍坪石镇25个行政村,50多次到农业龙头公司、农庄、商会、企业、扶贫车间、重点企业等调研,基本摸清当地经济发展情况、产业发展现状以及返贫的不稳定因素,掌握制约镇村发展的薄弱环节。协助坪石镇党委政府筛选出涉及5大振兴的146个项目,纳入乐昌市巩

固拓展脱贫攻坚成果和乡村振兴项目库。组织到韶关市政府、韶关市乡村振兴局、莞韶指挥部、东莞市商务局、大朗镇政府等调研走访，到东莞、广州的相关食品、电商、物流等企业进行调研对接，积极对接珠三角产业转移。邀请广东省南方乡村振兴促进中心专家、省内智库、大数据分析团队，结合当地红色文化、华南研学基地、城乡融合试点、特色产业等，谋划坪石镇5年乡村振兴发展总体规划。

三是强化防返贫监测。黄埔海关完成扶贫交接衔接工作，确权425项扶贫资产。协助坪石镇党委政府对11个行政村268户脱贫户开展4次防返贫监测，对脱贫不稳定户、边缘易致贫户以及因病、因灾、因意外事故等刚性支出较大或收入大幅缩减导致基本生活出现严重困难户，落细落实"四个不摘"要求，健全农村低收入人口定期核查和动态调整机制，通过走访慰问、精准帮扶等方式关心关注脱贫群众的生产生活，坚决守牢不发生规模性返贫底线。

四是助力产业发展。黄埔海关协助坪石镇强化产业链招商，推进"厂区变园区、产区变城区"改革试点，引入华电坪石农光互补光伏发电项目。推进特色农产品种养殖，新增4个村荣获省级"一村一品、一镇一业"专业村称号，乐昌市运龙农业发展有限公司被认定为"广东省林下经济示范基地""广东柑橘运龙示范基地"，并成功申报"广东省中药材产业化基地"。利用地方专项扶持资金50万元，为5个乡村振兴车间纾困解难。培育无花果、中药材、雪毛鸡、生姜等优势产业，培育农业经营主体，拓宽农业产业发展面。

五是开展党建结对共建。黄埔海关直属机关党委和13个隶属海关，分别与帮扶镇村14个党组织开展"一对一"结对共建。确定5大类89项具体帮扶措施，建立帮扶项目清单，督办推动帮扶项目落地落实。向红色村饭塘村、集体经济薄弱村河丰村派驻第一书记。帮扶结对单位开展"我为群众办实事"党建共建，将价值1万元的慰问品发放给50户困难党员和群众。制作26幅党建示范工程宣传栏，推进饭塘村省级新时代文明实践示范站建设。围绕"搭好一个平台、带好一支队伍、建好一套制度"，完善党建宣传栏等软硬件设施，提升"三会一课"等组织生活质量。推进村级党组织规范化建设，打造农村基层党建示范品牌。协助坪石镇党委实施新一轮基层党建三年行动计划，提升"头雁"工程质量，加快实施农村党建"整镇推进、整县提升"示范县创建活动。

六是开展精准帮扶。黄埔海关技术中心对当地种植脐橙及稻米进行41批次免费检验，对富硒和重金属含量进行检测摸底。邀请中科院专家优化脐橙、皇帝柑种植技术，在两个果园通过微生物菌进行提升果味实地试验。黄埔海关促成中国农业银行乐昌市支行与坪石镇人民政府签订金融服务乡村振兴战略合作协议。金融专员共办理惠农E贷10笔、350万元，小微企业贷款两笔、90万元，促成中国农业银行乐昌市支行授信坪石镇乡村振兴提供整体意向授信额度3亿元。

七是凝聚帮扶合力。黄埔海关各隶属海关结合广东省"千企帮千镇、万企兴万村"行动，利用走访辖区企业及召开政策宣讲会的机会，宣传乡村振兴政策，推介有爱心、有意向、有实力的企业，通过参与坪石镇乡村特色产业开发、吸收就业、消费帮扶、定向捐赠等方式，助力乡村振兴。通过"6·30广东扶贫济困日"捐款、发动企业捐赠，筹措帮扶资金58余万元，定向用于坪石镇乡村振兴。发动党员群众、爱心企业"以购代捐"、捐赠帮扶，采购农副产品324万余元。协调广州某公司到广东运龙柑橘示范基地，开展乡村振兴助农公益活动，2个小时直播带货优质脐橙3,660斤。

（撰稿人：王方杰）

第三篇

党的建设

党建工作

【概况】2021年,黄埔海关党委以政治建设为统领,以党史学习教育为主线,以模范机关创建为抓手,突出政治导向、问题导向、基层导向、效果导向,坚持抓基层、抓基础、抓基本,亮特色、亮品牌、亮典型,着力深化融合党建,着力抓实支部建设,着力推进正风肃纪,推动机关党的建设高质量发展。

【宣传思想文化】2021年,黄埔海关强化政治建关,坚持把政治建设摆在首要位置,健全完善坚决落实"两个维护"制度机制,深入推进政治能力建设"四项行动"(处科"一把手"政治能力强化项目、支部政治功能提升示范点、青年政治历练计划、党员干部政治能力锤炼全员培训),不断提高政治判断力、政治领悟力、政治执行力。严格落实"第一议题"制度,扣紧学习、传达、落实的闭环链条,组织引导各级党组织和广大党员干部在筑牢口岸检疫防线、促进外贸稳增长、打击"洋垃圾"走私等方面,以及服务"一带一路"建设,服务粤港澳大湾区等重大国家战略工作中自觉践行"两个维护"。坚持用习近平新时代中国特色社会主义思想武装头脑、指导实践、推动工作,构建关党委领学、机关党委督学、党支部研学、党小组促学、党员自学"五学"机制,实施青年理论学习提升工程,打造埔关大讲堂、青年读书会等特色品牌。召开机关党的建设暨模范机关创建工作推进会,推广一批党建工作创新案例。落细落实加强意识形态工作25项措施。常态长效抓好中央巡视整改、总署党委巡视整改。深入推进"灯下黑"问题专项整治,聚焦问题进行全面排查整改。

【基层党组织建设】2021年,黄埔海关开展"基层党建高质量发展年"行动,抓好特色主题党日、精品党课等"七个一"重点任务(创建一批党建实训点、搭建一批党建品牌交流提升平台、推广一批融合党建经验做法、实施一批党性教育体验项目、评选一批优秀组织生活案例、打造一批特色主题党日活动、推出一批精品党课),打造"新动力"党课获评总署三个"最佳微党课"之一。巩固深化"强基提质工程",评定57个党建品牌、86个"四强"支部。抓好署级党建试点工作，构建"2+N"党建实训体系，经验做法被中央和国家机关工委、中宣部等党建门户网站刊发报道。组织全关支部书记全员培训考核，分级分类开展党建培训，打造"六会"书记队伍（会做党务工作、会讲党课、会依靠组织制度管理监督党员、会正确处理党内各种关系和矛盾、会开展思想政治工作、会防控风险），1,725人次受训。实施党建责任、问题、整改"三张清单"管理，建立组织生活指引和党建提醒函制度，支部标准化规范化建设水平不断提升。坚持"抓两头促中间"，常态化抓好94个基层联系点党建工作。抓好融合式党建，实施基层科室绩效管理和科长能力提升工程，实现支部建设与科室建设互促并进。

【党风廉政工作】2021年，黄埔海关落实全面从严治党主体责任清单，39项全面从严治党年度重点任务扎实完成。加强对"一把手"和领导班子监督，细化落实督促提醒、政治生态分析研判等25项措施，任务项目化、项目清单化、清单责任化的工作机制逐步形成。强化海关政务服务"好差评"管理，总体"好评"率100%。开展"警示教育月"活动，深化酒驾醉驾整治，对受处分人员进行回访教育，常态化推送廉政短信80余万条。健全"反围猎"工作机制，用好"四种形态"特别是第一种形态，开展提醒、约谈、诫勉谈话。

【准军事化建设】2021年，黄埔海关落实总署深入治理违反中央八项规定精神突出问题、进一步推进清廉海关建设各项措施，一贯到底纠治"四风"，基层减负成效持续巩固。深化"三个突出问题"整治，抓好15项整治措施落实。强化干部队伍管理，班前会逐步推行、科室绩效管理扎实推进。组织开展"严纪律树形象以优良作风庆祝建党100周年活动"，常态化开展现场内务督察和视频检查。举行新办公区升国旗仪式，灵活组织常态化队列训练。加强先进典型培树，35个集体和个人获省部级以上表彰。

【群团工作】2021年，黄埔海关加强党对群团工作的领导，强化各级群团组织建设，扎实推进海关文明实践活动，2个集体获评全国青年文明号，4个集体和个人获省级荣誉称号。举办"学党史 感党恩 作表率"主题演讲，获广东省职工演讲比赛银奖、广东省直机关青年演讲比赛亚军。参加广东省直工委纪念庆党百年七一歌咏比赛，获三等奖。开展健行百万步竞赛和书画摄影展、"我想对党说"主题微视频评选等活动。黄埔海关工会获评国家体育总局2017—2020年度全国群众体育先进单位。针对一线新冠肺炎疫情防控关员需求，开展15期"心理服务走基层"，对12批封闭管理人员进行心理健康评估，开展心理辅导434人次。健全志愿服务工作机制，全关各单位组织志愿服务活动85次、940人次参加。开展团购优惠、帮扶慰问等活动，对191名困难群众送温暖。

（撰稿人：吕永才）

巡察工作

【概况】 2021年，黄埔海关党委巡察工作领导小组坚守政治巡察职责定位，按照"发现问题、形成震慑、推动改革、促进发展"十六字方针要求，以"四个落实"为监督重点开展巡察工作，强化部门间联动配合，推动巡察监督不断走深走实。

【巡察工作】 2021年，黄埔海关深化政治巡察，完善工作机制，健全上下联动监督格局。部署开展两轮巡察，组织对2个隶属海关和2个事业单位开展常规巡察，对15个机关职能处室、1个隶属海关单位和2个事业单位开展专项巡察，实现巡察全覆盖。修订完善工作细则，严格执行巡察工作底稿和巡察情况沟通意见制度，加强巡视巡察整改日常监督，建立巡察整改评估监督机制，制定巡察工作客观指标评分细则，细化评分内容。评估22个单位巡察整改情况，通报普遍性问题。强化上下联动，配合总署、广东分署做好巡视巡察相关工作，选派6名巡察干部参加巡视、交叉巡察。建立健全党委巡察工作办公室与被巡察单位、办公室、人事处、机关党委、督察内审处、监察室等部门的协作配合机制，做好巡前情况互通、巡中政策咨询、巡后成果运用等工作，建立健全情况通报、问题移交、成果运用、整改监督等机制，推动巡察监督与其他各类监督协作配合，构建全方位贯通融合监督体系。

▲2021年7月7日，黄埔海关党委召开党委巡察工作领导小组会议

（撰稿人：闫　婧）

纪检监察

【概况】2021年，黄埔海关扎实推进全面从严治党、党风廉政建设和反腐败斗争，各级纪检机构聚焦监督执纪问责主责主业，发挥监督保障执行、促进完善发展作用。从严正风肃纪，立案查处违纪问题3起，给予党政纪处分3人；运用"四种形态"监督执纪40人次，聚焦重点领域开展专项整治，有力推动现场监管、外勤执法等高风险岗位规范管理、防范化解风险。加强与广州市、东莞市纪委监委的协作配合，构筑纪检监督与其他各类监督贯通协同的工作格局，持续深化不敢腐、不能腐、不想腐一体推进，建设清廉海关。

【监督检查】2021年，黄埔海关聚焦安全生产、禁止"洋垃圾"进境、优化营商环境等习近平总书记重要指示批示和党中央重大决策部署强化政治监督，开展专项监督26次，推动整改问题56个。持续跟进新冠肺炎疫情防控监督检查，健全纪检监察、口岸监管、卫生检疫等部门疫情防控协同监督机制，组成工作专班，综合运用"四不两直"、视频抽查等方式，对口岸疫情防控、内部安全防护及闭环人员管理等重点环节开展常态化清单化监督，与党委派驻纪检组上下联动，深入一线督导检查1,446次、调阅资料7,103份、视频抽查1,941次。建立新冠肺炎疫情防控监督"发现问题—及时通报—立行立改—跟踪问效"工作闭环，持续跟踪问效。建立健全巡视"回头看"整改落实常态化监督机制，将巡视巡察整改等内容列入监督重点，抓好整改落实。制定加强对"一把手"和领导班子监督若干措施，形成监督任务清单、责任清单和内容清单"三张清单"。加强选人用人监督，开展党风廉政审核。建立派驻纪检组分层分类指导机制，各派驻纪检组通过列席会议、跟班作业、实地检查等方式，对被监督的隶属海关单位强化政治监督。开展调研检查215次，形成调研或监督报告85篇，推动进一步规范废旧物品监管、入境船员卫生检疫等环节管理。

【执纪问责】2021年，黄埔海关坚持严管严治，通过党风政风一起抓、正风肃纪一起抓，打造忠诚干净担当的准军事化纪律部队。严格贯彻执行中央八项规定及其实施细则精神，围绕年节假日纠治"四风"、整治形式主义、整治官僚主义为基层减负等重点开展监督24次。健全完善纪检监督与巡察监督、审计监督、干部监督联动机制，深化打私反腐"一案双查"；与广州市纪委监委签订协作配合办法，完善统筹联动、贯通融合的"大监督"工作机制，形成反腐败工作合力。坚持以案促改、以案促治，采取纪律检查建议书等形式对执纪审查发现的短板不足提出意见建议、督促相关单位整改落实。持续推进制度执行不力、管理不规范、精气神不足等"三个突出问题"整治、"反围猎"和"红包"治理，实现"查办一案、警示一片、治理一域"。召开全关警示教育大会，"画像式"通报查处的9起典型案例。对受处分人员开展回访教育，健全完善教育帮扶工作机制。坚持依规依制度严格监督执纪问责，完善涉案款保管和收缴管理、"走读式"谈话业务等制度规范，健全监督执纪权力运行内控机制。

【标本兼治】2021年，黄埔海关贯彻落实驻署纪检监察组部署要求，坚持系统思维、突出抓源治本，开展"现场监管与外勤执法权力寻租"专项整治，推进权力运行全领域、全链条治理。专项整治期间，黄埔海关建立职能部门、隶属单位"双排查"，职能部门、纪检部门、分管关领导"三审核"工作机制，采取"六查"方式（线索筛查、调研摸查、风险排查、问卷调查、实地检查、执纪审查），深入查找突出风险问题，确保风险明、底数清。组织相关领域干部职工开展个人违规事项申报，开展逐一谈话，实地走访企业，对领导干部亲友、离职离岗人员从业情况和"海外兵团"等进行排查。汇总梳理相关领域风险点，针对性采取防控整改措施，建立健全制度规范。以专项整治为契机，新增内控清单项目5个、关级内控节点26个，研发上线"业务操作指引"平台，深化运用"制度+科技"源头防控风险。

▲2021年3月8日，黄埔海关召开"现场监管与外勤执法权力寻租"专项整治工作动员部署会

（撰稿人：邓靓）

队伍管理

【概况】2021年，黄埔海关贯彻落实新时代党的建设总要求和新时代党的组织路线，落实总署党委决策部署，聚焦职能职责，坚持科学规范，全面强化机构编制管理；坚持政治统领，牢固树立正确选人用人导向；坚持从严治党，强化干部日常管理监督；坚持党管人才，强化人才队伍全链条管理，推进人才队伍建设高质量发展，为建设社会主义现代化海关提供坚强组织保障。

【机构编制管理】2021年，黄埔海关以构建系统完备、科学规范、运行高效的海关党政机构为目标，深入落实《中国共产党机构编制工作条例》及配套法规。强化机构编制制度建设，制定贯彻落实"三重一大"决策制度实施办法，提高决策的民主化、科学化、规范化水平；明确事业单位机构编制事项的审批权限，加强监督检查，强化机构编制管理刚性约束。推行"功能化、集约化"业务改革，分别在东江口海关打造黄埔海关口岸监控指挥中心，在穗东海关打造广州片区保税监管集中审核作业中心，构建集约管理、错位监管、优势互补、整体协调的口岸型、属地型分工监管的新格局，提升监管及编制资源使用效能。聚焦"优化机构""瘦上强下""能量（技能、业务量）匹配"维度，优化调整科室及人员编制。立足实际，调整优化事业单位内设机构设置并科学核定人员编制；妥善做好机构改革前未经批准设立事业单位清理规范，依法依规完成东莞国境口岸医院等全部4家单位的注销登记工作。

【干部人事管理】2021年，黄埔海关坚持"二十字"（信念坚定、为民服务、勤政务实、敢于担当、清正廉洁）好干部标准，坚持党管干部原则，将政治标准摆在首位，树立正确选人用人工作导向。坚持服务大局，做好新冠肺炎疫情防控人力资源保障，强化应急梯队建设。建立健全"一线、预备、应急"三级梯队，组建应急预备梯队339人，建立"1支总队+13支分队+N个小组"的人力资源保障机制。探索"模块式建组、成建制支援、矩阵式管理"的封闭管理新模式，筑牢抗疫防线。做好人力资源调配，探索构建人力资源配置分析评估模型，对人力资源实施"数字化"评估，对关区人力资源配置情况量化分析、动态调配。注重干部多岗位锻炼，选派4名执法一线科长到艰苦地区边关进行互派锻炼工作，选派4名干部参加驻镇帮扶工作，派出1名干部参与支教志愿者送教到岗工作。规范事业单位岗位管理，完成事业编制人员的岗位聘任工作。强化干部日常监督和管理，切实落实"两项法规"（《领导干部报告个人有关事项规定》《领导干部个人有关事项报告查核结果处理办法》），制定"八个一"措施（准备一份填报资料、列出一张重要清单、制发一期查核通报、推送一期微信宣传、召开一次动员部署、开办一场重点培训、组织一次培训考试、开展一次全面核对），全面提升领导干部个人有关事项报告工作水平。规范海关工作人员在企业兼职（任职），全面排查在编干部职工，跟踪排查离岗离职人员。

【人才队伍建设】2021年，黄埔海关以优化人才结构为重点，以培养高端人才为关键，以创新人才发展机制为保障，切实推动人才工作高质量发展。抓源头管理，有计划引进紧缺人才。根据总署下达指标，结合关区业务需要，制订公务员考录计划。在2021年度公务员考录中，补充引进卫生、动植物、食品、商品等国门安全监管领域专业执法人员。强化人才队伍专业资质培训，通过岗位练兵、知识测试等形式，加强资质人员培训，组织参加总署岗位资质培训考试。通过"以学促考"，做到"应考尽考"，实现"持证上岗"，各项资质考试1,157人次，取得相关岗位资质924人次；推进专业技术类公务员分类管理，完成任职资格推荐和评定工作。以增加人才总量为基础，以优化人才结构为重点，建立健全黄埔海关人才库，按专业条线分别建有11个人才子库；以制度明确入库人才的评选标准、职责要求、管理措施、考核方式等，进行全面规范化管理。完善人才评价体系，坚持政治标准，突出实绩导向，开展职称评审和评审推荐工作，4人取得副高级职称，6人取得中级职称。

▲2021年3月18日，黄埔海关开展2021年度公务员考录资格复审环节工作

（撰稿人：张炜东）

教育培训

【概况】 2021年,黄埔海关结合业务改革特点和新形势,统筹谋划、推进教育培训工作。扎实开展习近平新时代中国特色社会主义思想、政治能力培训,举办3期"学习贯彻党的十九届五中全会精神集中轮训",组织处级领导干部参加。组织"学习贯彻党的十九届五中全会精神网上专题班""海关系统学习宣传贯彻习近平法治思想网上专题班""全国海关党史学习教育网上专题班"学习测试,完成培训及考核通过率达100%。构建"4+4"(4类培训人员:领导班子、优秀年轻干部、执法一线科长、海关干部;4类培训内容:政治能力、业务能力、执法能力、制度执行力)分级分类培训体系,开展初任培训、晋衔培训、任职培训、执法一线科长培训等重点班次培训,考核合格率均为100%。紧跟新冠肺炎疫情防控常态化形势,强化应急专业能力培训,推出"4+"("应急+常态""线上+线下""基础+进阶""输入+输出")培训法,培训业务应急预备梯队3,492人次。受邀为总署"e课堂"录制黄埔海关卫生检疫实训课程。全年举办培训6,583期,培训11.8万人次,全关年度个人学时学分达标率为100%,完成直属海关教培类全部客观考核指标。

【干部培训管理】 2021年,黄埔海关强化新冠肺炎疫情防控专题培训,建立"应急+常态"培训机制,压实新冠肺炎疫情常态化防控培训工作措施,设立网上专题培训班,建立常态化长效培训机制。活用"线上+线下"培训方式,举办线上培训11期,录制课程14门,开展实操培训229期。设计"基础+进阶"课程,推出28门基础课程、53份常规操作规程,分梯

▲2021年11月9日,黄埔海关业务应急预备梯队人员开展进口冷链食品采样实操考核

次精准施训。打造"输入+输出"培训链条，沉浸式考核，总结反馈存在问题，提升培训实效。

举办观摩纠错、小组合作完成模拟项目等深化党史学习教育。采用"请进来+走出去"方法，邀请知名教授作专题讲座，带领学员赴华为南方工厂、东莞海关党史宣传长廊开展实地体验学习，开展"党史知识对对碰"随堂测试，制作培训学员"政治生日卡"，回顾初心、激发爱党热情。协助创建"2+N"党建实训体系，打造"形象化展示+体验式学习"实训课堂。

拓宽培训方式方法。采用"直播+录播+慕课"拓展任职培训课程资源，359人完成培训。在初任培训中实行"1+N"课程设计体系，增加"青年导师"作学员领路人，增加"基层关长进课堂"、业务骨干传经验、文体活动提精神等内容。

规范教育培训管理。编写"举办培训班""教育培训经费管理"业务操作指引，制作"钉钉群直播操作指引"图文，制定事业单位教育培训管理办法，推动事业单位培训规范化。

【教育资源建设】2021年，黄埔海关开展教育培训理论研究，总结教学成果，参加总署党的十九大以来海关优秀教学成果评选活动，共有4项优秀教学成果获奖。其中，稽查处、东江口海关《出口备案食品生产企业核查VR实训》、动植物检疫处《进出境水生动物检疫监管》获精品课程类二等奖，教育处、卫生检疫处、动植物检疫处、食品安全处、口岸监管处、保税监管处、企业管理处、黄埔新港海关、萝岗海关、东莞海关、黄埔新沙海关、沙田海关、技术中心《黄埔海关业务实训教学系列教材》获优秀教学研究成果类二等奖，政工办、东莞海关、穗东海关《黄埔海关党建实训中心》获优秀教学管理成果类二等奖。开展岗位资质研究，撰写报送《黄埔海关一线岗位资质分析报告》《海关系统网络培训体系建设探索研究》《海关系统网络培训体系建设优化研究》等专题论文。

推动培训场所建设，建好用好12个业务实训教学点，进一步优化软件、硬件建设。完善东莞干部培训中心建设，设计、布置培训环境和配套设施，完成一般设备、技术设备、培训专用设备配备及后勤保障工作进程。在大沙地新办公楼建设电教室、课程录播间2个功能场所，配备基础设备、教学设施。

完善师资队伍管理，健全"数字师资库"，打造信息平台，实施师资动态化管理。举办兼职教师网上培训班，上线4个模块15门课程，组织署级、关级兼职教师队伍共88人完成学习及考试。打磨"精品微课库"，设置24个业务模块，课程体系基本覆盖各业务领域，持续上线50余门微课。牵头组织编写约110万字案例教材。上线实训配套教材，丰富"线上教材库"，提供门类齐全的网上学习平台。

（撰稿人：蔡嘉颖）

离退休干部管理

【概况】 2021年，黄埔海关认真贯彻落实习近平总书记对老干部工作的重要指示精神，按照总署离退休干部局的统一部署，以落实老干部"两个待遇"为重点，以"让组织放心、让老干部满意"为目标，用心用情，精准服务，守正创新，奋力推进离退休干部工作再上新台阶。

【党建工作】 2021年，黄埔海关突出"三个强化"，提高离退休干部党建政治引领力。强化党的全面领导，完善离退休干部党建工作制度机制，把离退休干部党建工作纳入全关党建工作统筹谋划、一体推进，构建关党委履行主体责任、直属机关党委履行直接领导责任、离退办抓好具体组织落实的党建工作格局。强化创新理论武装，指导督促离退休干部党组织认真落实"第一议题"制度，推进党史学习教育常态化长效化，健全总支委员示范领学、党支部定期专题学、老干部自学"3项学习机制"，实现理论学习"有机覆盖"，教育引导离退休干部党员深刻领悟"两个确立"的决定性意义，坚决做到"两个维护"。强化支部政治功能，强化政治机关意识教育，落实加强党的基层组织建设三年行动计划，深化"强基提质工程"和"双提升"行动，推进"一支部一特色、一支部一品牌"，抓好示范型党支部创建，4个离退休干部党支部获评"四强"支部。

突出"五个规范"，提高离退休干部党支部组织力。规范党组织设置，研究制定离退休干部党支部规范化建设意见，按照有利于教育管理、有利于发挥作用、有利于参加活动原则，在原有11个党支部的基础上结合实际就近增设4个党支部，实现离退休干部集中居住地党组织全覆盖，确保每一位离退休干部党员都能就近就便参加学习活动。规范支委班子建设，深化"头雁"工程，依托黄埔海关"2+N"党建实训体系每年举办离退休干部党支部书记培训，利用穗莞两地红色资源组织参观学习，按期开展支部换届选举及增补选，选优配强支委班子。目前书记、委员年龄结构持续优化、形成梯队，离退休干部党支部书记多次在广东省直机关工委培训班上作经验交流。规范支部组织生活，认真抓好"三会一课"、主题党日活动、组织生活会、民主评议党员等制度落实，结合新冠肺炎疫情防控常态化实际，采取线上线下相结合，小批量、多批次方式灵活开展活动。积极探索异地退休党员管理模式，推动组织生活规范化长效化。完成《新时代离退休干部党建工作的探索与思考》课题研究。规范党员教育管理监督，完善老同志阅读文件、参观学习、定期通报情况、党员联络群众、党内关怀帮扶等5项制度机制，坚持有针对性地开展党性党风党纪教育，做好日常教育提醒，引导离退休干部模范带头、遵规守纪。规范党建工作联络机制，建立离退休干部"党建联络员"制度，由离退办工作人员担任支部的联络员，责任划分到人，协助开展支部工作，推动实现网格化、精细化管理。

【服务管理】2021年，黄埔海关突出"三个创新"，努力提高老干部服务管理水平。创新"互联网+"工作模式，依托"智慧银海"APP、"智慧党建"平台、党务管理系统、"埔关金色家园"微信公众号等，建立离退休干部数据库，精准掌握离退休干部思想、党性修养、身体状况、家庭情况等信息，提供规范便捷的管理，创新多样的组织活动，推进老干部工作信息化、智能化。创新"青老结对共建"制度，建立离退休干部党支部与黄埔海关团组织共建制度，将支部活动与共青团活动、青年志愿服务相结合，挑选业务能力强、政治素质高的青年团员兼任离退休干部党支部联络员，开展"老青结对传帮带、结对共建促成长""走进老前辈"等活动，共建红色课堂，增强离退休干部党支部工作活力。创新老干部管理服务机制，坚持贴近实际、贴近群众、贴近生活开展支部活动，对接老同志居家养老、医疗保健、法律援助、心理关爱、智慧助老等需求，扎实推进"乐龄埔关五守护"行动，完善上门走访"三问两送一落实"制度（问生活状况、问所思所盼、问意见建议，为离退休干部送政治学习、送关怀服务，第一时间将老干部困难反馈有关部门并跟进落实），确保"平时有人问、节日有人访、病时有人探、难时有人帮"。分片区召开老干部座谈会，为老同志办实事，解难事。建立"实事台账"，明确责任人、完成时限等要求，切实抓好落实。开展个性化心理辅导，定期回访患重疾、高龄独居、遭遇重大变故的老同志，指导就医、上门陪伴开展心理疏导。一名同志获评"全国先进老干部工作者"。

▲2021年10月14日，黄埔海关青年志愿者上门看望老同志，与他们共度重阳节

【发挥作用】2021年，黄埔海关突出

"三个平台",充分发挥离退休干部作用。打造老有所为平台,依托老干部之家,发挥老同志优势,组织"我看建党百年新成就""忆往昔、谈发展、献良策"调研访谈,开展"扶贫助困"志愿服务、"老党员口述历史"活动,参与中国共产党成立100周年书画摄影、省直机关文体比赛,15件学员作品在各级比赛展览中获奖,5位老党员出版文学、书画、摄影作品集。打造典型培树平台,挖掘宣传离退休干部党员先进事迹,加强"红棉"老干部志愿服务队建设,引导支部党员积极参与关心下一代、文明新风、环境保护、乡村振兴等活动。2个党支部和11名党员获评"两优一先",57名老党员获颁"光荣在党50年"纪念章,有效激励老干部"退休不褪色、退休不退志"。打造学习活动平台,建立完善黄埔怡园、东莞海关、环市东3个老干部活动中心,做实做强"党员活动中心",办好"养老驿站"等特色项目,老干部党建学习和文化活动场地达4,500平方米,人均面积位居全国海关前列。成立广东省老干部大学黄埔海关分校和东莞市老干部大学黄埔海关分校,共开设了国画、摄影、舞蹈等9门课程,学员超600人次。完善教学模式,打造党建和文化精品课程,提升办学质量。

【医疗保障】2021年,黄埔海关稳步推进医保工作,切实做好医疗保障服务。精心组织干部职工体检,顺利完成8家医院、23批次2,000余人的体检工作,同时指导隶属海关单位有序开展全员体检。与长期合作医院建立互动联络机制,对离退休干部健康状况及时进行预警。对有就医需求的离退休干部,积极予以协助。切实做好全关干部职工的医疗保障服务,专人专岗负责医疗服务工作,跟进工作中遇到的问题,确保改革平稳进行。建立医保联络人制度,对接各单位就医服务和医保业务咨询沟通。做好日常性医保工作,维护医保系统、确认关员住院备案申请、生育门诊申请和特殊材料申请,指导协助干部职工办理异地就医备案等,完成282人次人员信息变更维护,审核就医申请502条,办理异地门诊备案和异地住院备案65人次。做好统筹医疗工作,为26人办理重大疾病救助手续。为关区重大疾病人员提供协助,协调就医需求。

▲2021年4月13日,黄埔海关离退休人员在非遗传承人傅庆军的指导下开展"春暖花开,以花献礼"押花主题创作活动

(撰稿人:沈孔忠)

第四篇

业务建设

法治建设

【概况】2021年，黄埔海关深入学习宣传贯彻习近平法治思想，构建系统科学的制度规范体系，推动行政争议实质性化解，积极防范系统性法律风险，推进直属海关权责清单试点编制工作，落实"谁执法谁普法"普法责任制，构建普法宣传新格局，创新公职律师队伍管理机制，推进法治人才队伍建设，夯实依法履职制度基础，纵深推进法治海关建设。

参与《中华人民共和国海关法》《中华人民共和国国境卫生检疫法》《中华人民共和国进出境动植物检疫法》等法律及配套行政法规、规章等与海关执法密切相关的立法修订工作，完善业务制度规范管理流程，结合业务制度规范年度清理、专项清理，加强规范性文件执行效果评估，夯实依法履职制度基础。

坚持和发展新时代"枫桥经验"，发挥行政复议执法监督主动纠错、定纷止争作用，推动诉源治理，建立健全行政争议事前、事中、事后预防化解机制，进一步规范执法行为，防范系统性法律风险。落实深化"证照分离"改革与审批权限下放，优化口岸营商环境，编制全领域业务操作指引，推进权责清单编制试点工作。总结固化"七五"普法经验与成效，谋划实施"八五"普法规划，打造有埔关法治特色的"四张名片"（以案说法、新法速递、普法讲师团、埔关公律），培育"埔瀍在线"党建法治品牌。

【法规管理】2021年，黄埔海关修订印发黄埔海关业务制度规范管理办法，完善制度起草、发布、评估、清理等环节的工作程序与管理要求，推进"立改废释"保持制度活力，夯实依法履职制度基础。全年编发评估建议联系单21份，对94件业务制度及文件提出法律意见和建议228条。完成本年度关区业务制度规范评估清理，重点对本单位现行业务制度规范的合法性、有效性等内容进行全面评估清理，清理业务制度106份，其中废止类型85份，修订类型21份。

积极参与总署政策法规司做好《中华人民共和国海关法》修订工作，承接"执法疑难问题"专题研究，抽调专业素质过硬的公职律师、业务专家成立工作专班，针对"影响海关职能发挥、制约海关监督管理的突出问题"深入调研，上报研究成果，为修法提供参考。

升级迭代黄埔海关政策法规管理系统，打造"埔关法宝"。优化法律法规、总署规章、直属海关业务制度"三位一体"的制度规范查询功能，实现对关区544份业务制度文件、241份业务操作指引的集约式管理、一键式查询、常态化更新维护，为依法履职提供系统支持。

创新"一口岸一公律岗"服务项目，整合关区53名公职律师、64名后备法律人才资源，探索设立关级服务总岗、缉私局机关和各隶属海关服务岗15个、黄埔海关及缉私局和各隶属海关首席公职律师20名，构建"一口岸一公律、一条线一团队"的公律服务保障机制。"一口岸一公律岗"普法创新举措被总署办公厅综合信息呈报采用，获得总署政策法规司、广东省司法厅的支持与肯定，被《南方日报》、广东普法等多家新闻媒体转发报道。

▲2021年3月16日，黄埔海关在总署政法司、广东分署的领导和广东省司法厅的支持下创建"一口岸一公律岗"

【复议应诉】2021年，黄埔海关高度重视诉源治理工作，坚持和发展新时代"枫桥经验"。事前重视风险研判，将梳理行政争议风险作为行政执法前置程序；事中强化执法责任，谁执法、谁负责、谁化解，执法主体对执法行为定性处理和争议化解承担主体责任；事后积极稳妥应对，用足法定程序，促进问题解决，同时做好应诉准备。发挥好复议诉讼以点带面规范执法作用，推动本关各部门持续强化依法履职意识与能力；落实案件审理委员会制度，强化对重大复杂行政执法的集体审议把关作用；持续推行"以案说法"案例指导制度，规范同类执法行为、统一同类执法尺度、消除同类执法隐患，指导基层一线执法。全年办理行政诉讼案件16宗，胜诉12宗，在审4宗；办理行政复议案件19宗，审结18宗，其中15宗通过复议渠道解决，未进入诉讼环节，争议实质性化解率83%，高于2020年5%。

同时，按照行政诉讼的标准，加强共性问题风险提示，制发行政复议建议书9份、行政复议意见书2份，组织关级业务印章的合法性审查，关级业务印章总数较清理前减少45%，及时化解用印层级不规范引发的法律风险。

【法制协调】2021年，黄埔海关组织全关25个职能处室，开展并完成覆盖关区全业务领域约50万字业务操作指引的编制工作。8月31日前全部上传系统供全关查询使用，为基层一线执法人员提供实时学习参考,并常态化及时更新完善指引,持续优化系统功能,确保高效、便捷。

黄埔海关作为试点直属海关和试点小组牵头单位之一,组织和推进权责清单试点编制工作。完成试点分工事项的梳理以及清单内容编制;联合广州海关共同对本组梳理的150项权责事项(行政许可、行政确认、行政给付、行政奖励、备案事项、海关统计、海关事务担保等权力类型的权责事项)进行审核,提出审核意见51条;牵头组内海关研究提出《海关政务服务事项目录清单》调整意见,与广州海关合审后提出保留52项,移出62项,新增33项的建议。

黄埔海关落实深化"证照分离"改革要求,取消"报关企业注册登记"行政审批事项,优化备案管理,申请材料压减50%,办理时效大幅提升实现瞬时办结;"口岸卫生许可证"(涉及公共场所)核发实行告知承诺改革,9项行政审批事项实施"优化审批服务"改革,实现申请、审批全程网上办理。深化"证照分离"改革成果,惠及关区1,065个市场主体,审批服务更加便民。

【法治宣传】2021年,黄埔海关认真落实"谁执法谁普法"普法责任制,先后组织"美好生活·民法典相伴""8·8海关法治宣传日""宪法宣传周"等专项普法宣传活动,开展《中华人民共和国数据安全法》等专题学习宣传贯彻工作。在执法活动和处理行政争议过程中开展"嵌入式"普法,把执法过程变成普法公开课。对内发挥"以案说法""新法速递""普法讲师团""埔关公律"作用,对外提供"菜单式"精准普法,加强对内法治教育和对外普法宣传,提升全员法治素养。落实全员学法用法制度,完善领导干部集体学法、任前考法制度,开展"模拟法庭"实战展示,1,058人通过视频连线、"钉钉"平台收听收看。全年举办普法活动1,623场,参加企业数5,686家、覆盖人数1.9万人次,线上普法宣传作品点击量22.7万人次。

2021年9月1日,完成黄埔海关法治宣传教育基地建设并正式投入使用。基地是"八五"普法期间黄埔海关全面贯彻习近平法治思想,立足国门安全把关服务职能,依托海关技术执法优势,重点打造的青少年国门安全普法阵地。基地实现两个普法"首创":全国首家将海关技术执法和普法工作相结合,突出海关智慧监管与法治特色的普法基地;东莞地区首家以青

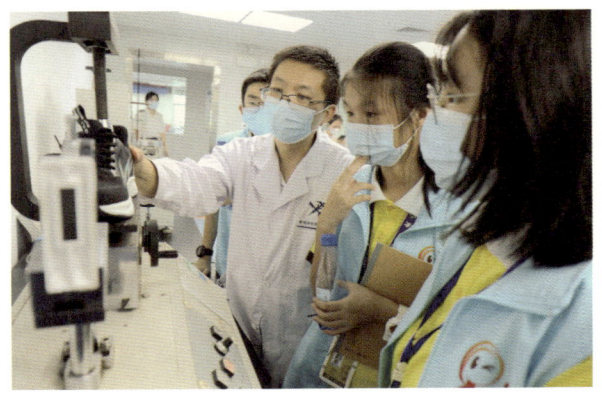

▲2021年9月28日,"国门小卫士　普法少年行"主题活动在黄埔海关法治宣传教育基地举行

少年国门安全法治教育为主题的教育基地，实现与地方普法项目的错位发展。2021年9月28日该基地被东莞市普法办、南方报业传媒集团联合授予"南方报业小记者（研学）实践基地"，成为东莞地区首个小记者社会实践基地。

2021年，黄埔海关普法工作取得显著成绩，东江口海关"VR+5G普法阵地"、技术中心"东莞市青少年国门安全法治教育基地"2个普法项目获评2020—2021年广东省国家机关"谁执法谁普法"创新创先项目优秀奖。

（撰稿人：陈岱媚）

业务改革

【概况】 2021年，黄埔海关持续强化业务改革创新，提升关区治理效能。推进海关全业务领域一体化改革。推进海运智能大通关改革，纵深推进"莞盐组合港"常态化试点运行，全面启动三大车检场改造升级，畅通"海陆空"国际物流通道。持续属地检验检疫集约改革，推进进口检验检疫证单集约签发改革落地，创新检验检疫监管模式。优化口岸营商环境，完成2021年促进跨境贸易便利化专项行动。压缩货物通关时间，黄埔海关通关时效数据在全国海关位居前列。支持地方口岸建设，配合推动穗港客运码头复建工作。精准施策有效缓解进口粮食滞港问题。承接检查异常处置系统优化完善等署级任务。探索总署"两步申报+区块链"应用试点，"两步申报"应用率稳步提升。顺利完成H2018新一代通关管理系统3.0版切换。强化重点商品监控调控。打击进出口侵犯知识产权货物违法行为，查扣侵权货物批次、数量双增长。牵头起草的10项海关技术规范制（修）订项目获总署正式立项，其中1项作为行业标准发布。技术性贸易措施对外交涉工作取得突破。

【深化业务改革】 2021年，黄埔海关推进全业务领域一体化，"两步申报"应用比例显著提升，"两段准入"在汽车等重点商品领域拓展应用。推进进口"船边直提"、出口"抵港直装"试点，惠及进出口货物861万吨。推动检查异常处置模块试点运行。税收征管改革持续深化。企业集团加工贸易监管改革有序推进，"以企业为单元"的加工贸易监管改革覆盖面进一步扩大。海运智能大通关改革顺利推进，"关港企"一体联动不断深化，企业"提前申报"情况下，进口提箱时间由36小时缩短至2小时。检验检疫证单集约签发改革启动试点，签证效率和人员配置实现"双优化"。实施属地查检业务集约化，规范属地查检外勤执法管理，推进与稽（核）查指令叠加、结果互认，提升属地监管效能。"互联网+证单""互联网+实验室"上线运行，线上办理业务覆盖面进一步扩大。主动服务粤港澳大湾区建设，"香港—东莞国际空港中心"、粤港澳大湾区组合港、"湾区一港通"等项目试点运行，以供应链为单元布控协同取得初步成效。支持综合保税区业态多元化发展，进口汽车保税存储、保税租赁等"保税+"新型业务先后落地，一线进出区货值1,002.32亿元，同比增长54.35%。健全新业态协同监管机制，促进跨境电商、市场采购健康发展。

【通关运行管理】2021年，黄埔海关按照总署统一部署安排，关区各业务现场自2020年12月15日起分批稳妥进行H2018新一代通关管理系统3.0版切换，于2021年4月28日完成全关区业务现场切换工作，业务运行顺畅。成立切换专班、强化组织推进，收集现场反映的问题、分类协调处置；分批有序切换、确保运行平稳，根据关区各口岸业务实际情况，按照"成熟一批、切换一批"的思路，积极与总署综合业务司沟通，协调确定各隶属海关的切换进度，确保切换有序、业务不乱；加强业务指导、规范系统操作，梳理系统调整项目、收集切换中遇到的问题、跟进报障处理结果。同时密切关注其他直属海关存在的共性问题，整理出操作指引组织隶属海关学习，并结合推进情况和系统优化，4次动态更新指引；完善应急处置机制，根据问题影响面、紧急程度分级响应应急处置，对涉及系统故障、影响面广的突发情况，线上线下同时报障、跟进总署处理结果、报备应急处理方式。2021年4—12月，协调处置解决系统问题32个。

【贸易管制与技术规范】2021年，黄埔海关落实贸易管制要求，运用技术手段定期开展电子数据监控，发现和处置执法漏洞。参加总署"货物进口证明书"和"进口机动车辆随车检验单""两证合一"调研工作，对企业关注重点与实际需求、申报环节签发、通关时长、人力资源、行政成本等方面进行研讨，形成调研报告报送总署。参加总署濒危物种禁限管理工作调研，对濒危物种管理政策措施主管部门间联系机制、"非《进出口野生动植物种商品目录》物种证明"管理情况开展调研，形成调研报告报送总署。参加总署通关系统参数库集中维护工作，根据2022年《商品名称及编码协调制度》转版、进出口商品关税税则及贸易管制政策措施调整情况，对海关通关管理系统参数进行调整维护。

推进技术规范制（修）订工作，牵头起草的10项海关技术规范制（修）订项目获总署正式立项，内容涵盖口岸病媒生物监测、口岸应急处置、动植物检疫鉴定、食品检验规程、进出口商品容器计重规程等多个领域，立项数量同比增长近50%；牵头制订的《进出口商品容量计重规程 第2部分：动植物油岸上立式金属罐静态计重》技术规范项目获总署正式发布为行业标准。加强国际标准的跟踪、评估和解读，对企开展政策宣贯、标准解读、风险预警等活动20余次，帮扶企业顺利获取国外认证、引导企业合规出口。向总署报送WTO/TBT、SPS例会特别贸易关注议题9项，通报评议15项，其中《对沙特阿拉伯关于延长线、插头、插座沙特质量标志责任的决议的实施关注》特别贸易关注和澳新《食品标准法典》附录中部分产品农药最大残留限量、对欧盟发布的修改花生中氟吡菌酰胺的最大残留限量的SPS两项通报评议获外方官方反馈，惠及相关出口产品货值达数亿元。

【知识产权海关保护】2021年，黄埔海关按照总署、广东分署统一部署，开展全国海关知识产权保护专项行动（代号"龙腾行动2021"）、寄递渠道知识产权保护专项行动（代号"蓝网行动2021"）、出口转运货物知识产权保护专项行动（代号"净网行动2021"），以及3次粤港澳海关保护知识产权联合执法行动，加强对重点国家及奥林匹克标志的知识产权保护力度，扣留涉嫌侵权商品1,461批次、182.73万件。查办的出口转运侵权耳机案入选"2020年中国海关知识产权保护典型案例"，查办的侵权背包案入选"2020年广州市知识产权保护十大典型案例"，查获的侵权案件、知识产权保护工作成果得到中央电视台《新闻直播间》、广东卫视《广东新闻》、《国际商报》、《南方日报》等多家媒体报道。

▲2021年1月27日，广州市知识产权保护中心一行到黄埔海关走访调研

（撰稿人：吕旭升　李丽莉）

保税监管

【概况】2021年，黄埔海关以制度创新和治理能力建设为主线，以关区保税监管工作继续走在前列为目标，不断深化"五关"建设，以更高标准持续"六个强化"，推进企业集团加工贸易监管改革、"以企业为单元"加工贸易监管改革、单耗自核试点改革、残次品管理改革试点等多项加工贸易及保税监管改革，支持加工贸易创新发展；推动辖区内海关特殊监管区域整合升级，助力区域业态多元化，促进保税监管场所和综合保税区高质量发展；落实总署内销便利化措施，面向重点税源企业，通过优化监管手续、延长内销申报时限、暂免征收缓税利息等措施，提高加工贸易企业的内销意愿；以加工贸易为主线进行多业务领域政策叠加，释放"以企业为单元"的改革红利；继续推进边角料拍卖改革，引导企业根据市场情况及时调整内销策略，采用"集中拍卖"等方式减少经营成本，助力企业"变废为宝"。全年关区加工贸易和保税物流等保税监管业务进出口总值1.01万亿元，占全关进出口总值的52.6%；加工贸易企业实际进出口总值6,290.45亿元，同比增长7.96%；加工贸易内销征税43.32亿元，同比增长15.71%。落实全员打私工作部署，加强对保税领域走私风险的研判和处置，完成打私专项分析报告7篇，组织开展的加工贸易专项核查有效率达到91.67%；联合稽查部门共同做好打击跨境电商进口走私"断链刨根"专项整治工作和打击水貂皮加工贸易走私专项行动。开展保税业务全领域自查自纠，加强风险防控和队伍能力建设，提升保税监管效能和质量。

【保税监管业务改革】2021年，黄埔海关推广企业集团加工贸易监管改革，发挥产业链龙头企业引领作用，适应企业集团化运作需要，允许加工贸易货物在集团内的成员企业之间自主存放、调拨、流转，简化核准、备案手续，促进集团内企业生产要素流通，帮助企业应对新冠肺炎疫情期保税料件高效合理调拨，提升运营效率。截至2021年12月底，关区共有6家牵头企业、10家成员企业参与改革，集团企业加工贸易进出口总值469亿元，免收保证金（保函）4.1亿元，节省企业物流、报关等费用约135万元。扩大"以企业为单元"的加工贸易监管改革覆盖面，开展专题调研，聚焦企业需求，摸清改革现状及存在的困难和问题，并加以研究解决；优化对企服务，召开企业政策宣讲会20余场，宣讲范围覆盖全关区；聚焦企业痛点堵点，指导企业使用金关二期电子账册模式，从根本上解决来料加工保税料件串换、手册进出口倒挂等问题，降低企业制度性违规风险，帮扶企业规范内部管理。截至2021年12月底，全关2,160家企业参与改革，企业数量稳居全国第一。

建立健全监管机制，推进单耗自核试点改革。制定规范性文件，实现作业全流程规范管理，严把企业准入退出资质审核；强化企业如实申报责任，明确企业建立健全单耗追溯制度具备的要素；开展单耗追溯制度实地验证核查，确保试点企业单耗可追溯。截至2021年12月底，有48家企业获得单耗自核试点资质；抽取21家重点企业实地核查，发现1家企业不具备"可追溯"条件并责令企业退出试点。开展残次品管理改革试点工作。开展残次品销毁处置申报、监督销毁处置、核销、通关申报等新规对企宣讲培训；加强主管海关内外勤部门联动，对首批试点销毁的残次品下厂核查数量并监督销毁。试点企业全程对销毁处置进行录像拍照留档备查，确保单货相符，监管到位。截至12月底，关区首批试点的2家企业共完成4批次残次品销毁的全程监督及后续处置，销毁后的残次品按实际报验状态征税内销，为企业减免税款148.5万元。

完成署、关两级作业参数加载维护工作。受总署企业管理和稽查司委托，黄埔海关承担金关二期系统加工贸易及特殊区域领域的署级参数制订、维护工作。2021年，完成多轮署级重大作业参数加载和优化，更新署级参数库3版并向全国海关发布，涵盖177条署级规则、27张署级参数表，更新署级参数703条次。更新关级参数库两版，涵盖关级参数109条、关级参数表17张，更新关级参数64条次，并向本关区各现场发布。全年，署、关两级参数执行运算74.99亿次，为全国加工贸易及保税监管业务现场提供54.05万次判别和提示，直接监控发现2,890票违规单证并进行了自动退单，推动全国海关保税审核执法统一和关区审核作业质量提升。

【海关特殊监管区域和保税监管场所管理】2021年，黄埔海关有海关特殊监管区域4个、保税监管场所62个（1个保税物流中心、44个保税仓库、17个出口监管仓库）。全年海关特殊监管区域及保税监管场所征税335.59亿元，占关区入库税收的26.34%，同比增长17.09%。

推动关区海关特殊监管区域转型升级。2021年，推动广州黄埔综合保税区在广州保税物流园区基础上完成整合升级基建工作，通过总署等部门验收，顺利实现封关运作，为广州市乃至广东省实现高水平开放高质量发展增添新平台；配合地方政府推进广州保税区、广州出口加工区调整整合，申请合并迁址转型为广州知识城综合保税区；在推进区域整合过程中稳妥推动企业业务平稳过渡，稳定保税物流业务基础，不断拓展新业态，促进关区海关特殊监管区域进出区货值实现稳步增长。2021年，黄埔海关特殊监管区域（一线）进出区货值1,002.32亿元，同比增长54.35%［同比数据包含原东莞物流保税中心（B型）、原广州保税物流园区］；海关特殊监管区域转国内征税52.68亿元，同比增长43.04%。

促进保税监管场所高质量发展。2021年，强化两仓监管，将两仓集中申报业务纳入金关二期系统管理，在金关二期保税物流管理系统加载两仓风险参数11条，修订发布新的两仓集中申报操作规程；支持东莞石龙中欧班列国际物流基地设立出口监管仓库，解决货物集拼出口问题，助力中欧班列持续健康发展；综合运用"集中申报"叠加"汇总征税"便利措施，支持企业转国内征税，持续发挥好税源涵养的作用。2021年关区保税监管场所（一线）进出货值2,766.28亿元，同比增长18.98%。其中，清溪保税物流中心（B型）一线进出区货值102.06亿元，同比下降24.2%；保税仓库（一线）进出仓货值2,543.84亿元，同比增长21.23%；出口监管仓库（一线）进出仓货值120.38亿元，同比增长33.59%。

强化海关特殊监管区域及保税监管场所实际监管。对海关特殊监管区内企业全面实施自主备案，规范金关二期系统区域系统电子账册分类应用，出区检测等申报表及调整类核注清单的应用、规范核查后续处置等监管作业。落实安全监管责任，严格涉危保税场所监管，2021年开展涉危保税监管场所全面排查15次，整改查发问题，引导注销关区涉危保税仓库3家；开展海关特殊监管区域与保税物流中心卡口管理专项检查，通过加载参数、建立现场检查机制等，规范海关特殊监管区域与保税物流中心运输工具及人员进出管理，加强区域及中心监管设施设备检查与视频监控管理，强化对区域及场所的实际监管，防范保税监管风险。

（撰稿人：王　单　蔡嘉铖）

风险管理

【概况】黄埔海关风险防控分局于2019年正式成立，前身为黄埔海关通关管理处风险管理科，2002年设立黄埔海关调查局风险管理处，2005年黄埔海关调查局撤销，设立黄埔海关风险管理处，并在隶属海关、办事处设立风险管理科。2007年总署首次在黄埔海关设立派出机构和"外脑"总署风险参数维护管理黄埔分中心，加挂于黄埔海关风险管理处。2014年撤销黄埔海关风险管理处和各隶属海关（办事处）的风险管理科，设立风险管理处（黄埔参数分中心），将风险信息研判、风险参数、风险监控、风险分析、风险布控、绩效评估等工作职责全部集约到风险管理处（黄埔参数分中心）。2017年8月撤销风险管理处（黄埔参数分中心），分别设立总署风险防控中心（黄埔）和黄埔海关风险防控中心。2019年2月，黄埔海关风险防控中心更名为黄埔海关风险防控分局（以下简称"风险防控分局"），风险防控分局下设9个正科级科室。2021年，风险防控分局根据党总支发展需要对组织架构进行调整，8月30日经中共黄埔海关直属机关委员会批准，风险防控分局党总支下设9个党支部，制订风险防控分局党支部定期考核方案，将党建责任细化到日常管理中，既健全了支部组织架构，也完善了党建工作机制。同时，坚持从政治高度审视风控工作，全面落实总体国家安全观，风险整体管控与专项防控有机结合，2021年自主分析移交稽查结案企业317家，稽查指令有效率达89.59%，同比增长6.5%；货运渠道布控查获17个濒危物种117.56吨，涉及安全准入（出）情事18起，同比增长55.56%；布控查获固体废物涉及案件23宗，同比增长130%；关检指令融合取得积极进展，建立"一口对下"指令协调机制，指令执行问题持续减少并动态清零。

【风险预警与信息】2021年，风险防控分局围绕涉危化品、涉固体废物、涉侵权等开展专题信息收集，共收集风险信息1,212条，报总署1,113条，报送货运典型案例被总署风险管理司采纳13个；加强与业务部门的联系配合，向检验检疫职能部门发布关区涉检查发风险信息专刊。配合黄埔海关卫生检疫处，持续开展瑞士新冠肺炎疫情每日信息收集和风险研判工作，共形成研判报告365份。强化风险信息转化利用，通过信息转预警、排查、布控指令等方式，提高风险信息利用率。

【风险分析处置】2021年，风险防控分局落实国家总体安全观，发挥风控部门的中枢作用，在口岸事中及后续关区风险进行分析研判并予以处置。建立"一口对下"指令协调机制，制定文件规范，统一协调处置指令执行问题，基本达成指令执行问题逐步减少并动态清零的既定目标。围绕习近平总书记重要指示批示精神推进贸易渠道风险防控，查发固体废物入境案件23宗，占关区查发的76.67%；重307.93吨，占关区查发的72.09%。移交"洋垃圾"专项稽（核）查高风险企业7家，涉及再生塑料等3.91万吨。布控查发濒危野生动植物及其制品18起，涉及黄檀、蟒蛇皮等17个濒危物种，重117.56吨，其中布控查发整柜伪报木种进口的黄檀木28.84吨，为当年全国货运口岸现场查发伪瞒报进口濒危木材重量最大的一宗。布控查发危化品"伪瞒报、逃漏检"情事39起，涉及固化剂、环氧树脂等危品共930.13吨。

【非贸渠道风险防控】2021年，风险防控分局在认真落实总署各项部署的基础上，筑牢关区非贸风险防控防线。建立医疗物资违规出口商品、危化品、电信诈骗、跨境赌博高风险关键字和影子商品库，查发违规出口医疗物资38.6万余件。查发濒危野生动植物及其制品69起，涉及伪报出口冬虫夏草820根、含濒危成分洗护用品51件、含濒危成分保健品30件等。布控查发危化品"伪瞒报、逃漏检"情事37起。查发涉及电信诈骗、境外赌博风险物品1,600余件。牵头落实"清邮"行动防控有害信息进出境，布控查发违规出口含有害信息物品20批、共468件。建立跨境电商出口企业供应链风险档案，扩展数据底盘，拓展分析链条，建立高风险车辆监控模型，运用布控查发夹藏瞒报出口冻品20余吨、烟草制品300余千克、侵权商品1,445起。对跨境电商进口、"水客"走私、离岛免税商品"套代购"风险开展全领域一体化防控，并开展线上线下同步摸排巡查。

【大数据应用】2021年，风险防控分局推进总署"百日攻关"项目建设，报关单综合风险评价模型2.0版项目自2021年7月26日重启至12月31日，自动布控报关单415票。落实数据安全管理工作，根据用户角色授权最小化原则，加强系统授权管理，通过科技手段有效降低指令信息泄露风险；加强专用数据库服务器管理，按照"固定时间、固定场所、固定人员"的原则使用，由专人负责定期检查专用数据库审批使用情况。加强业务系统推广应用，响应各单位对业务数据的需求，落实总署对应用系统授权、培训、安全责任等的工作要求，调整全国海关大数据应用子系统（云擎）、海关风险管理子系统（HF2020）、海关新一代风险作业系统等系统权限1,500余人次，处置系统疑难问题300余次，实现对系统授权人员的培训全覆盖。根据关区业务特点和大数据模型建设需求，整合各部门业务系统数据，形成基础数据资源，服务各职能部门监控分析管理需求，将加工贸易、保税监管、物流监控、实验室检测等数据表单申请纳入"云擎"数据池。以国门安全风险防控、通关便利一体化、智慧监管等为主脉，在"云擎"系统构建典型应用模型。2021年，在黄埔海关大数据分析站点发布包括"全国稽核查指令执行情况监控""基于贝叶斯估计的人工分析规则指标监测"等平台级应用16个，发布站点级应用618个。

（撰稿人：梁诗慧）

关税征管

【概况】 2021年，黄埔海关累计税收入库1,274.05亿元，同比上升8.6%。2021年关区税收主要呈现以下特点：全年一般贸易累计实征税款增长，7个隶属海关税收入库增长；进口商品价格上涨是拉动实征税款增长的主要因素；8成税源商品实征税款增长。

2021年，黄埔海关开展关区外贸情况调研，收集、协调解决税源企业和基层困难诉求32项，突出年初、年中、年末3个关键节点指导基层对税源商品、企业反复摸底。优化关区"集约+分散"验估模式，强化税收风险监控分析和联合防控，制发操作指引5份，实现远程视频磋商、货物远程实景传输等创新性手段应用。对62家企业建立属地纳税人管理底账及开展纳税遵从度评估，其中30家为报关企业。开发税收征管智能化模块，实现对企业缴税时效、欠税等预警提示同步向现场海关和企业双向推送。深化多元化税收担保改革，推进关区"以企业为单元"的海关事务总担保管理，试点2家企业总担保管理上线，实现总担保纸质台账管理向信息化管理转变，涉及总担保放行480万元。推动"十四五"新政扎实落地，对关区减免税业务审核作业模式进行优化调整，由穗东海关、增城海关、东莞海关分别负责关区"一市两区"内企业的减免税业务。支持重点产业原材料、生产设备和关键零部件进口，形成减免税新政汇编，创建关区"十四五"重点产业集成电路企业档案，对200家企业专业辅导，释放新政红利。推动RCEP生效实施前准备工作，联合地方商务部门、贸促会等开展8期"线上+线下"政策宣讲，约1,500家企业参与，提升企业知惠享惠能力。2021年黄埔海关优惠协定项下享惠进出口货值持续增长，进口享惠货值同比增长20.91%，签发各类优惠原产地证书货值同比增长10.21%。优化原产地证书签证改革，推广原产地证书智能审核叠加自助打印便利化措施。结合"十四五"期间国内国际双循环战略格局以及绿色发展等产业政策，专人开展人体医疗植入物、汽车制造等重点行业商品专项调研，精准解读重点属地纳税人实际问题。2021年税则建议获总署采用10条。

【税则税政】2021年是"十四五"新政开局之年，黄埔海关结合关区实际明确税政调研重点方向，针对汽车新型零部件、集成电路、医疗器械、生物医药等行业和商品开展重点调研。广泛发动企业，通过黄埔海关12360服务微信公众号制发调研问卷、召开税则调研政策宣讲会、开展行业协会和企业实地走访调研等形式，多形式多渠道了解企业实际需求。持续关注热点问题，结合"十四五"期间国内国际双循环战略格局以及绿色发展等产业政策，调取关区主要贸易产品数据与现行税则比对，指导百济神州、广汽本田等重点企业协助提出相关税则调整建议。同时，黄埔海关征集辖区企业、行业以及发改、工信等主管部门意见，结合现场工作实践，总结提炼相关政策落实过程中的难点堵点，针对《国家支持发展的重大技术装备和产品目录》《产业结构调整指导目录（2019年本）》和海关减免税制度等方面提出意见建议150余条，被总署、工信部采用62条。税则建议获总署采用10条。

【验估管理】2021年，黄埔海关持续优化集约验估工作模式，建设"集约监控"和"集约+分散"验估的"双集约"队伍，打造验估"样板间"。调整集约验估机构内部职责分工，设立专门税收风险监控科室，监控发现移交后续稽查部门税收风险线索、移交缉私部门走私违法线索多条；探索实货验估路径，破解验估作业"见单不见货"的难题；明确审价作业记录表录入、无价格资料进口商品审核等4项估价事项的程序性和实体性要求；建立现场疑难集中研判机制，撰写木材、旧机电等关区重点商品验估指引12篇，制发关于验估修撤单联系配合等106个验估疑难指引汇编，明确验估15个流程节点办理时限；落地"特殊关系和特许权使用费"台账制度，对108家企业实施价格台账管理。验估风险排查及时率达100%，验估风险排查有效率达99.4%；全年一般贸易价格水平112.6，以属地企业计一般贸易价格水平120.8；牵头《提升海关治理能力 建立现代海关估价申报制度体系研究》、参与《保税内销货物内销税收风险防控研究》司级课题研究；参与总署进出口货物完税价格确定办法和审价工作规程等估价法规修订；《护肤品小样特殊关系影响成交价格估价案例》《特殊关系影响大型旧工程船价格估价案例》入选《海关估价案例汇编》，《奋斗·启航》入选《"入世20年海关估价发展"文集》。

【税收征管】2021年，黄埔海关统筹兼顾通关便利和履行征管的职能，制订年度税收征管改革推广计划，做好"汇总征税"、"关税保证保险"、新一代电子支付、"自报自缴"4类全国海关税收征管改革项目推广，全年关区汇总征税率达33.6%，同比增长10.7%；落实减税降费政策，减免企业主动披露滞纳金600余万元，宣传落实对美加征关税商品市场化采购排除政策，进口企业办理对美加征关税商品市场化采购排除合计减征关税超30亿元；推"进以企业为单元"的税款担保改革，完成全国首票海关税款多用途担保备案，实现担保一次备案、可用于"汇总征税"、征税要素等各类海关税款担保事务；结合黄埔海关牵头的"探索完善分期纳税海关管理"关税司课题和"'以企业为单元'的总担保管理与探索"关级课题，自主开发税收征管智能化管理模块，初步形成税收征管风险预警、"以企业为单元"的总担保管理、分期纳税管理、税收征管改革指标展示4个应用；全年无新增欠税和担保处理不及时情况，全年海运进境旅客征税率为26.9%，进境B类快件物品征税率为14.6%。

【税收风险防控】2021年，黄埔海关优化黄埔海关分层次多角度税收风险防控工作机制，遵循"专业化、智能化、差别化"原则，发挥集约验估机构关税专业人才优势，完成集约验估机构科室职责调整。税收风险监控项目主要由专门的风险监控科室负责；税收征管局参数、指令的执行以及对在执行指令、参数的举一反三监控分析，由其他验估科室负责。明确各层级税收风险防控职责，完善税收风险防控工作内容，强化税收风险监控处置能力，建立52项税收征管领域常规监控项目清单定期分析并不断补充完善，实现税收征管领域风险全覆盖，通过监控台账定期分析评估工作质效。建立关税与风控、稽查、缉私等部门密切配合的"左右协同"机制。将税收风险监控从口岸商品扩展到属地企业，口岸与属地风险防控相互印证、相互支持，深挖行业性税收风险，构建与总署税收征管局错位互补、协同治理的有机整体。开展业务制度规范"立改废释"，夯实税收风险防控制度基础。评估清理关税条线的关级业务规范性文件，精简为18项关级制度。梳理制订19项业务操作指引，指明工作依据，明确工作职责，固化执法流程，突出工作要点。

【原产地管理】2021年，黄埔海关积极推动RCEP生效实施前准备工作，对内培训365人次，实现培训覆盖率100%；对外联合地方商务部门、行业协会等开展线上RCEP政策解读，学习解读关税减让、原产地规则及相关实施公告内容，开展5场政策推广及线上答疑宣讲会，参与培训1,500余人次，提升企业知惠享惠能力；撰写RCEP政策解读推文及新闻稿件，扩大政策宣传辐射面，多篇稿件被署级及地方媒体采纳。推进原产地智能审核签证模式改革、原产地证书自助打印等便利化服务措施，不断压缩原产地证书审签时限，实施周期管理持续推动原产地签证质量不断提升。2021年黄埔海关优惠协定项下进口货物情况按优惠税款计，前三位分别为中国—东盟自贸协定、海峡两岸经济合作框架协议、中国—韩国自贸协定；按货值计居前三位依次为中国—东盟自贸协定、中国—澳大利亚自贸协定、中国—韩国自贸协定3类协定。

（撰稿人：杨　宇）

卫生检疫

【概况】2021年，黄埔海关按照总署要求，落实"三查三排一转运"等各项口岸卫生检疫措施，加强入境船舶多维度风险分析布控，及时动态调整关注对象，实现精准检疫。全年开展流行病学调查3.56万人次，采样检测8,863人次。同步做好其他传染病防控，严格防范疫情叠加风险，检出流感嗜血杆菌病例5例，监测体检检出传染病病例63例。严格审批特殊物品，全年实现"零超时、零差评"，签发特殊物品卫生检疫审批单3,474份，同比增长154.1%。开展特殊物品风险评估40家次，现场考核7家次。

【检疫管理】2021年，黄埔海关强化进口高风险非冷链集装箱货物监管。制订黄埔海关监管实施方案，组织相关单位召开工作会议，理顺联系配合机制，明确职责分工。明确黄埔海关进口高风险非冷链集装箱货物采样检测、预防性消毒及阳性处置执行规范。加强日常监督检查，落实安全防护工作要求，开展业务培训3次，组织开展实操考核并全员通过。开展巡回指导，完成10次现场指导、29次远程视频指导。全年黄埔海关命中进口高风险非冷链集装箱货物203票，其中77票实施采样，16个集装箱实施预防性消毒，采样1,776个，消毒3.2万件商品外包装，2票货物新冠病毒核酸检测阳性。做好特殊物品监管。严厉打击新冠病毒疫苗非法出境。通过定期会商、开展专项培训、推进智能审图现场制图、强化部门间联系配合等多种方式，实施严格监管、严厉打击，严防新冠病毒疫苗非法出境。开展新冠病毒诊断试剂、疫苗等特殊物品H986、CT机检制图，完成3大类218幅图像绘制，首次成功查获冠状病毒快速检测试剂盒3,600个。截获不合格特殊物品18批均按规定做退运或销毁处理。2021年，黄埔海关监管出入境特殊物品4,669批次，同比增长198%。其中监管出口新冠病毒检测试剂2.63亿人份，货值20.25亿元，出口100多个国家（地区）。

【疾病监测】2021年，黄埔海关强化联防联控。对接属地一市两区联防联控工作指挥部，加强中国籍兼营船舶从跨境运输转为内贸运输疫情防控工作，完善船舶船员信息通报机制。是年，共办理改营手续并推送相关船舶信息397艘次、船员信息3,638人次，向地方通报每日数据报表等834份。与地方保持紧密联系，落实新冠病毒阳性病例的后续处置。全力做好个人安全防护。开展"加强疫情防控安全防护月"活动，组织理论学习考试、视频教学、作业互评、登轮检疫作业技能比武等活动，1,894人参加3期理论考试，4个口岸一线隶属海关参与技能比武。开展高风险岗位人员、应急预备梯队人员防护及采样技能培训考核20次，覆盖人员1,078人次。支持穗港客运码头项目和黄埔国际邮轮城项目建设，保障东莞市虎门港澳客运码头—中国澳门航线复通复航。

【卫生监督】2021年，黄埔海关做好口岸卫生监督。结合地域特点动态研判关区病媒生物密度，实施病媒生物监测1,090次，捕获病媒生物1,137只；开展鼠类智能监测，布放智能鼠类监测仪639个，鼠类携带病原体检测检出阳性8次。细化规范入境船舶卸载生活垃圾卫生监督工作，开展船舶废弃物检查项目及卫生处理监督培训演练2次、387人次。以上年度口岸公共卫生核心能力建设核查发现问题为导向，开展现场督导整改，指导隶属海关购置补充完善相关设施设备91批。加强口岸核心能力建设，对标口岸核心能力标准，制订口岸卫生监督和口岸食品安全抽检工作方案，对国境口岸食品经营单位和储存场地实施日常卫生监督178次，对发现的不合格情况均依规采取后续处置。制订黄埔海关口岸食品安全事故应急处理工作预案，指导口岸一线规范实施口岸食品抽样检测工作，全年检测212批次，均未发现异常。

（撰稿人：王 超）

动植物检疫

【概况】2021年，黄埔海关抓紧抓实抓细各项防控措施，筑牢国门生物安全防线，严防重大动植物疫情疫病传入和外来物种入侵，有效防止了疫情叠加。

加强国门生物安全防控。健全生物安全制度，制定黄埔海关加强国门生物监管17项措施，加强监测预警分析，强化外来入侵物种口岸防控。督导检查关区落实重大动物疫病防控措施情况，严防非洲猪瘟、高致病性禽流感、沙漠蝗等重大动植物疫情传入传出。全年截获进境植物有害生物998种3.76万种次，其中检疫性有害生物75种3,453种次。在全国口岸首次检出入侵杂草"三叉针茅"。严格检疫除害处理监督，退回、销毁不合格农产品5批。

推进"放管服"改革。制订黄埔海关优化出境动植物及其产品、其他检疫物生产、加工、存放单位注册登记等行政审批流程工作方案，制订黄埔海关优化进出境动物源性生物材料企业及进境饲料指定待检存放场所备案登记流程工作方案，制订黄埔海关进境动植物及其产品检疫审批工作指引。将9项行政审批项目的受理和现场考核环节集约到穗东海关、增城海关和东莞海关办理，将3项备案业务的受理、考核和认定等全部环节下放至隶属海关。规范办理行政审批事项，全年完成行政许可3,592宗，实现无差错、无超时、无违纪。政务服务好差评系统获得百分百"好评"。

提升动植物检疫处理管理水平。建立年度监督检查制度，细化督查流程、报告公示、信用管理与结果运用措施。组织编制检疫处理监管工作标准目录清单和查询指引，研究制订动植物检疫处理监管工作要点24项，明确监管要求、规范使用和评价标准。聚焦检疫处理监管薄弱环节，增设14个动植物检疫处理执行控制节点，切实防范风险隐患。开发检疫处理信息化管理平台，实时开展证书制发、方案审核、效果评价及符合性审核等全流程动态监管。自2021年3月系统试运行以来，发出1,070批次检验检疫处理通知书，在线检疫处理方案备案213个，实现检疫处理源头可寻、过程可查、风险可控。

推动农产品优进优出。在助力增城特色水果荔枝出口加拿大和英国的基础上，指导和帮扶企业进一步开拓海外市场，实现荔枝首次出口非洲。指导企业建立完善高效的动物疫病防控体系，完成出口中华鳖及供港活猪养殖场注册手续。推进动植物检疫"两段准入"改革，开设进口鱼粉检疫审批"绿色专窗"，促进鱼粉年进口量的增长。优化进境观赏鱼分类管理，进境观赏鱼单一隔离场年隔离量突破2,300万尾。

提升基层检疫把关能力。根据各隶属海关的业务特色，开展现场业务培训，提升动植物检疫能力。在黄埔海关所属沙田海关、新沙海关，分别组织进境水果及竹木草制品新冠病毒采样操作及预防性检疫处理监督专题培训、进境木材及粮食检疫实操实训、供港活禽精准培训和生物安全监管监测专项培训。根据年度教育培训计划，开展两次动植物检疫岗位资质培训、考试及认定工作，有348人参加培训，其中330人通过考试获得相应动植物检疫岗位资质。

推动业务规范化建设，完成动植物检疫14个业务操作指引的调研、修改、联审、上传政策法规系统等制订发布工作。

▲2021年5月19日，黄埔海关关员到辖区进境粮食指定加工存放企业开展调研

【进出境动物检疫】2021年，黄埔海关加强非洲猪瘟疫情防控。采取严格检疫审批、加强检疫监管、严格运输工具查验等措施，防范非洲猪瘟疫情传入。

完成总署动植物检疫司《进境海水观赏鱼图鉴》项目的审核修订和出版。承接并完成总署动植物检疫司组织的守卫国门生物安全丛书中《我国进出境水生动物风险管理措施》的编写任务。协助总署动植物检疫司完成禁止携带、寄递进境的动植物及其产品和其他检疫物名录中的《海关动植物检疫非贸渠道布控规则》修订任务。

强化业务监管规范建设。编制黄埔海关供港澳活禽检疫监管业务操作规范和黄埔海关进境观赏水生动物隔离检疫监管业务操作规范，并分别在黄埔老港海关、穗东海关和东莞海关3个隶属海关开展试点。

支持优质农产品走出国门。采取"一企一措"帮扶关区国家级良种养殖场获得出境食用水生动物养殖场注册登记证书，成为黄埔关区首家出境食用水生动物养殖场。完成黄埔海关关区首家供港活禽企业注册，采集样本进行高致病性禽流感（H5、H7亚型）、新城疫病毒核酸检测和禽流感病毒抗体（H5、H7亚型）检测，为企业拓展业务做好准备。支持企业引进SPF实验小鼠开展科学研究，指导企业建设进境实验动物隔离检疫场。指导黄埔海关关区首家供港澳活猪养殖场完成注册登记，获得活猪供港澳资格。

强化业务一线指导。采取政策宣传1本覆盖、申报预约1次完成等措施,指导黄埔海关所属萝岗海关完成首次出境宠物检疫业务,签发黄埔区首例出境加拿大宠物犬动物卫生证书。

严格动物疫情处置。黄埔海关所属萝岗海关检出进境水生动物二类疫病两批,并按要求对阳性动物及同一水体全部动物实施扑杀无害化处理,对隔离用水、隔离设施、用品、环境实施消毒等的处置进行监督。

规范来自动物疫区船舶检疫工作。召开黄埔海关动植物检疫船舶登临工作座谈会,向有关隶属海关、检疫处理单位和船舶经营单位,通报动植物检疫船舶登临存在的问题,明确整改要求,及时进行整改。将进境船舶动物检疫纳入黄埔海关检疫处理管理系统"一次派单、一次登临"模式,提高人员作业效能。全年登临检疫来自动物疫区船舶1,404艘、封存68吨来自疫区的肉及其制品。

【进出境植物检疫】2021年,黄埔海关保障进境粮食等大宗农产品供应链安全稳定。贯彻落实跨境贸易便利化措施,优化关区进口粮食营商环境,制订进境粮食跨关区"两段准入"附条件提离工作指引,将"两段准入"附条件提离措施实施范围从关区内大豆推广至跨关区其他粮食品种。解决进口粮食压港问题,以实际行动践行"两个维护"。2021年关区进口粮食2,002万吨、505亿元,同比分别增长18%、35%。

加强红火蚁监测。采取定期监测、红火蚁防控科普宣传和配合农业主管部门联防联控等多项措施,推进红火蚁阻截防控工作。

推行出境竹木草制品检疫监管改革。制订黄埔海关服务外贸促竹木草制品出口工作方案,优化分类管理,推动出境竹木草制品行业发展。全年提升出境竹木草制品企业类别107家,占比达14.13%。

根据总署开展打击非法引进外来物种和种子苗木"国门绿盾2021"行动工作部署,细化黄埔海关行动方案,加大打击非法引进外来物种和种子苗木工作力度。

保障粮食安全。加强进境粮食重大植物疫情及安全卫生不合格情况处置,从制度上加强进境粮食监管,快速处置不合格进境粮食,严防疫情疫病及有毒有害物质随进境粮食传入,筑牢国门生物安全防线。黄埔海关所属新沙海关从进境黄大豆

▲2021年10月25日,动植物检疫处联合东莞海关对辖区粮食加工厂开展进境粮食植物疫情防控专项检查

中，检出红色种衣剂大豆，从小麦及大麦中截获检疫性有害生物小麦线条花叶病毒（WSMV）。黄埔海关所属黄埔新港海关，从进境大麦中检出全国首例恶性杂草"三叉针茅"。黄埔海关所属常平海关在进口集装箱内截获国家二级保护动物大壁虎。开展进境粮食加工企业植物疫情防控专项检查，其中视频检查企业13家，实地检查企业7家。联合稽查部门开展总署进境大豆专项核查行动。试行"智慧动植检"系统，通过该系统为某公司签发首份美国苜蓿草进境动植物检疫许可证。

（撰稿人：潘海强）

食品检验检疫

【概况】2021年，黄埔海关依法开展进出口食品化妆品安全监督抽检和风险监测。开展境外食品安全评估，完成格鲁吉亚、塞浦路斯、土耳其等国输华食品评估报告和土耳其、巴西3家境外企业体系评估，协助总署牵头完成《中华人民共和国海关总署与土耳其共和国农业和林业部关于土耳其扁桃仁输华检验检疫要求议定书》的撰写，梳理16个国家7,000余条水产品境外生产注册企业情况。研究世界贸易组织的技术贸易，对澳大利亚、欧盟新修订的农药最大残留限量SPS通报开展评议，促使澳方提供设立风险评估的依据方法和相关限量协调工作程序。

【进口检验检疫】2021年，黄埔海关开展进口食品国门守护行动，进口食品化妆品检验检疫2.1万批次，198批次不合格产品退运销毁。落实境外输华食品准入制度和生产加工企业注册制度，远程（视频）评审哈萨克斯坦、乌兹别克斯坦、智利、印度尼西亚、土耳其、俄罗斯等国11家输华食品生产企业。推动落实中国—中东欧国家合作机制，加强中东欧国家海关检验检疫法律法规研究，梳理准入食品种类，定期监控黄埔关区与中东欧相关贸易国家食品进出口情况，协助总署梳理拉脱维亚等中东欧国家输华肉类企业注册信息。优化营商环境，压缩办理进境动植物检疫许可证审批时长，对符合要求的进口水产品、杂粮杂豆检疫审批申请随报随办，办理检疫审批124份，平均审批时长2.7个工作日。推行广州黄埔综合保税区出区入境食品"抽样后即放行"便利措施，对符合监管要求的干辣椒、葡萄酒实施抽样后即放，为企业每批货物至少减少10天的货物仓储费用。

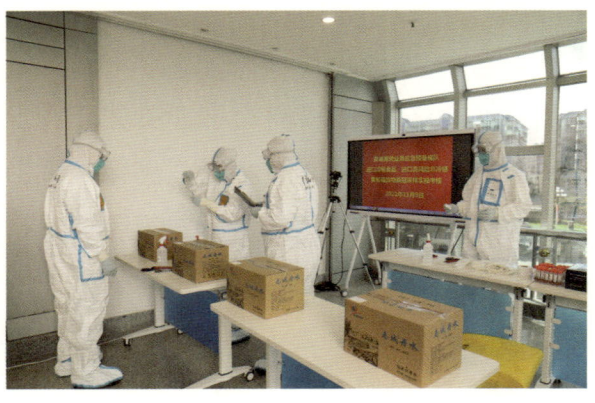

▲2021年11月9日，黄埔海关业务应急预备梯队人员开展进口冷链食品、进口高风险非冷链集装箱货物新冠病毒采样实操考核

【出口检验检疫】2021年，黄埔海关对备案养殖场水生动植物及出口水产品开展有毒有害物质监测，结果无异常。采取有效措施，推动粤港澳大湾区"菜篮子"工程建设，核查短保质期及季节性供港食品，开展非洲猪瘟等疫情疫病监测。完善供港蔬菜智慧监管系统，从采集利用、风险信息预警到风险项目探索抽检数据全链条溯源。

（撰稿人：李　静　何薇倩）

商品检验

【概况】2021年，黄埔海关加强进出口商品质量安全监管，优化服务，抽检进口工业品16万批，出口工业品6.4万批。扎实开展进口高风险非冷链集装箱货物口岸环节的新冠病毒检测和预防性消毒工作，实施采样40票，工业采样数量1,107个。强化固体废物属性鉴别，杜绝"洋垃圾"入境，对265批次疑似固体废物货物进行属性鉴别，出具鉴别报告248份。全面履行危险品检验监管责任，检验进口危化品7,650批次、重量478.1万吨、货值222.2亿元，检验出口危化品5,487批次、重量216.56万吨、货值72亿元。

【质量安全风险预警和快速反应体系建设】2021年，黄埔海关推进进出口商品质量安全风险预警监管体系建设。完善进口机动车风险一级监测点建设，制订进口机动车质量安全风险监测工作方案，通过多种渠道收集风险信息并进行评估。加快二级风险监测点建设，综合评估设立可行性，正式建立进口棉花二级风险监测点。

开展进出口商品风险监测，实施2021年度跨境电商进口消费品质量安全风险监测25批，开展2021年度法定检验商品以外进出口商品抽查检验54批。

做好进出口商品质量安全风险管理系统风险信息录入。召开动员部署会议制订工作实施方案，根据业务特点确定重点关区、重点部门、重点人员，先后3批授权信息采集人员118名，开展针对性靶向、线上线下相结合、"一对一"帮带等多种培训。

实施风险处置，全面做好销毁、退运、移交工作。对检出环保关键零部件不合格、排气污染物超出标准限值规定的进口汽车，暂停出具随车检验单和车辆放行，依法实施退运处理；对进口工业品检验监管中查获的夹带国家禁止入境的旧压力容器，依法实施销毁处理；对检出不符合国家强制性标准要求的进口牙刷，依法实施退运处理，相关案例已报送总署。强化风险预警成果运用，分析重点商品走私风险，重点关注固体废物走私进口和机电产品以废充旧、以废充新进口风险，向缉私部门提交风险线索。

【重点商品检验监管】2021年，黄埔海关落实总体国家安全观，严密重点商品监管链条，筑牢国门安全防线。

开展进口旧机电产品检验监管专题调研，规范进口旧机电产品装运前检验监管，加强附带特种设备的进口机电产品检验。开展进口机动车质量安全监管信息化功能业务测试，落实进口汽车入境验证、全数上线检验、第三方结果采信，全年检验监管进口汽车30.1万辆、同比增长3.9%，货值160.9亿美元、同比增长14.1%。完善进口医疗器械入境验证、口岸查验、目的地检验封闭监管，防止不合格进口医疗器械流入国内市场。以近年检出不合格率较高的商品种类为重点，加强婴童用品等消费品检验监管。加强进口煤炭检验监管，严密复验程序防范业务执法风险，检出不合格煤炭5批、22.97万吨、货值2,048.38万美元。继续落实进口棉花监管模式改革，检验进口棉花178批、5.29万吨、6.38亿元，同比分别增长54.78%、46.54%、78.21%，为企业节约人力资源成本88人次，节约实验室检测成本7.96万元。做好指定进口矿产品"先放后检"监管模式改革，为企业节省费用约929.29万元。

【鉴定管理】2021年，黄埔海关推进进口大宗商品重量鉴定监管方式改革，依企业申请实施重量鉴定。筛选关区进口大宗商品高风险企业和高风险商品，持续组织开展依职权后续抽查验证工作，探索依职权实施重量鉴定。

规范机构监管工作。加强进出口商品检验鉴定机构监督管理，制定进出口商品检验鉴定机构检查"双随机、一公开"实施细则；对人员库进行动态调整；完成61家检验鉴定机构的监督检查工作，对发现不合格、不符合项，已全部完成监督整改；开展关区内检验鉴定机构检测结果比对工作，开展双循环趋势下检验检测行业发展分析研究。举办关区大宗商品重量鉴定线上培训，培训110人次，提升工作人员重量鉴定能力。

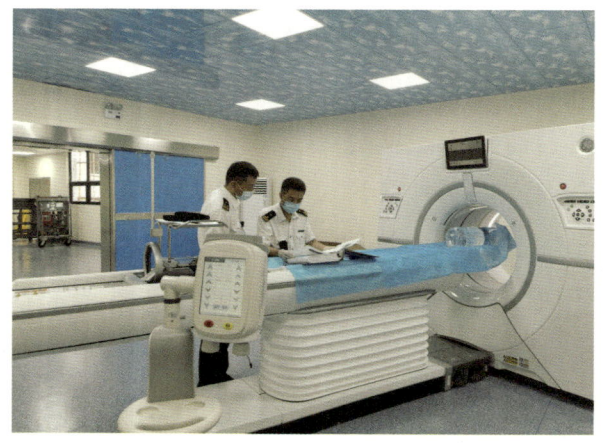

▲2021年5月31日，黄埔海关关员对广州开发区医院进口的大型CT设备进行现场检验监管

▲2021年1月26日，黄埔海关重量鉴定业务实训教学点在黄埔老港海关正式挂牌

（撰稿人：朱红坤　赵　辉）

口岸监管

【概况】2021年，黄埔海关监管货运量9,239万吨，同比减少6.2%。进出口集装箱标箱260.6万箱次，同比减少0.4%。监管船舶进出境（港）31,062艘次，同比下降26.1%；进出口转关单6.74万票，同比增长0.5%；跨境快速通关进出境车辆3.47万辆次，同比下降13.31%；监管进出境火车8,783节，增加46.1%，其中国际班列182班次、货运量10.41万吨，同比分别增长37.88%、15.82%。跨境电商进出口单证（含B2B出口报关单）4.6亿票，货值首次突破500亿，达到541亿，同比分别增长5.4%和44.6%。市场采购出口11.66万票，货值559.7亿元，备案个体户及企业共5,312家。关区共有监管作业场所55个，完成13个监管作业场所行政审批，其中注册设立新场所3个、变更申请办理7个、注销申请3个。

【物流监管】2021年，黄埔海关监管进出境运输工具6.59万辆次，登临检疫进境船舶3,675艘次，监管入境下船船员3,482人次，向地方联防联控机制移交、转运2,361人次。深化智慧监管建设，强化监管作业场所、运输工具、货物精准监控能力，实现正常货物无感通关、异常货物实时拦截和预警。推广应用智能卡口系统，覆盖19个码头的52条进出场通道，整体验放正常率稳定在97%以上；常态化运用"电子围网"监控未放行散货；完善智能装卸系统，覆盖3个码头40座岸线吊机；拓展智慧监管平台功能，初步形成一站式物流监控作业平台。稳步推进"船边直提""抵港直装"试点，联合广州港集团开发应用关港直装直提平台，共有30家企业的272票、737个进口集装箱通过该平台办理"直提"预约。全年车船直提进口货物362票、26万吨，过驳直提进口货物179票、196万吨，附条件直提进口粮食200票、559万吨，直装出口货物655票、77万吨。推进"三智"与共建"一带一路"高质量发展有机结合，支持开通中老、中越国际货运班列线路，推动广东首票中欧班列"铁路快速通关"业务在东莞石龙成功落地，提高境内段铁路进出口货物转关运输通行效率和便利化水平。全年监管国际班列182列、货运量约10.41万吨、货值约55.65亿元,同比分别增长37.88%、15.82%、6.73%。

▲2021年12月13日,广东省首票中欧班列"铁路快速通关"货物在东莞石龙顺利发运

【货物监管】2021年,黄埔海关强化查验规范性建设,组织制订监管工作指引及操作手册,定期开展查验工作监控,完善口岸监管工作机制,开展复查复验308次,执行机动查验任务49次。全年口岸事中平均查验时长0.95天,同比下降7.8%。查获口罩、新冠病毒检测试剂等防疫物资27.05万件,夹藏进口月饼1.3万盒以及花旗参、燕窝、奶粉、咖啡等食品54吨等各类重大案件。坚决打击"洋垃圾"非法入境。全年黄埔海关共查获非法进口固体废物31票、686.2吨;累计完成退运31票、437.99吨(其中4票为2020年查发)。组织对203票高风险非冷链集装箱货物新冠病毒采样消毒作业开展监督和检查,累计采集样品1,776个,外包装消毒货物3.20万件。支持市场采购等新型贸易业态健康发展,牵头制发黄埔海关市场采购贸易监管实施细则,建立协同监管工作机制,畅通"海陆空"多方位、立体化出口渠道,向800余家企业开展政策宣讲;联合地方商务部门推动联网信息平台建设,提高商品价格库的准确性和适用性,全年向地方商务部门发函通报2次,通报价格偏高企业13家,涉及数据74条。

【寄递类及行李物品监管】2021年,黄埔海关深化"五维联动"智慧监管改革,系统功能增加至67项,新增开发出口专项功能6项,通过系统实现"自动派岗""自动派单"功能;自动验核身份信息超2,300万条、拦截异常身份信息超10万条,身份信息不一致率由2020年的3.11‰下降至0.64‰;建立与集中审像、集约审核、风险、现场监管部门联系配合机制,优化布控率和选查率、分析布控查获多次违规情事;出台6份电商操作指引,规范跨境电商发展。"断链刨根"专项工作取得成效,约谈企业3家,通报风险信息9条,提交稽(核)查建议64条,系统拦截疑似身份虚假清单5,017票,发现异常问题货值约1,600万元。大力支持跨境电商B2B出口业务,解决海外仓出口企业疑难;"跨境电商新零售"项目、进口宠物食品在关区落地,在东莞市民广场落地"保税展示+跨境电商新零售"新模式,"6·18"期间实现首批宠物食品在穗东海关出区销售,做好电商大促的保障工作。11月1日至15日,共验放跨境电商进出口货值同比增长20.1%，创历史新高。推进进出境邮件嵌入式监管改革，全年监管出境邮件1,161.9万票，完成全国海关首批CT、X光机智能审图试点；强化实际监管，推动使用RFID功能并接入智慧监管系统实现暂存仓库智能化管理。创新行李物品智能化监管，改造旅检现场作业区，对接总署旅客通关系统人脸识别应用。加强货运、行李物品、运输工具及寄递渠道打击治理"水客"力度；登临检查查发来往港澳小型船舶船员违规携带物品情事2起；发现寄递渠道异常清单805份。协调各部门齐抓共管，建立健全打击治理"水客"走私长效机制。

【口岸监控管理】2021年，黄埔海关应用关区"三位一体"智慧监管成果，以"数据+视频"的方式，提升监控技术手段的智能化水平及监控的针对性。深入推动三级监控指挥中心实体化运作，通过组建高素质监控队伍、健全高效监控指挥联动机制、用好总署监控指挥平台、精准开展实战化监控，完整建立了"发现问题、解决问题、处置问题"的监控闭环，不断提升三级监控指挥中心实体化运作的效能。开展每日监控累计超过6,000小时，录入每日工作台账1,500余条，发现并处置监控发现问题370余件，自主查发货运渠道"水客"走私、船员私自下船等重大违规情事。持续开展新冠肺炎疫情防控专项视频监控，自2021年6月23日开展新冠肺炎疫情防控专项监控以来，下发通报105余期，发现并纠正各类问题370余项次，形成管理闭环，关区船舶登临检疫、货物采样、个人防护等作业规范性不断提升。

【国门安全防控及口岸监管环节安全生产】2021年，黄埔海关"扫黄打非"政治保卫作用取得新突破，建立"直属—隶属"两级联络员机制，初步形成领导小组协调推动，现场海关落实落细工作要求的监管体系。通过专项督导检查、实战演练、宣传活动等方式加强口岸监管环节反恐维稳，举办演练12场。落实拦截核生化爆等有害因子工作职责，完成防辐射探测设备入网并开展集中检测，口岸监测并拦截放射性超标物质272个集装箱（均为矿物），未发现涉恐异常情况。全年排查安全生产问题隐患288项，提炼形成突出问题隐患23个，制定整改制度措施229项，出台安全生产文件31份，制发协调函件10份，初步形成三级安全生产工作体系，完成专项整治三年行动集中攻坚。开展专项自查解决安全隐患47处，滞留场所的危险品货物集装箱数量同比下降76.3%。组织2,919人观看安全生产记录专题片，多渠道推送多篇安全宣传推文。推动地方安全生产联防联控发挥作用，依托相关部门处置监管区涉危货物23批、288.6吨，危化品包装泄漏情事4起。

【监管基础保障能力】2021年，黄埔海关支持企业申请设立海关监管作业场所、申建指定监管场地，指导场所升级改造，完成海关监管作业场所管理系统授权

20人次，黄埔海关监管作业场所行政审批业务在好差评系统中获百分百"好评"。全年完成63家次监管作业场所实地巡查工作，制订巡查工作表6份，对作业场所进行远程视频检查。对关区粮食、木材进出口业务的监管作业场所进行重点实地巡查，发现问题57个，制发整改联系单11份。承接总署智能审图制图任务，与广东省公安厅等单位沟通协调，开展枪械及其零配件、管制刀具等集中制图工作，开展集中制图4次，获取H986图像5,730幅、CT机图像2,112幅、X光机图像420幅。率先应用智能审图信息化平台，实现多层级智能审图数据对接，实施标图6,809幅，嫌疑图像转现场验核准确率达34.26%，同比提升5.84%；平均审图时效9.83分钟，同比减少10.20%。推动CT、X光机同屏比对工作，完成10个寄递现场改造工作。年内通过智能审图查获管制刀具187把，首次查获新冠病毒检测试剂盒3,600个，通过同屏对比查获违规出口国家重点保护野生植物冬虫夏草900克，危险品"冷媒"等商品一批。

▲2021年6月24日，黄埔海关关员开展枪支部件专项制图工作

（撰稿人：曾纪锐　傅　彬）

统计分析及政策研究

【概况】2021年，黄埔海关深入贯彻落实党中央、国务院经济工作重大决策部署，聚焦统筹做好疫情防控与促进外贸稳定增长，紧扣"统计+研究"，稳步推进政策研究与统计工作。牵头落实总署部署，开展4批13项重点产品专项调查研究；监测预警分析获相关刊物采用28篇，上级部门采用13篇，获上级领导批示10篇；宏观经济分析报告获总署形势分析专班例会采用7篇。制订黄埔海关"十四五"发展规划实施方案，助力海关事业发展。牵头完成5个、参与完成10个署级课题，顺利结题31个关级课题。落实党中央强化统计监督职能的重大决策部署，实施加强黄埔海关统计工作的14条措施，夯实统计基层基础工作；配合总署做好国家统计局延伸督察。完成国家重点国情国力调查项目"进口货物使用去向调查"，先行先试开展跨境电商地区口径调查。持续守牢数据安全防线，扎实开展《中华人民共和国数据安全法》学习宣传贯彻，制定完善黄埔海关业务数据管理制度。

【统计调查】2021年，黄埔海关靠前发力，做好统计调查。全年完成黄埔海关出口先导指数调查12次，辖区180家样本企业百分百及时填报；创新调查数据质量半年审方法和有效性分析，撰写报告20余篇；克服新冠肺炎疫情影响，搭建关、企和地方政府三方线上沟通平台，完成国家重点国情国力调查项目"进口货物使用去向调查"；完成跨境电商统计调查2次，形成黄埔海关跨境电商规模以上企业名录96家；先行先试开展跨境电商地区口径调查并形成经验参数，推动跨境电商以"企业为单元"的地区口径统计方法研究；开展"保税物流外向型仓储业态情况""区域外贸订单转移"等问卷和企业调研14次。

立足调查成果，扎实开展统计制度研究。牵头华南片海关完成"2022年统计商品目录转换与商品参数维护"工作、修订5个方面商品参数报表，并承担全国培训任务；参与撰写《海关统计调查实务手册（2021年版）》《中国海关统计制度方法》；参加总署关于"农药、种子"等相关商品参数口径研讨，提出29条建议；承担总署"海关统计专项调查调研系统"运行监测。

【贸易统计】2021年，黄埔海关优化参数管理机制，推动贸易统计审核与报关单数据审核职能集约与作业改革，确保统计数据准确性。全年黄埔海关结关报关单332万余份（记录条2,167.6万余条），检控贸易统计数据约411万条，下发核查12.6万条，发现处理各类问题数据3.5万条次，涉及金额43亿元；实施统计处罚131起。承担总署专项任务，开展全国新冠肺炎疫情物资数据每日报表审核和报告复核工作，共发现数据完整性差错8次，申报错误28次。经年审、半年审、专项核查，关区数据未发生重大或较大差错出门，数据质量保持在全国先进水平。

统筹黄埔海关不实贸易防控和口岸异动监测工作，实现对不实贸易的综合防控和精准打击。全年核查贸易真实性风险企业56家，35家高风险企业移交实地核查；上报处置数据记录2批次，涉及22家企业、出口额23亿元。约谈跨境电商和市场采购重点企业30余家，引导企业规范申报。

【业务统计】2021年，黄埔海关推进数据质量管控，开展业务分析研究。制订业务统计操作指引，建立常规审核与专项审核、月度数据与季度轮审相结合的数据审核模式，加强数据质量管控。全年审核业务统计指标数据6.7万条，修正差错指标数据400余条；推进总署业务统计指标新体系建设；围绕集装箱运价运力、中欧班列运行情况等开展专题调研；每月撰写关区形势分析会主要业务指标异动情况分析；围绕黄埔海关热点业务情况撰写文章和调研报告18篇，业务统计工作交流和监督信息25期；参与撰写的"两步申报"专题分析获署领导批示。

强化数据智能应用，提升业务运行监督效能。受总署委托建成涵盖7个监测模块的全国海关业务运行异动情况监测预警机制，完成"云擎"模型开发，实现实时监测。全年开展关区主要业务运行情况监控分析26次，发现13个风险点，形成数据监控和业务管理的良性互动。

【统计数据运用和管理】2021年，黄埔海关深入挖掘，拓展数据应用范围。建立黄埔海关通关时效"日监测、月通报"长效监控分析机制；建立黄埔海关进口动植物、食品、工业品抽检情况监控模型；协助关税等职能部门开展进出口异常监测分析及涉案信息研判。全年向黄埔海关相关部门提供通关时效监控数据300余批次，异常监测数据20余批次，形势分析数据200余批次；向"一市两区"提供外贸数据100余批次。

规范报关单数据管理，织密数据安全防线。细化黄埔海关业务数据内部使用、对外提供规范操作方案和流程，全年对内、对外办理业务数据指引180余次，督促7个业务应用系统数据安全模块完成整改；组织《中华人民共和国数据安全法》

学习和全员测试，通过率达100%；定期开展互联网数据安全监控，防范海关数据违规发布与泄露。牵头承担全国海关统计数据质量控制中心工作，协助总署完成业务数据管理办法、应用系统安全操作等5个指引的修订；牵头完成首批报关单业务指标目录的编制等工作。加强结关报关单证理单及档案管理，全年黄埔海关理单归档及时率超过99.9%；完成H2018新一代通关管理系统3.0版新理单子系统上线。结合口岸监管与外勤执法权力寻租专项整治活动，组织隶属海关完成对1,700余份报关单证档案调阅情况的风险核查。

【政策研究】2021年，黄埔海关立足"统计+研究"，聚焦稳外贸稳外资开展宏观经济研究。全年形成研究报告34篇，7篇被总署形势专班例会作为会议材料；牵头落实总署部署，开展4批13项重点产品专项研究；会同广东分署、广州海关开展"中美贸易数据对比和差距"专题研究，经总署编发专报，获上级领导批示；撰写总署形势分析研判专班工作材料及黄埔海关关区外贸形势分析材料；参与总署进出口情况新闻发布会的材料准备和数据发布后的舆情监测，协助总署优化新闻发布机制。

对标《"十四五"海关发展规划》，编制黄埔海关方案助力海关事业发展。全年参与总署《"十四五"海关发展规划》的编制工作；制订了黄埔海关贯彻落实《"十四五"海关发展规划》实施方案，形成44项重点任务和7条补充任务，进行任务分解，为黄埔海关未来5年发展谋出空间，打下坚实基础。

聚力辅助宏观决策，发挥政策研究智囊作用。全年黄埔海关共牵头完成署级课题5个，参与完成署级课题10个；31个关级课题顺利完成结题；编发《埔关政研》24期，《广东海关调研与统计》采编12篇；总署《海关政研》采用2篇研究成果。

【监测预警】2021年，黄埔海关以重点课题为突破口，做深做细做实统计监测预警。全年共上报《黄埔海关统计监测预警分析信息》344期，各类专题报告225篇次；其中获相关刊物采用28篇，上级部门采用13篇；参与撰写《中美第一阶段协议执行情况》《"十三五"期间中国对外贸易发展报告》《入世20年中国外贸发展报告》《中国四季度及明年一季度外贸进出口预测报告》等稿件；跟踪监测每月全球主要经济体市场份额以及中国商品全球份额变动情况，形成的《统计工作专报》

▲2021年9月13日，国家统计局2021年第8统计督察组到黄埔海关开展统计督察

获上级领导批示。

以贸易调研为抓手，充分发挥统计服务职能。全年多次走访广州市黄埔区、东莞市有关政府部门、人民银行东莞市分行、行业协会等单位，定期通报"一市两区"外贸进展情况；对近700家企业开展调研并形成专题报告，获广东分署要情采用76篇，广东分署专报采用11篇，广东省委省政府采用10篇，广东省领导批示26篇次。

（撰稿人：封萌芳）

企业管理

【概况】2021年,黄埔海关全面落实《"十四五"海关发展规划》,加快构建以信用管理为基础,分类分级精准高效、全链条的协同监管新模式,深化"放管服"改革,优化营商环境,提升监管效能,完善风险防控机制,各项工作有效推进。截至2021年年底,黄埔关区共有备案报关单位(收发货人、报关企业等)5.2万家,同比增长9.39%。关区共办理备案作业7,147宗,变更作业7,758宗,注销作业2,695宗。关区高级认证企业220家,占比为0.4%,有进出口业务的高级认证企业217家,占比为98.6%;关区高级认证企业进出口额9,643.07亿元,同比增长10.32%,占关区总进出口额的40.28%。

认真落实重大决策部署,持续优化营商环境。主动参与"一带一路"沿线国家(地区)贸易企业专题调研,针对重点企业多次举办政策宣讲会,加大培育力度,通过优先办理、减少监管频次、缩短办理时间等途径落实通关便利措施;立足关区手机制造产业集聚优势,以龙头企业为核心,对其上下游合作企业,实施"一企一策一账"精准培育;对接地方政府"专精特新"(专业化、精细化、特色化、新颖化)中小企业,形成专项培育计划,提供精准服务支持,建立省级"专精特新"企业认证培育库。

深入落实"放管服"改革,有效激发企业活力。推动"证照分离"和"注销便利化"开展,全面推行"容缺受理"机制;推动落实与广州海关"一窗通办"线下业务,实现企业跨关区线下递交进出口货物收发货人注册登记"一窗通办";加强企业注册信息核对工作,依托大数据手段,对企业注册信息的综合分析,加强内外协同监管,整合执法资源,实现"进一次门、查多项事"。

进一步夯实内控基础,持续推动企业管理作业规范化。优化机制建设,制发黄埔海关企业管理业务运行监控封闭管理工作机制,对企业备案、信用等级调整等业务条线,认真开展自查自纠,针对相关风险点举一反三,逐一提出具体防控措施加以整改提高;加强日常实时监控,突出对高风险内控节点指标落实情况的监督检查。2021年运用HLS2017平台和事件管理平台制发监控核查联系单13份，业务协调联系单106份，发现问题18个并及时处置。

【企业资质管理】2021年4月，黄埔海关在黄埔老港海关、黄埔新港海关、穗东海关和增城海关等4个隶属海关业务窗口和广州海关9个业务现场同步开设进出口货物收发货人"一窗通办"业务。开展跨境电商进口走私"断链刨根"专项整治，共验核电商企业663家、物流企业27家。是年，开展报关单位营业执照注销、吊销状态常态化管理，对总署下达的1,538家营业执照注销、吊销状态的报关单位开展甄别和处置。优化"多证合一"信息采集技术方案，将报关企业纳入"多证合一"范畴、完善进出口货物收发货人申请模式，办理"多证合一"备案89宗。将出口食品原料养殖场、出口食品原料种植场（供港澳蔬菜种植基地）、供港澳蔬菜生产企业、出口食品生产企业及出口化妆品生产企业纳入部门间"联合抽查"和"定期管理类"核查，对关区480家企业完成注册信息核对工作。

【企业信用管理】2021年9月13日，总署制定《中华人民共和国海关注册登记和备案企业信用管理办法》，于11月1日施行。为做好新旧办法衔接，黄埔海关分层级有针对性地开展对企政策宣讲4次，1,100余家企业参加，确保新旧信用管理办法平稳过渡。是年，运用培育模式"分层式"、培育体系"外延式"、培育课件"情景式"、追踪反馈"闭环式"等方式开展企业认证培育，有效提升培育效果。完成关区147家企业守法规范性信用培育，包括95家"专精特新"企业。对94家拟申请适用认证企业管理的企业开展"一对一"认证培育。全年黄埔海关新申请高级认证企业49家，通过认证企业36家。在确保认证企业质量的前提下，持续增加关区认证企业数量；同时，以信用培育形式对纳入年内总署重新认证名单的45家高级认证企业开展评估，对企业存在的问题积极帮扶，实地培育。全年各种渠道接受并答复250余家企业关于报关差错、关税政策、价格申报和新冠肺炎防疫物资通关进口等各方面问题311宗，及时办结率达100%，得到企业好评。组织开展对关区认证企业优惠便利措施清单优化、补充工作，梳理拟发布实施的认证企业优惠便利措施27条；建立季度通报、汇总机制。

▲2021年4月28日，黄埔海关在黄埔区政府召开认证企业便利化措施宣讲暨颁牌仪式

（撰稿人：向　彬　刘　莉）

稽（核）查

【概况】2021年，黄埔海关落实全国海关稽查改革部署，树立稽查查发导向，突出发挥查发、打击进出口违法行为的作用，持续优化关检融合"多查合一"后续监管机制，积极履行关区海关稽查、核查职能管理职责，全关稽查部门共办结稽查执法事项770宗，核查部门共办结核查执法事项1,951宗，进一步筑牢国门安全后续监管防线。

黄埔海关持续创新稽查执法方式，进一步减轻企业配合成本。推广"互联网+"方式开展非接触式稽（核）查，方便企业网上递交资料、主动披露、会谈磋商、接收法律文书、查询办理进度等。全年黄埔海关稽查部门开展全程网上稽查17宗，开展全程网上核查198宗；拓展企业主动披露业务，引导企业守法自律，办理企业主动披露事项188宗；依法为企业减免滞纳金570万元。优化引入社会中介机构参与海关稽查制度，拓展引入范围至检验检疫业务领域。全年引入中介机构协助开展稽（核）查事项44宗。加大稽（核）查执法作业统筹力度，对186项稽核查执法行动进行合并作业，对相关企业的下厂检查频次减少50%。

按照总署企业管理和稽查司委托，主办完成"深化关检融合，构建社会主义现代化海关稽查体系"总署课题研究工作。新增承担关区属地查检外勤执法执行管理职责，制定加强和规范属地查检外勤执法工作相关措施，明确属地查检外勤执法领域职责分工、联系配合、规范指令管理和执法操作等。

【海关稽查】2021年，黄埔海关聚焦国门税收风险和安全准入风险，组织开展一般贸易、保税加工和保税物流、跨境电

▲2021年9月14日，黄埔海关所属太平海关稽查人员到辖区企业开展稽查

商等涉税风险企业和检验检疫风险企业稽查行动。组织开展近三年进口固体废物企业专项稽查行动，涉及企业12家；组织开展两轮进口再生金属专项稽查行动，涉及企业36家；开展贸易型企业行业性稽查，涉及企业186家；组织开展出口蔬菜食品专项稽查行动，涉及企业12家；开展打击跨境电商进口走私"断链刨根"专项行动，组织开展稽（核）查事项46宗。

【海关核查】2021年，黄埔海关推进分类核查改革，监督规范企业合规经营，全关核查部门整改企业不规范行为654项。根据总署企业管理和稽查司统一部署，黄埔海关稽查处推进政府部门间联合抽查，与广州市和东莞市市场监督管理部门实施部门间联合抽查执法作业48宗，实现"进一次门、办多项事"；推进"核查领域采信第三方出具报告制度""企业自查结果认可"模式改革试点，提高执法效能。

【属地查检】2021年，黄埔海关共实施进出口货物属地查检4.84万批次，其中，进口目的地检查1.41万批次；出口申报前监管3.43万批次。推进属地查检业务集约化改革，依托原有车检场设施，建立4个属地查检中心，实现货物进场"随到、随检、随放"，提高查检工作效率。落实安全生产要求，加强进出口危险品查检监管。全年全关属地查检部门实施进出口危化品监管8,211批次，其中进口危化品监管1,360批次、出口危化品监管6,851批次。

（撰稿人：王晓亮）

查缉走私

【概况】2021年,黄埔海关缉私局刑事立案340宗,案值161.76亿元;行政立案2,084宗,案值81.65亿元。贯彻落实习近平总书记有关重要指示批示精神,组织开展打击"水客"走私专项行动,查证案值1.24亿元;完成"1·17"特大象牙走私案后续追逃工作;打掉5个濒危木材走私团伙,查证走私进口刺猬紫檀、交趾黄檀约1.4万吨,被联合国环境规划署授予"亚洲环境执法奖";刑事立案固体废物走私案8宗,查证走私固体废物5,793吨。11宗刑事案件被总署缉私局列为挂牌管理案件,获总署、公安部领导批示12次;打私战果被中央电视台等主流媒体报道109篇次;与烟草部门、地方公安联合查获无合法来源香烟1,927万支。全面推行刑事案件办理"两统一"工作机制。

【打击涉税走私】2021年,黄埔海关缉私局持续打击成品油、卷烟、汽车、矿产品、高档消费品等重点涉税商品走私,打击偷逃税额巨大、危害严重的行业性团伙性走私。立案侦查涉税案件211宗,案值49.48亿元。

打击"水客"走私,组织开展打击"水客"走私专项行动,全年打击"水客"走私立案29宗,案值约1.24亿元。

打击重点涉税商品、农产品、危化品等走私,立案侦查走私进口二手挖掘机案16宗,案值约4.96亿元;立案侦查走私雪茄案11宗,案值约1,986万元;立案侦查走私香烟案4宗,案值约112.72万元;立案侦查走私红柴油案36宗,查获走私红柴油3.17万吨,案值约1.91亿元;立案侦查走私农产品案1宗,查获伪报原产地走私进口花生仁554吨;立案侦查走私榴梿等果蔬案4宗,案值约8.91亿元。立案侦查走私出口危化品案5宗,案值约1,018

▲2021年11月3日,黄埔海关缉私局开展打击走私进口二手挖掘机专项行动

万元，查证涉嫌走私水银26.07吨。立案侦查废金属案48宗，案值约25.37亿元，查证走私进口废金属7.72万吨。

【打击非涉税走私】2021年，黄埔海关缉私局立案侦办非涉税案件129宗，其中，走私国家禁止进出口货物案件68宗，走私废物案件54宗，走私珍贵动物制品案件2宗，逃避商检罪案件3宗，走私毒品案件1宗。参与"大地女神"第七期国际联合行动，根据总署缉私局的统一部署，做好专项行动组织推进。开展"蓝天2021"专项行动，刑事立案8宗，案值1,322万元，查证涉案废塑料5,793吨。严厉打击象牙等濒危物种及其制品走私，立案侦查走私珍贵动物及其制品罪案件2宗，查获涉嫌走私犀牛角丝1,130克、犀牛角966克；侦办走私国家禁止进出口木材案37宗，案值9,982万元，查证走私进口刺猬紫檀、交趾黄檀约1.4万吨。严厉

▲2021年11月18日，黄埔海关缉私局开展打击低报价格走私进口木材专项行动

打击涉枪涉毒走私行为，参与"国门勇士2021"集中缉枪行动查获水弹枪等一批，在打击涉毒"寄递渠道百日攻坚行动"中现场查获新型毒品224粒；与广州、东莞两地公安机关刑侦部门建立打击枪爆违法犯罪联系配合长效机制。开展"护卫2021"专项行动，成立境外追逃处置工作专班，抓获"1·17"特大象牙走私案在逃嫌疑人。

【打击水上走私】2021年，黄埔海关缉私局查获水上走私违法案件54宗，案值约1.1亿元。查扣涉嫌走私红油523吨，查获无合法来源香烟1,927万支，查扣涉案船舶58艘。贯彻落实习近平总书记重要指示批示精神，按照中央领导批示要求，根据总署、公安部、中国海警局、广东省人民政府、全国打击走私综合治理办公室等部门打击治理珠江口水域走私行动部署，加强与广州、东莞市政府及相关执法部门联系配合，自10月12日起开展为期3个月的打击治理粤港澳海上跨境走私联合行动。加强与广州、东莞市地方公安、海警等执法部门的协作配合，与东莞海警局签订执法互助协议，与东莞市烟草专卖局成立联合执法办公室。针对辖区水域走私突出问题，参加"潮涌""猎鲨""破船""清港清湾""海啸"等联合行动16次，查获"三无船"30艘、大马力快艇100艘。开展水上练兵和"以战代训"工作，参加全国公安机关海关缉私部门水上缉私实战大练兵比武考核比赛，取得实战查缉、知识竞赛和团体总分3项第一名，获团体一等奖。

【行政处罚】 2021年，黄埔海关缉私局办结一般行政案件1,259宗，办结"两简"案件（简易程序案件、简单案件）997宗，执行完毕行政案件940宗。全年一般程序案件平均办案周期为91.75天，同比下降16.46%。全年办理行政争议案件25宗，年度新增复议诉讼案件13宗，参与化解执法争议5宗。

【全员打私】 2021年，黄埔海关坚决贯彻落实习近平总书记重要指示批示精神，全面落实总署党委"1+6"制度规定和打私工作决策部署，建立"缉私指导、风险抓总、职能牵头、现场承接"全员打私工作机制，完善全员打私绩效评估实施办法，层层压紧压实责任。在统筹抓好新冠肺炎疫情防控工作的同时，积极构建防控、监管、打击一体化的海关打私体系。全年海关业务部门查发行政案件1,973宗。

【综合治理】 2021年，黄埔海关缉私局与烟草部门、地方公安开展联合查缉，查获无合法来源香烟1,927万支，以及激光打码机、无线电干扰器等作案工具。

与公安、税务、人民银行等部门联合打击虚开发票、骗取出口退税活动，提升执法综合效果。与国家税务总局驻广州特派办稽查大队开展打击联合虚开增值税发票行动，地方各税务部门根据黄埔海关缉私局移交线索行政立案14宗，涉及虚开税额6.5亿元。

11月12日，黄埔海关缉私局被联合国环境规划署评选为2021年度"亚洲环境执法奖"合作类获奖者之一，联合泰国、越南海关获评"亚洲环境执法奖"合作奖。11月30日，联合国环境规划署在北京举行"亚洲环境执法奖"颁奖仪式，授予黄埔海关缉私局"亚洲环境执法奖"。

【国际执法合作】 2021年，黄埔海关缉私局在总署缉私局的组织、指导下，先后4次参加联合国毒品和犯罪问题办公室组织的，泰国海关、越南海关及英国海关参加的国际反走私会议。4月19日黄埔海关缉私局在泰国海关和越南海关协助下，打掉2个走私濒危植物的犯罪团伙，查证犯罪团伙骗取进口许可证走私进口濒危植物交趾黄檀2,013吨、价值7,258万元，濒危植物交奥氏黄檀475吨、价值465万元；现场查扣交趾黄檀29吨、价值400余万元。此外，在总署、公安部、外交部和总署缉私局的大力指导协调下，黄埔海关缉私局通过中马、中非双边警务合作机制，将"1·17"特大象牙走私案犯陈某、胡某抓获归案。

（撰稿人：周春晖　高　赛）

第五篇 综合保障

政务管理

【概况】 2021年，黄埔海关始终将政治机关建设摆在第一位，加强政务管理能力建设，持续提升践行"两个维护"制度化和规范化水平，推动习近平总书记重要指示批示精神和党中央决策部署在全关落地落实。发挥政务枢纽作用，推进会议管理、公文处理、督查督办、保密档案等工作，保障全关各项工作高效运行。强化政务品牌培树，政务信息、政务公开、新闻宣传等工作成效明显，全面展示黄埔海关形象和工作成果。值班应急值守工作规范有序，全年未发生重大突发事件。从严从实抓好新冠肺炎疫情内部防控工作，未发生内部人员染疫情事。

全年，3人被评为全国海关保密工作劳动模范，1人被评为广东省保密工作先进工作者，2个单位被总署评为信息工作先进集体，4人被评为全国海关优秀信息员。

【应急值守】 2021年，黄埔海关扎实做好关区应急值守工作，全年值班应急工作情况正常，未发生重大突发事件。紧盯元旦、春节、五一、中国共产党成立100周年、中秋、国庆等重要时间节点，明确应急值守工作要求，落实三级值带班制度和24小时专人值班制度。加强值班检查和通报，每日开展全关值班室"全覆盖"检查，并将检查情况纳入绩效考核。推动黄埔海关总关机关及13个隶属海关建立值班与安保联动机制，将应急响应关口前伸至办公生活区域安保第一线，提升突发事件应急响应速度。落实重要事项第一时间报告制度，总署相关刊物采用5篇。

【政务信息】 2021年，黄埔海关认真贯彻落实总署党委部署要求，聚焦中央关心、总署关注、社会关切的重点热点，优化工作机制，创新工作方法，提升信息工作质效。立足海关职能，围绕中心大局和海关重点工作，及时开展分析调研，被总署相关刊物采用38.5篇。密切关注关区业务改革、政策落实、服务外贸稳增长、打击走私等重点工作，总结提炼特色经验做法，提出决策参考建议，被总署相关刊物采用203篇，署领导批示9篇次。牢固树立精品信息意识，推动关内信息减量提质，编发关内各类政务信息载体348期，获关领导批示93篇次，同比增加45.3%，信息工作辅助决策功能有效提升。

【会议管理】2021年，黄埔海关加强统筹协调，强化推动落实，切实推进精简会议数量、提升会议效能。认真落实精简会议、改进会风要求，严格执行会议审批制度，减少会议数量、控制会议时间、提高会议质量。落实"第一议题"制度，规范"第一议题"收集和整理。全年历次党委会、形势分析及工作督查例会均将学习贯彻习近平总书记重要指示批示精神作为"第一议题"，推动黄埔海关坚决落实"两个维护"规范化、制度化、体系化建设。提升形势分析及工作督查例会规范性，开展"第一议题"和例会制度落实情况"回头看"，检查隶属海关例会制度落实情况，制发13份提醒函，推动例会制度落实到位。

【公文处理】2021年，黄埔海关坚持准确规范、精简高效、安全保密办文原则，提高公文处理效率和办文质量，科学有序开展机关收发文处理工作，未发生延误或错发、漏发情事。聚焦提高机关发文办理质效，组织开展覆盖全关的发文办理培训，落实发文审核多人复核、唱校机制，加强对发文稿件的立场、表述、意志进行政治性审核把关，健全完善分级分类错情考核评比及通报机制，全年重要文稿未出现政治原则性错误。围绕"精简文件"目标任务，加强发文统筹管理，严格控制发文层级，实施发文数量动态监控。规范重要文件批阅批办的批注和时限要求，建立健全常态化检查通报机制，全年累计制发通报6期，推动将文件精神贯彻落实到位。

【督查督办】2021年，黄埔海关从实从细抓好督查督办工作，推动各项工作更快更好落实。全年督办关党委会、形势分析及工作督查例会、与地方政府联席会议等议定事项及主要领导批示581件。围绕疫情防控、打击"洋垃圾"和濒危物种走私、落实中央八项规定精神等13个方面重点工作开展督办，深入基层单位开展实地督查40次，全面掌握重大决策部署在基层贯彻落实情况。围绕重点工作任务及落实措施，持续推动过程管理精细化，年度关区重点工作任务均按期完成，对关党委部署事项进行清单式台账管理，强化月度日常督查和季度重点工作任务督查，督促相关部门加强工作分析和总结提炼，逐个督办、逐项销号。坚持问题导向，建立关领导调研发现问题台账并纳入督办，督促相关部门研究提出解决措施，全年共推动各单位解决问题162个。围绕中央为基层减负工作总要求，出台解决形式主义突出问题为基层减负具体措施16条，推动精简、合并相关材料和检查，合计精简材料报表9类，压减日常督办检查考核频次。拓展督查结果运用，提出改进工作的对策建议，督促有关部门持续补足短板、堵塞漏洞，举一反三解决同类问题，全年推动相关部门出台规范性管理制度12项。

【保密档案】2021年，黄埔海关坚持党管保密、党管档案原则，压实保密工作责任，强化网络保密、定密管理、涉密人员管理，开展宣传教育，加强督促检查和整改。严格做好保密室、档案室建设，牵头完成涉密载体和档案的搬迁，做好涉密人员政治审查和保密教育，依法确定国家秘密和开展解密清理工作，落实涉密会议活动保密管理，开展关区保密自查自评、保密档案安全工作大检查，规范直属事业单位的保密、档案管理，督促整改落实，完成中国共产党成立100周年活动的安全保密保障工作。在科研、基建、巡察等专业档案中开展随办随归档案归档工作试点，收集500余卷各门类档案入库保管，开展新冠肺炎疫情防控档案资料收集整理，两件抗击新冠肺炎疫情档案资料在海关系统首次被中国国家博物馆正式收藏。

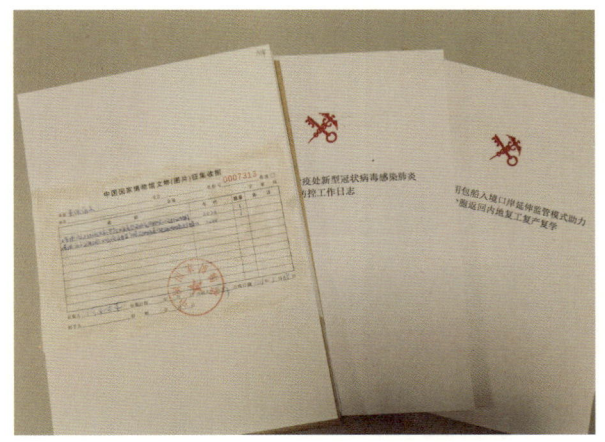

▲2021年3月18日，黄埔海关两件档案成为全国海关首批被中国国家博物馆正式收藏的海关抗击新冠肺炎疫情见证物

【政务公开】2021年，黄埔海关聚焦营商环境优化，立足新发展新理念，积极推进政务公开和政务服务，打通服务企业群众"最后一公里"，年度政务公开考核、各季度门户网站考核获满分。紧贴群众关切，加强热点梳理，提升回应效果，12360服务新媒体发布稿件886篇，解答留言7,000余条，总署采用稿件112篇，同比增长117%。制订主动公开基本目录，梳理9类33项公开内容并向社会公开，开展隶属海关政务公开工作专题调研和结果运用，夯实基层政务公开标准化规范化建设基础，全年共受理信息公开申请16份，处置信访事项30宗。立足政务网、门户网站及新媒体平台，打造渠道丰富、响应及时的线上综合服务平台，门户网站业务咨询平均办理时长在1.5个工作日内。持续提升12360服务热线水平，全年人工接听来电3.73万个，答复准确率100%，编制12360服务热线工作动态12期。

▲2021年12月16日，广东省12345政务服务便民热线于黄埔海关分中心挂牌

【新闻宣传】2021年，黄埔海关认真落实"应宣尽宣"工作要求，紧紧围绕中心工作和重点任务，积极宣传关区贯彻落实习近平总书记重要指示批示精神、全力

维护国门安全、强化监管优化服务、促进外贸高质量发展等方面的工作成效。全年共编发各类新闻稿件244篇次，各级主流媒体采用超863篇次。其中，中央电视台各栏目、广东卫视、《人民日报》、《经济日报》、《经济参考报》等省级以上媒体报道540篇次；"海关发布"微信、微博、抖音累计采用365篇次；总署《海关影像》微视频播出5部；《中国海关》《金钥匙》等杂志期刊报道31篇次。报送舆情线索被总署采用76条，协助总署编辑《舆情要览》23次，开展舆情专项工作、编辑舆情综述等稿件79次，编发黄埔海关《舆情参考》11期。

（撰稿人：王　颇）

财务管理

【概况】2021年，黄埔海关坚持政治统领，贯彻落实中央和总署重大决策部署，提升理财水平和财务管理能力，发挥"把方向、管大局、保落实"作用，保障海关业务正常运行，改善基础民生，推进队伍建设。构建新海关预算保障机制，推行预算绩效管理，压减行政支出，过好"紧日子"，全年物业管理费同比下降26%、物业零星维修费压缩20.1%、水电等公用支出同比下降13%，获得"广州市排水单元达标单位"称号。保障重点领域支出，统筹新冠肺炎疫情防控资金4,056.49万元，加强新冠肺炎疫情防控物资储备，配发充足的防护物资和专用设备。落实减税降费政策，查发社会企业违规收费情事1起，规范内部管理环节20个，停止开展行政执法权力相关业务1项，清算经营主体2个。守卫非传统领域国门安全，完成涉案财物处置525票，涉及金额3,109.64万元，建立走私冻品移交地方政府处置机制，牵头开发并试点运行新版海关涉案财物管理系统和智能仓储管理系统。完成大沙地办公区的置换、修缮及搬迁工作，改善办公条件及生活环境，降低行政运营成本。

【税费财务管理】2021年，黄埔海关依法履职开展综合治税，与关区范围内国库核对税收日报表3,237份。规范开展税收入库、退库等调账工作。完成年度税收征管任务，全年核销税款入库1,274.05亿元，同比增长8.58%。常态化清理往来款项，形成按月对账、及时清理的联系配合机制，定期稽核、清理逾期保证金。

【预算管理】2021年，黄埔海关推动发展和保障民生，统筹资金加强新冠肺炎疫情防控、国门安全、海关监管、打击走私、减税降费、优化营商环境等重点工作，完成公务员养老保险改革清算工作，推进医疗保险改革，实现与社会保障体系并轨。推行预算绩效全过程管理，完善事前绩效评估集中，引入社会第三方机构参与评审，项目事前评审覆盖率达到100%；强化过程管理，实施预算执行和绩效完成情况"双监控"，及时纠偏和调整政策，对全关127个项目开展绩效自评，优良率达到98.06%；开展2个重点项目绩效评价和1个隶属海关整体支持绩效评价，建立绩效评价结果与年度考核、预算安排相挂钩的管理机制。全面实施预算绩效管理，在财政部广东监管局举办的中央驻粤预算单位预算财务管理培训会议上作为三个代表单位之一，向驻粤89家中央预算单位介绍预算绩效管理经验做法。

【经费管理】2021年，黄埔海关投入防疫专项资金做好常态化新冠肺炎疫情防控，维持防护物资具备45天弹性库存。聚焦"过紧日子"，保障国门运转刚性支出，一般性支出统一压缩18%。助推乡村振兴，投入70万元资金改善定点帮扶村的生态宜居环境，保障驻村干部在村工作期间的工作和生活。开展项目储备建设，建立本级自主安排项目库，全年入库项目18个，用于业务改革、专项工作开展等。改变差额预算模式，将年度预算全额划拨到各隶属海关缉私分局，压实预算执行主体责任，运用零基预算理念，优先保障打击走私办案需求，支持"蓝天行动"、打击濒危物种走私、打击出口医疗物资走私等重大行动办案经费，保障公安网缉私信息化建设；统筹地方专项资金建设"黄埔缉私云"大数据资源池，完善办案中心视音频采集专区功能，贴近实战要求改进水上情报指挥中心、合成作战室的各项功能，打造无缝对接、快速打击的日常指挥作战模式。

【企事业财务管理】2021年，黄埔海关优化所属企事业单位布局结构，完善治理体系，注销2个经营主体、1个非独立法人企业单位，同步优化所属企事业单位的业务结构和股权结构，实现事业单位所属企业的业务脱钩、机构脱钩、财务脱钩、人员脱钩。开展口岸环节检疫处理业务检查，采用现场检查、过程检查、收费检查等方式，规范所属企事业单位以及社会企业在关区范围内开展的检疫处理业务。检查发现1个问题，杜绝指定服务、设置壁垒或为特定企业提供便利等不公平的市场竞争行为，整治利用海关影响力收费、"贴着海关发财"、打着海关旗号开展业务、损毁海关名誉等问题。全面梳理所属企事业单位的经营业务和对外投资情况，注销进出境检疫处理业务资质，停止开展进出境检疫处理业务。针对所属企事业单位的全部经营项目开展违规"乱收费"专项检查，建立定期梳理、定期对账、定期核查的常态化管理体系。

【政府采购管理】2021年，黄埔海关强化政府采购管理，进一步规范采购业务职责权限，优化采购管理流程，提高采购质效，全年下达采购任务270项，完成采购任务211项，采购资金节约率达到8.53%。落实"过紧日子"要求，做好装备设备购置规划，严格控制新增资产配置，提高重大监管设备、科技设备配置效率及使用效能，提升口岸监管能力、动植检检测能力、实验室实验能力。实施新冠肺炎疫情防控常态化保障，关注新冠肺炎疫情防控形势和要求，按照45天需求数量做好物资储备。全年采购入库新冠肺炎防疫物资271万件、专用设备72台，核拨新冠肺炎防疫物资332.56万件，保障全员新冠病毒核酸检测试剂17万份。

【基建管理】2021年，黄埔海关组织实施在建及新增基建项目14个，其中基本建设项目5个，维修改造项目9个。助力精准扶贫工作，克服异地施工困难，完成定点帮扶村工程建设，提升村容村貌。建设的黄埔海关关区缉私业务技术用房获"广东省建设工程金匠奖""广东省建设工程优质奖"等奖项。统筹推进黄埔海关国际旅行卫生保健中心维修改造，增强疫情防控力量。搬迁黄埔海关机关办公楼到大沙地东路333号，降低行政运营成本。

【资产管理】2021年，黄埔海关加强资产规范管理，完善资产管理调剂平台，关区范围内调剂利用资产，发挥资产使用效益；加大资产报废处置力度，通过国有资产处置平台分批公开处置已批准报废的技术设备等资产，淘汰冗余低效资产；及时做好资产更新补充，有效保障业务工作需求，促进资产结构逐步优化。

（撰稿人：李　鑫）

科技发展

【概况】2021年，黄埔海关深入贯彻习近平总书记关于科技创新的重要论述，坚持党对海关科技工作的领导，全面落实总署党委加快推进科技兴关部署，发挥科技在把关服务、国门安全等方面的支撑引领作用，保障全年各项工作任务高质量完成。贯彻落实总体国家安全观，安全防控体系不断完善；贯彻"三智"理念，推进海运智能大通关和智慧监管物流监控优化升级，实现进口货物"船边直提"、出口货物"抵港直装"，提升跨境贸易便利化水平。

结合"我为群众办实事"开展科技人员跟班作业活动成效明显。推动解决署级及关级科技应用问题136个，一线科技获得感持续提升；完成大沙地修缮项目信息化保障工作。科技创新引领能力不断提升，业务科技深度融合发展。推进8项改革任务配套信息化建设；将业务操作指引嵌入H2018新一代通关管理系统等业务系统，实现业务制度和岗位操作指引智能化管理；完善"五维联动"智慧监管系统助力"断链刨根"专项整治；率先推进三级监控指挥中心实体化运行，打造"三链合一"全景式监控黄埔特色；推进"互联网+"迭代升级，融合人脸识别、二维码等技术提升企业在线办事体验；推进智能审图信息化平台试点应用取得良好效果。提高实验室检测和管理水平。运用"科技+"推进抽取样送检工作"全流程、进系统、可追溯"，优化送检流程；落实落细实验室全链条管理，守好国门生物安全防线。提升科研攻关和成果转化水平。完成署级科研项目5项，获总署立项4项；参与建设省部级科研项目10项，在全国海关首次

▲2021年，黄埔海关在全国海关首次科技成果评定工作中获评署级一级成果1项，二级成果2项，三级成果2项证书

科技成果评定工作中获评一级成果1项，二级成果2项，三级成果2项。

【信息化建设】 2021年，黄埔海关坚持创新驱动，新技术应用成效明显。完成2个署级科研课题的验收，课题研究成果成功推广应用至海运口岸物流监控和涉案财物仓库管理等业务场景，受到总署等多方好评。完成海运智能大通关改革等8项改革任务配套信息化建设。创新科技手段实现业务制度和岗位操作指引智能化管理，在各作业环节提供对应岗位的操作指引供用户参考；推进海运智能大通关改革，提升跨境贸易便利化水平，深入推进进口货物"船边直提"、出口货物"抵港直装"，优化完善智慧监管、智能卡口、"互联网+海关"等相关信息系统7大项功能，实现跨境贸易各关联方信息共享；优化智慧监管物流监控，推动构建监管作业场所、运输工具、货物"三位一体"智慧物流监控体系，整理完善智慧监管、智能卡口、"互联网+海关"、电子围网、全景监控、智能巡场机器人等信息系统，建设海物平台和智慧监控消息中心，增强海运口岸智慧监管监控预警能力；完善"五维联动"智慧监管系统，在跨境寄递进出口全领域应用智慧监管系统；探索实验室法定检测业务全链条智能管理，推进法检全链条"进系统、标准化、留痕迹、可追溯"，依托"互联网+海关"实现了取样送检环节信息公开；深化检验检疫信息化应用，构建检验检疫业务运行管理辅助应用体系，完善供港蔬菜智慧监管应用、检疫处理管理应用、检验检疫证单辅助应用建设；在全国海关第一个完成三级监控指挥中心实体化运行，完善口岸综合监控指挥体系项目建设，打造信息链、数据链、视频链"三链合一"全景式监控黄埔特色，形成"发现问题、分析问题、处理问题"的闭环；推进智能审图信息化平台试点应用，提升智能审图算法优化迭代的效率和应用效果。

【实验室管理】 2021年，黄埔海关持续提升实验室检测能力。加快移动实验室建设，科学配置实验室仪器设备，运用"科技+"推进抽取样送检工作"全流程、进系统、可追溯"，实验室资质能力扩项取得新进展，切实提升法检项目自检率，平均检测时长压缩22.4%。移动"P2+实验室"投入应用，病原检测方法增加110种。实现实验室全链条管理，完善机电设备、化学试剂、危化品、病原微生物和废弃物使用管理制度，设立与工作相适应的多项安全管理规范。强化实验室检测技术支撑，扩充35项蔬菜农产品检测项目，打造粤港澳大湾区"菜篮子"通关（增城）便利区、东莞供港蔬菜监管中心。推进黄埔海关智慧实验室管理系统试点应用，完成"智能报检"等相关系统功能正式上线及试运行，实现关区内法定检验报检登记业务的智能化处理及相关业务数据的归口集约化管理，有效提升现场用户体验。

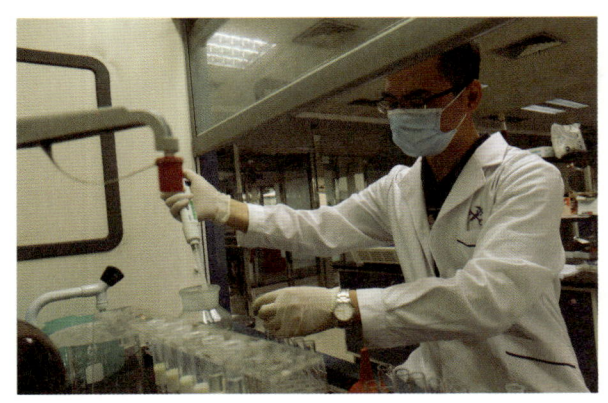

▲2021年国庆假日前夕,技术中心技术人员开展供港澳蔬菜检测

【科研管理】2021年,黄埔海关推进科研成果加速转化。完成署级科研项目5项,获得总署立项4项;参与省部级科研项目10项。发表综述论文17篇,中文核心期刊论文6篇,获实用新型专利5项,申请发明专利11项,参与SN标准制定1项。荣获中国仪器仪表学会、中国商业联合会、中国轻工业联合会科学技术进步奖4项。强化总体设计,抓好科技规划引领科研方向。制订《贯彻落实〈"十四五"海关科技发展规划〉实施方案》,设置科技发展主要指标5项,围绕全面建成智慧海关、升级信息化技术基础、优化实验室资源布局、着力开展科研攻关、完善科技管理体系5方面提出重点工作任务22项。以科研项目为牵引,促进成果转化。依托海关物联网创新实验室、国家检验检测重点实验室等创新载体,以总署科研项目、广东省科研项目、关级课题为牵引,围绕信息化、动植检、商品检验、风险防控等领域,聚焦业务一线急需和技术空白,组织开展科研攻关,持续向创新要管理、要效能、要人力。探索科技管理新机制,加强科技创新人才培养。探索实行"导师制"科研工作新模式,充分发挥总署专家牵头带动作用,鼓励青年科技人才承担省部级科研项目,11名35岁以下青年参与到总署科研项目建设。加大科技专家培养力度,26名同志入选总署科技委及其分专业委专家,3名同志入选广东省科技厅专家库。加强与兄弟海关、高等院校开展科研合作,与昆明海关、沈阳海关、大连海关、中国海关管理干部学院等海关单位合作承担科研项目10项,通过合作交流,取长补短。

(撰稿人:卢军锋)

督察内审

【概况】2021年,黄埔海关依法履行督审监督职责,综合运用督察、审计、监控分析、执法评估等监督手段,聚焦优化口岸营商环境、筑牢国门安全防线、改革措施落地见效、资金使用安全等开展专门监督27项,及时查找影响政策执行的梗阻问题,剖析问题成因,切实推动重大决策部署落地落实落细。加强对隶属海关"一把手"监督,构建审计标准化作业流程;深化内控机制建设,发挥内控领导小组办公室组织推动作用;健全业务运行监控封闭管理工作机制,推动问题治理向完善制度、常态自控和长效机制转化。

【督察监督】2021年,黄埔海关开展督察项目7个,发现问题44个,提出督察建议13条。围绕重大政策措施落实情况,组织对本关区进境高风险货物风险监测和预防性消毒措施落实情况、进出口危化品监管情况及全员打私工作措施落实情况开展督察,通过组织全面自查和实地督察,推动各单位严格落实进境高风险货物风险监测和预防性消毒措施,强化对进出口危化品监管,督促完成关区全员打私工作任务;聚焦关区热点业务问题,组织对精简单证落实情况及检验检疫证单签发时效情况、税收征管情况、主动披露规范情况、核查作业情况开展指定督察,综合运用实地核查、数据分析、座谈交流、卷宗抽查等方式开展督察,查找进出口单证收取审核、检验检疫证单签发、税收征管、核查

▲2021年3月19日,督察内审处关员到穗东海关开展精简单证实地督察

作业存在的薄弱环节与问题，促使各隶属海关进一步规范收取审核进出口环节单证及证单签发、税收征管、主动披露作业、核查作业等执法行为。

【内部审计】2021年，黄埔海关围绕国家层面、总署层面、关区层面监督发现问题，创建三维问题库，成立审前数据分析小组，推行数字化审计模式；通过"线上+线下""串联+贯通""常规+机动"等多种方式开展组合式审计核查，实行集约化审计核查；根据审计时间流程和工作流程，设立审前调研、现场进驻、出具报告等9个环节，优化整改机制，打造审计作业标准化。对黄埔海关所属7个关区主要领导履行经济责任情况开展审计，提出审计建议21条；组织实施新冠肺炎防疫专项资金使用和新冠肺炎防疫物资设备管理专项审计、涉案财物管理专项审计2个专项审计项目；组织对2016—2021年度黄埔海关用于扶贫的行政资金管理使用情况开展专项检查，提出建议4条；落实总署专项审计自查自纠和海关实验室审计调研工作，向总署报送改革措施落实成效31条和需关注事项4项，对黄埔海关实验室在规划布局、能力建设、内部管理等方面的运行状况进行调研，排查实验室内部管理薄弱环节和风险隐患。

【内控建设】2021年，黄埔海关制订海关业务运行监控封闭管理工作机制，明确基层自控、职能监控和专门监督职责分工，通过建立"事前预警、事中纠错、事后督办、考核评价"工作机制，加强业务运行监控。优化"三重一大"决策事项内控前置审核流程要求，建立联动复核机制，全年开展内控前置审核复核66份，提出复核意见187条。优化内控节点体系，结合"现场监管与外勤执法权力寻租"专项整治工作和检疫处理监管工作，新增关级内控节点40个。持续治理"屡审屡犯"问题，制作监控核查指引17项，实现日常监督监控。强化科技控权，深化HLS2017内控平台应用，全年应用HLS2017内控平台补证2,563件，健全完善规章制度18项，取得专项成果213份。强化对基层应用指导，编撰督审数据分析模型汇编，发布数据分析模型21个，编发海关新海廉平台应用分析案例选编，通报32个分析案例。加强学术理论研究，《新时代构建海关业务运行监控闭环管理机制的思考》获中国海关学会广州分会2021年征文三等奖。

【执法评估】2021年，黄埔海关围绕海关中心工作和重点任务，运用"数据+指标+分析+调研"模式，以定性评价和定量评估相结合、以政策落实和政策评价相结合、以内部监督和外部印证相结合，做精做实专题执法评估。参与海关风险防控、全国进口粮食海关监管政策措施落实等署级专题评估项目2个，其中作为第一协办单位参与的署级专题评估报告（进口粮食）得到3位署领导批示，1份报告被选为直属海关优秀专题评估报告。对关区进口水运标准品边境合规时间、市场采购业务、进口粮食监管开展专题执法评估，其中常态化开展的进口水运标准品边境合规时间评估作为关区"我为群众办实事"重点实践活动项目。全年共参加8次署级专题评估项目调研。

（撰稿人：朱　莉）

第六篇

隶属海关单位

总署风险防控局（黄埔）

【概况】总署风险防控局（黄埔）于2018年12月成立，是设在黄埔海关、承担全国海关安全准入风险防控和协调处置职能的非现场执法机构（副厅级）。前身为2017年7月成立的总署风险防控中心（黄埔）。2018年国家机构改革，总署设立风险管理司，在上海、青岛、黄埔三地组建总署风险防控局，在各直属海关组建风险防控分局（或风险防控机构），形成了"1+3+42"的风险管理组织架构，以及总署风险管理司统筹业务风险全局、两级风险防控局职责错位、各部门单位优势互补的风险防控体系。总署风险防控局（黄埔）内设6个正处级机构，承担全国陆运（公路、铁路运输）、来往港澳小型船舶水运、保税及特殊监管区域、工业品质量安全领域、边民互市贸易货物安全准入（出）风险防控工作，牵头开展濒危物种、野生动物及其制品专项防控工作，并根据总署风险管理司安排开展各类专项防控工作等职责。分工业务领域涉及公路口岸85个、铁路口岸21个、小船口岸89个、特殊监管区域168个，涉及直属海关关区42个。

2021年，总署风险防控局（黄埔）在总署风险管理司、黄埔海关党委的坚强领导下，践行总体国家安全观，以高质量发展为主题，以信息情报和大数据为抓手，构建整体防控与精准靶向有机结合的风险防控格局。扎实开展党史学习教育和庆祝建党百年活动，强化政治机关建设。发挥总署风险防控局垂直管理、统一指挥、直达一线优势，坚决落实习近平总书记重要批示指示精神和党中央决策部署，有力打击"洋垃圾"、濒危动植物、"水客"、政治类有害信息载体走私，加强进出口医疗物资质量安全管控，打好新冠肺炎疫情防控阻击战。加强重点国家重点商品管控。应对贸易摩擦，强化中欧班列安全管控，助力中欧班列逆势增长。加强海南自由贸易港等保税试验区风险防控机制研究，服务区域经济高质量发展。落实海关全面深化改革要求，加强工业品质量安全管控、加强边民互市贸易渠道以及海关特殊监管区域安全风险防控，推进分工领域风险防控全面嵌入；强化风险联合研判、强化两级风险防控局协同机制，推进风险一体化防控；加强风险信息情报工作、抓好大数据关键场景应用，提升精准靶向能力。全年布控查验1.04万票，高质量查获占比52.82%。《海关风险防控部门实施风险调查制度研究》等两篇论文获总署"风险管理高质量发展"全国征文比赛二等奖。

▲2021年11月5日，总署风险防控局（黄埔）运用大数据加强"洋垃圾"、濒危动植物等专项风险防控

【党的建设】2021年，总署风险防控局（黄埔）参加黄埔海关党史学习教育竞赛系列活动，制作微视频《新征程》获得黄埔海关微视频创作比赛一等奖，并获"学习强国"、南方Plus等媒体采用。组队参加黄埔海关党史知识竞赛取得第一名。报送专题稿件获各类载体采用15篇，其中获总署、广东分署政工简报采用4篇。开展"四强"支部创建和"一支部一品牌"活动，获评黄埔海关"四强"支部2个。风险处置处党支部复核通过黄埔海关"党建示范品牌"，办公室党支部新增为黄埔海关"党建培育品牌"。

【风险信息】2021年，总署风险防控局（黄埔）积极开展风险信息情报工作，建立跨区域专项情报采集工作机制，编报专项情报综报32期，获总署领导阅示13次。加强"洋垃圾"入境风险防控，深度参与移交缉私部门"进口废金属伪报产地和倒卖证件偷逃反制关税"案件线索的联合经营以及案件侦破阶段的数据支持。该系列案由黄埔海关缉私局负责部分打掉走私团伙3个、抓获犯罪嫌疑人41名，查获走私进口废金属共计6.83万吨，案值近17亿元。抓好象牙等濒危、野生动植物风险防控，编发穿山甲等濒危及野生动植物非法贸易分析报告2篇、濒危专刊3期、外部风险信息9期。加强海关信息情报互通共享，向关区内外共编发推送"水客"、危险品、冷链、毒品、侵犯知识产权、周边国家新冠肺炎疫情和假疫苗等专题专刊137期，深化信息成果推广。加强行动性风险情报快报报送力度，上报的新冠病毒检测试剂违规出口等5条风险情报快报被总署风险管理司采用。

【风险预警】2021年，总署风险防控局（黄埔）加强危险品、生物安全等重点领域风险监测，及时发布风险预警、移交风险线索。开展全国海关风险防控情况每日通报和阶段性情况报告，完成全国海关9个风险监测指标和1个数据中台项目建设。编写专题风险态势分析报告23份，其中某贵金属制品相关报告获署领导批示。开展出口貂皮服装不实贸易骗退税专项风险防控，移交线索查明涉嫌骗税团伙7个，提交出口某电子元件风险分析报告，涉及货值14.14亿美元；开展黄金行业性走私风险分析，移交线索捣毁犯罪团伙5个，涉及总案值22.48亿元。

【国际贸易规则研究】2021年，总署风险防控局（黄埔）加强国际规则研究和交流，派员代表中方在世界贸易组织卫生与植物卫生措施委员会（WTO/SPS）第80次例会和世界海关组织常设技术委员会（WCO/PTC）第233、第234次会议发言。就日本核废水排放问题提交的特别贸易关注议题被WTO/SPS第80次例会中国代表团采用与日方进行交涉；参与WTO/SPS中国与墨西哥双边技术谈判；参与世界海关组织的《全球贸易安全与便利标准框架》修订工作，在世界海关组织对外交涉应对工作方面取得成效。服务领导决策，报送稿件获总署相关阅件采用3篇。

【风险分析】2021年，总署风险防控局（黄埔）围绕贯彻习近平总书记重要指示批示精神，统筹发展和安全，牵头做好专项风险防控，通过依托口岸安全风险联合防控工作机制，开展风险分析研判，推动分析成果转化，着力查发大案要案，守护好国门安全防线。做好濒危物种安全风险防控工作，配合总署风险管理司在口岸联防联控机制下组织四部委（总署会司国家林业和草原局、农业农村部、公安部）开展濒危物种安全风险防控专项研判，牵头全国海关布控查获贸易渠道涉濒危安全情事1,296起，合计1,714吨，同比分别增长120.78%和22.89%；布控查获象牙制品18起，重量逾7,261克，黄檀、紫檀等濒危木材337吨，鲨鱼、蟒蛇等濒危动物制品198吨。其中自主布控查获濒危情事818起，涉及濒危物种及制品1,391吨，分别占全国查获总数的63.12%和81.12%。落实"国门利剑2021"专项行动和全员打私工作要求，聚焦高档消费品、濒危等重点领域开展分析研判，精准捕捉高风险目标，形成系列分析成果。稽查部门对52家企业启动了稽（核）查作业，已办结35宗，有效处置26宗，处置有效率为74.28%。配合国家贸易管控，开展涉检商品"伪瞒报""逃漏检"分析，有序推进各部门联动配合、多形式强化分析成果转化，在7个直属海关9个口岸查获伪瞒报商品名称和税号逃避检验检疫出口尿素及车用尿素78票、2,196吨。

【风险处置】2021年，总署风险防控局（黄埔）贯彻集约高效、协同共治原则，推动风险管理与现场监管、查缉走私、后续稽（核）查对接，发挥海关监管"指挥中枢"作用，实现布控指令向查获、案件结果延伸，构筑纵深联动、精准有效、防控有力的国门安全风险防线。加强涉新冠肺炎疫情防控物资质量安全管控，查获不合格防疫物资21票，涉及制氧机、口罩等24.4万余件，血液稀释剂、核酸保存试剂盒等约7.1吨。严防"洋垃圾"走私进境，深入开展"蓝天2021"专项行动，布控查获进口废塑料、电子垃圾、旧机器等禁止类固体废物130票共4,451.3吨，其中防水材料为全国首次查发的固体废物类型。打击"水客"走私，推进分工领域多渠道管控，开展海南离岛免税"套代购"风险防控，查获"水客"走私向贸易渠道漂移情事17起，含酒类商品1,860瓶共149万；查获夹藏巧克力等应节食品7,034箱等；查获1起案值超500万元的"水客"走私案件。严把安全生产和进出口商品质量安全关，查获危险品未报检、漏证等情事182票共3,025.9吨。加强知识产权海关保护，拦截涉嫌侵权商品77票，涉及汽车配件、电子产品、服装等约19万件。

【保税及海关特殊监管区域风险防控】2021年，总署风险防控局（黄埔）申报"海关特殊监管区域风险防控课题"通过总署署级科研项目立项。对全国海关特殊监管区域开展书面调研，摸查掌握全国154个实际在运作海关特殊监管区域监管现状，向总署上报全国海关特殊监管区域书面调研情况的报告。率先在全国探索加工贸易及保税监管系统数据的防控应用研究，起草金关二期系统与海关风险作业系统对接需求书，构建加工贸易企业体检指标体系。防控利用保税及海关特殊监管区域逃避安全准入、配额管理及偷逃国家税款等重大风险，紧盯重点配额管理商品、高货值消费品及重点行业，开展专题分析32项，查获涉濒危、"洋垃圾"等情事33起。在广西钦州保税港区布控抽检进口非种用玉米粒，检出检疫性杂草籽豚草等有害杂草，为国内首次在海关特殊监管区域查获有害杂草。

【大数据应用】2021年，总署风险防控局（黄埔）带领黄埔攻关专班推进"洋垃圾"、贸易渠道濒危和报关单权重3个大数据攻关模型优化迭代。"洋垃圾"模型累计查获110起5,800吨，濒危模型新版本查获率较旧版本上升25%。加强大数据关键场景应用，完成"外部信息服务""濒危专项风险地图""模型管理支撑框架"信息化项目验收，开发完善"公路货运车辆物流轨迹监控预警"应用，组织开展新海风系统测试和上线运维，建设全国保税及海关特殊监管区域报关单数据筛查、贸易方式漂移异常监测、物流企业体检系列模型，强化对相关领域重点业务风险的分析监测。加强应用系统授权管理，制定新一代风险作业系统授权管理实施细则，严格执行数据安全相关规定。

【队伍建设】2021年，总署风险防控局（黄埔）持续推进专业技术类公务员分类管理，完成业务岗位干部任职资格评定、职级套转及晋升。开展干部选拔任用工作，强化绩效考核激励。年内先后有6个集体和16位个人受到表彰，其中风险处置处党支部获评优秀党支部，黄埔海关机关第二团支部获评黄埔海关"五四红旗团组织"，1个科室获评广东省"扫黄打非"先进集体，7名干部获评优秀共产党员和优秀党务工作者，1名干部获评黄埔海关首届十佳执法一线科长。

（撰稿人：赖志凯）

黄埔老港海关

【概况】1988年12月黄埔海关驻老港码头办事处设立，隶属黄埔海关。1990年10月黄埔海关驻老港码头办事处更名为黄埔海关驻老港办事处，1997年8月黄埔海关驻老港办事处更名为黄埔老港海关。黄埔老港海关下设1个副处级机构、16个科室。黄埔老港海关属于口岸型海关，老港口岸是华南地区重要的进出口货运海运口岸之一。关区内有一类码头2个：广州港股份有限公司黄埔港务分公司大码头；广州港股份有限公司石油化工港务分公司码头；二类码头2个：广东中外运黄埔仓码头、广裕码头。黄埔老港海关同时肩负沙角、桂山、大屿山等6个锚地及水域的监管任务。

2021年，黄埔老港海关坚持以政治建设为统领，落实"五关"建设、"六个强化"等工作要求，统筹推进口岸疫情防控和促进外贸稳增长各项工作，围绕"强基础、严管理、重落实，持续巩固提升"，以"老港平安建设"和"老港家园建设"为抓手，强化监管优化服务，推进关区工作高质量发展。落实安全生产专项整治，严厉打击"洋垃圾"进境，重点打击"伪瞒报、逃漏检"，加强进出口食品安全，严防重大动植物疫情输入，筑牢口岸监管防线；优化口岸营商环境，落实"放管服"改革，实现"报关企业注册登记"全程网上办理，推广应用"两步申报"、"提前申报"、原产地智能审核等措施，开展进口检验检疫证单签发集约化改革、进口货物"船边直提"、出口货物"抵港直装"试点，服务粤港澳大湾区建设，提升口岸物流运转效能。全年审核报关单23.22万份，监管进出口货运量1,094.08万吨、进出境船舶1.03万艘次、进出口集装箱60.12万箱次，税收入库56.15亿元。打击虚开骗税专项行动工作组被评为广东省打击虚开骗税违法犯罪专项行动先进集体；1名同志获评广东省打击虚开骗税违法犯罪专项行动先进个人。

【政治建设】2021年，黄埔老港海关党委落实管党治党主体责任，通过党委会、形势分析及工作督查例会带头落实"第一议题"制度，确保习近平总书记重要指示批示精神和党中央重大决策部署执行到位。细化对"一把手"和领导班子监督，完善党委"三重一大"决策制度和议事清单。支持派驻纪检组履行监督责任，促进"四责协同"（党委主体责任、纪委监督责任、党委书记第一责任人责任和班子成员"一岗双责"）。

扎实开展党史学习教育，坚持在学党史中感悟思想伟力，以学习宣传贯彻习近平总书记"七一"重要讲话和党的十九届六中全会精神为重点，开展集中宣讲培训、"互动式"专题党课、组织撰写心得等，制作的《百年峥嵘 不忘初心》微党课被总署采用；统筹开展庆祝中国共产党成立100周年活动，形成"宣讲+头雁引领""访谈+先锋示范""直播+红色参观"等活动品牌，弘扬伟大建党精神。坚持在"我为群众办实事"中开新局，关领导带队走访关区重点企业，制订关党委项目清单、党委委员企业调研问题督办单，解决进境粮食快速通关等企业关心关注的问题。党史学习教育相关宣传稿件被各新闻媒体平台采用49篇次。

提高基层党建工作效能，制订"四抓两促"（抓能力、抓融合、抓导向、抓品牌，促进党建工作质量提升，促进围绕中心、建设队伍、服务群众三大核心任务落实）总体工作思路，建成党建实训点以及"1+4+N"（1个党建实训点、4个品牌支部现场教学基地、各个支部学习园地）党建实训体系，组建14支"党员突击队"，建成"1+2+2"（全国海关培育品牌1个、黄埔海关示范品牌2个、黄埔海关培育品牌2个）的党建品牌梯次。1个党支部书记项目入选黄埔海关"书记项目"试点。

【法治建设】2021年，黄埔老港海关强化依法履职意识，开展制度清理，以关检业务融合为重点推进配套制度规程的梳理完善和动态调整，深化推广业务操作指引基层运用，行政审批网办率保持在100%，实现"零超时""零差评"。弘扬法治精神，开展"线上+线下"立体普法宣传161次，通过微信等平台推送政策宣讲类稿件46篇、微电影2部，逾7.5万人次观看。

落实海关深化"证照分离"改革要求，办理行政审批事项34宗。自2021年1月14日起，根据黄埔海关统一部署，负责办理本关辖区范围内海关监管作业场所注册、变更、注销等行政许可事项。自2021年4月29日起，取消"报关企业注册登记"海关行政审批事项，报关企业实施备案管理。

落实知识产权海关保护，查发侵权案件21宗、侵权商品9.5万余件，其中查获出口假冒知名羽毛球拍注册商标案、出口侵犯国内自主知识产权照明灯具案，分别入选2021年广州知识产权保护十大典型案例、2021年广东海关保护知识产权十大案例。

【关税征管】2021年，黄埔老港海关推进综合治税，实施关企联动、税源调研，多渠道引导企业采用"汇总征税"

"关税保证保险"模式进口，涵养和拓展税源，全年税收入库56.15亿元。防控税收征管风险，定期开展税收征管风险监控分析，加强日常审核和事后监控。

规范原产地管理，推广应用原产地智能审核系统，出口原产地证书审签时效从2个工作日压缩为1个工作日。发挥原产地证"自助打印"全流程电子化优势，辖区企业自助打印率超过95%。引导企业用足用好政策，向"一带一路"沿线国家（地区）出口，2月26日签发黄埔海关首份输往非洲毛里求斯的原产地证书，全年出具原产地证书27.65万份，为企业获得优惠4.05亿美元。

【口岸监管】2021年，黄埔老港海关应用口岸查验设备和H986设备，强化实货监管。推进三级监控指挥中心实体化运作，通过数据整合、建设数据分析模型，强化对口岸监管货物的全过程监控。8月24日查获"水客"夹藏走私进口月饼等商品54吨，为黄埔海关首票利用监控指挥中心体系查获货运渠道"水客"涉嫌走私大案，该案被中央电视台等各级媒体广泛报道。

落实安全生产专项整治三年行动，打击"伪瞒报、逃漏检"违法行为，强化进出口危化品等重点敏感商品监管，查获涉危货物12票，查获蟒蛇皮、麝香、奥氏黄檀、交趾黄檀等濒危野生动植物制品。

开展"蓝天2021"专项行动，打击"洋垃圾"进境，查发国家禁止进口固体废物11票、140余吨，其中4月23日查获"棕榈灰"40吨属全国首次查发，是年已全部退运出境。开展"国门绿盾2021"行动，严防外来物种入侵。全年从进口木材中截获检疫性害虫353批次，9月8日截获全国海关首例有害生物枪白蚁（Termes hospes），11月14日在入境船员随身携带行李物品中截获2粒菠萝蜜种子，实现黄埔老港海关非贸渠道截获外来入侵物种"零突破"。开展进口食品"国门守护"行动，规范实施抽样检验，查获进口食品申报不实11票；实施锚地粮食表层检疫"三零"（"零等待""零接触""零延时"）工作法，完成锚地粮食表层检疫1,150.4万吨。

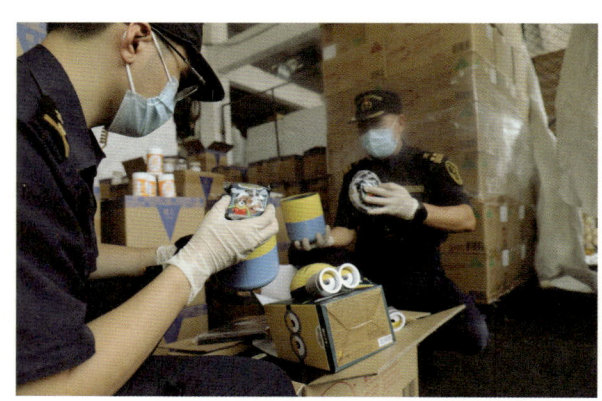

▲2021年8月24日，黄埔老港海关关员查获"水客"夹藏走私进口月饼

【口岸服务】2021年，黄埔老港海关以压缩整体通关时间为抓手，全链条梳理业务流程，打通解决影响通关时效的堵点难点。进出口整体通关时间较2017年分别压缩79.4%、97.6%。企业满意度同比提升33%。

服务粮食保供稳价。落实对接企业进口需求、优先接单审核、加快出证速度等措施，是年口岸进口大米129.3万吨，同比增长1.2倍。推进业务改革，深化"放管服"，实现"报关企业注册登记"全程网上办理，受理当日办结。服务粤港澳大湾区建设，开展进口货物"船边直提"、出口货物"抵港直装"试点，实施"附条件提离"。自12月15日起，承担黄埔老港海关、黄埔新港海关、穗东海关、萝岗海关、增城海关的进口检验检疫证单签发工作，系统未布控检查的报关单平均出证时效压缩至2个工作日。

【口岸疫情防控】2021年，黄埔老港海关始终把抓好新冠肺炎疫情防控工作作为重大政治任务、"一把手工程"，健全新冠肺炎疫情防控指挥部下设3个工作专班（入境人员外防输入、进口重点商品检验检疫、内部人员核酸采样工作专班）的组织指挥体系，压紧压实新冠肺炎疫情防控责任。

落实"外防输入、内防反弹"总策略，积极应对德尔塔、奥密克戎等变异毒株，强化进出境船舶登临检疫、出入境船员卫生检疫，检出新冠病毒染疫船舶8艘次、阳性船员28人次。强化进口高风险非冷链集装箱货物采样和预防性消毒监督工作，开展进口高风险非冷链集装箱货物核酸检测采样12票，检测结果均为阴性。强化与地方联防联控机制，完成船员转运就医、外籍船员换班、换班船员移交隔离等工作。组织开展各类培训、应急演练近百次。

根据总署、黄埔海关关于海关系统入境人员卫生检疫岗位工作人员封闭管理的统一部署要求，成立黄埔老港海关入境人员卫生检疫专班，对入境人员卫生检疫等重点岗位人员实施"14+7+7"封闭管理。打破科室传统业务界限，统筹入境船员检疫、船舶登临检疫业务及全关专业人员纳入封闭管理，打造"科领导带队+业务骨干支撑+支援人员助力"闭环队伍。2021年共轮换15批次。

▲2021年3月25日，黄埔老港海关关员在沙角锚地开展登临检疫

严格内部新冠肺炎疫情防控，组建两级安全防护监督员队伍，完善新冠肺炎疫情防控监督检查机制，压实安全防护监督责任，落实"应检尽检"。根据黄埔海关统一部署安排，自3月22日在船舶清关科设立黄埔海关出差出行人员新冠病毒核酸检测采样点，是年累计采样1.3万余人次。

【老港平安建设】2021年，黄埔老港海关党委坚持"源头治理、内外兼治"，着力净化外部执法环境，加大对口岸违法行为的打击力度，维护正常进出口秩序。开展"海外兵团""不良中介"排查，深化"反围猎""红包"综合治理。构建"职能监控+科室自控"风险防控体系，完善三级监控指挥中心的合规内控监督、复查复验等职责，建立完善常态化监控、通报机制。完善基层科室内控模式，根据科室业务特点和风险环节，搭建个性化自控体系，进一步健全科室制度。

推进"现场监管与外勤执法权力寻租"专项整治，"双线推进"队伍风险和业务风险排查，制定风险防控措施94条；对照实地检查指出的问题，细化落实整改措施。

严格队伍管理，对有制度不执行情况开展提醒谈话。常态化开展廉政警示教育，坚持以案为鉴，梳理近年关区违纪违法典型案例，以"身边事"警示"身边人"，发布微信提醒廉政小闹钟96条。

【老港家园建设】2021年，黄埔老港海关坚持严管厚爱，落实意识形态工作责任制，开展队伍思想动态调研两批次。优化干部日常考核，全面推行关科两级科室绩效考核，建立对科室领导班子和干部个人的常态化检查评估机制。

优化干部队伍，加强干部选拔任用，重视青年干部教育培养，成立青年理论学习小组5个，抽调青年骨干组建"老港新风"工作室，对关区重点工作的宣传策划实行项目化运转。开展能力素质培养，举办科长能力培训班，建立业务应急预备梯队每月常态化培训实操考核机制，组织40人次参加考试并获得相关专业资质。

注重关心关爱，加强后勤保障、人文关怀，落实"过紧日子"要求，保障基本运转，及时回应解决群众诉求，出台关心关爱新冠肺炎疫情防控一线人员19条措施。发挥群团组织作用，积极开展心理辅导、帮扶关爱重病干部职工，搭建"爱心妈妈小屋"。

实施正面激励引导，传播正能量，编发政工新媒体稿件37篇。落实干部激励制度，开展黄埔老港海关首届"最美奋进者"评选，培树以黄埔海关"十佳执法一线科长"为代表的一批先进典型。

（撰稿人：施　琼　黎婉婵）

黄埔新港海关

【概况】1976年3月黄埔分关新港办事处设立，隶属广州海关；1980年7月黄埔分关新港办事处更名为黄埔海关驻新港办事处，隶属黄埔海关；1997年8月黄埔海关驻新港办事处更名为黄埔新港海关，下设18个科室。黄埔新港海关属于口岸型海关，辖区范围包括3个一类码头（广州港集团新港作业区、广州集装箱码头、广州益海粮油码头）、3个二类码头（广东中外运东江仓码头、广州东江口码头、广州广物物资码头）。

2021年，黄埔新港海关统筹推进口岸新冠肺炎疫情防控和促进外贸稳增长各项工作。落实"五关"建设要求，推进"六个强化"，推动黄埔新港海关向高质量口岸型海关发展。全年监管进出口货物1,951.21万吨，审核报关单15.16万份，税收入库196.24亿元。做好口岸新冠肺炎疫情防控，落实"外防输入、内防反弹"新冠肺炎疫情防控总策略，落实"人、物、环境同防"。监管进出境船员929名，审核健康申明卡4.6万份；实施进口高风险非冷链集装箱货物采样37票，检出2票阳性。推进海关各项改革部署落地见效，启动海运智能大通关改革试运行，推进"两段准入"改革，扩大进口粮食"附条件提离"试点范围；深化"互联网+海关"应用，检验检疫证明实现电子化出证，报关单位备案实现在线办理。贯彻落实习近平总书记总体国家安全观，强化口岸监管，严厉打击"洋垃圾"、象牙等濒危野生动植物及其制品走私，全年退运固体废物13票，办理涉濒危证件管理进口货物案件7宗。1个基层党组织获评广东省先进基层党组织，1名干部家庭获评2021年全国最美家庭，1名干部获评广东省优秀共青团员。

【党史学习教育】2021年，黄埔新港海关推动党史学习教育，聚焦"学党史、悟思想、办实事、开新局"，围绕深入学习习近平总书记在党史学习教育动员大会、庆祝中国共产党成立100周年大会、党的十九届六中全会讲话精神，举办3次读书班活动，关党委带头领学导学，研究制定系列宣传贯彻措施。推进"我为群众办实事"实践活动，制订并完成"我为群众办实事"项目清单44个、细化措施136条。深入践行走进基层、走进人民群众、走进党员干部心里"三个走进"要求，党委委员先后到进出口企业和基层调研219次，解决实际问题22个。推进为民服务办实事国门安全工程、便民利企工程、暖心聚力工程"三项工程"，实现党史学习教育常态长效。

【清廉海关建设】2021年，黄埔新港海关推进清廉海关建设，在总署及黄埔海关统筹下，开展"现场监管与外勤执法权力寻租"专项整治，对27项廉政风险点和10个重点关注岗位制定风险防控措施，健全完善制度机制5项。用好监督执纪"四种形态"，开展警示教育月暨纪律教育学习月活动，深化打私反腐"一案双查"，打好"反围猎"攻坚战，推动排查"海外兵团"7家、"不良中介"2家，报告拒收"红包"1起。巩固"强基提质工程"成果，培育全国海关党建示范品牌1个，基层党建"书记项目"试点2个，获得国家级个人奖励1人、省部级个人奖励1人。

【法治建设】2021年，黄埔新港海关推进法治海关建设，夯实依法行政基础，配合做好直属海关权责清单编制，进出口食品安全业务操作规范试点检测。妥善处理复议应诉及投诉举报，推动诉源治理，办结2宗行政复议案、2宗行政诉讼案件、3宗投诉举报案件。打造黄埔新港海关特色普法宣传矩阵，紧盯"4·15全民国家安全教育日""4·26知识产权日""8·8海关法治宣传日""12·4宪法宣传周"等重点节日，用好新媒体手段，适时开展普法活动；推动各科落实"谁执法、谁普法"普法责任制，运用业务培训、宣讲会等形式多渠道普法。全年共开展专题节日普法5次，新媒体推送法治宣传稿件27篇，组织学法讲座和业务培训20次、覆盖900余人次，形成"节日专题普法、线上推送学法、业务培训懂法"的特色法治宣传教育模式。优化民事合同法律审核工作流程，完善民事合同送审、备案、信息录入工作机制，及时收集反馈信息，防止问题屡查屡犯。1名干部获评2021年全国海关优秀公职律师。

▲2021年4月7日，黄埔新港海关关员开展普法宣传

【口岸监管】2021年，黄埔新港海关承接总署改革项目落地见效，推进智慧监管，启动海运智能大通关改革项目运行。推进"两段准入"改革，扩大进口粮食"附条件提离"试点范围。深化"互联网+海关"应用，实现在线办理报关单位备案业务。严密监管链条，强化海关实际监

管。全年监管进出口货运量1,951.2万吨、同比增长16.3%，货值1,622.6亿元、同比增长12.1%。强化正面监管，加大打击"洋垃圾"力度，建立固体废物台账，设置专人跟进，做到固体废物查发数据持续更新，逐票分析推动处置过程，发现一票处置一票、完成一票核销一票。全年共查发固体废物16宗，退运固体废物13票。严厉打击象牙等濒危野生动植物及其制品等走私违法犯罪，加大处置力度，抓好专项行动的落实。

落实安全生产专项整治三年行动方案，健全口岸安全风险联防联控机制，强化能力基础、优化工作机制，落实危化品全链条监管。加大辖区涉危场所实地巡查和视频巡查力度，与公安、港务等部门共同建立口岸联防联控机制。查发进口危化品不合格情事728票，处置涉危不报案件9宗，推动地方主管部门撤销1个码头的危险货物作业资质。做好口岸监管环节反恐维稳工作，夯实反恐能力基础，强化人防、物防、技防、制度防的"四防"要求，开展核辐射探测门的总署联网工作。推进三级监控指挥中心实体化运作，执行新冠肺炎疫情防控专项视频检查20次，总结制发监控日报、周报、专报等36篇。落实"双随机、一公开"要求，实施"视频监控+数据核查""视频检查+实地巡查"的监管模式。

严把进口食品监管关，守护舌尖上的安全。落实进出口食品化妆品监督抽检和风险监测计划，查获进口食品不合格133批，货值33.36万美元，总重157.01吨。加强知识产权保护，中止放行知识产权侵权货物4,784件。

开展"国门利剑2021"专项行动，保持惩治走私高压态势。全年办理"两简"案件累计145件，同比增长38.1%。

▲2021年5月13日，黄埔新港海关关员对进境粮食进行监管

【口岸新冠肺炎疫情防控】2021年，黄埔新港海关做好口岸新冠肺炎疫情防控，落实"外防输入、内防反弹"新冠肺炎疫情防控总策略，加强研判分析、精准施策。落实"人、物、环境同防"，紧盯进口高风险非冷链集装箱货物和其他重点渠道、重点人员，从严落实监测检测、消毒监督。全年"三查三排"340人次，入境就医转运医院8名。累计实施进口高风险非冷链集装箱货物采样37票，检出2票阳性，为黄埔海关进口高风险非冷链集装箱货物首次检出。完成预防性消毒34票、9,357件，占黄埔海关总量的60%。织牢织密内部防控"网络"，落实"日报告、

零报告""应检尽检"要求,开展新冠病毒疫情防控全面排查,建立问题台账整改销账、定期"回头看"机制。妥善处置1起在职关员为确诊患者密切接触者情事。提升应急处置能力,落实"多病共防",组建业务应急预备分队,开展应急演练7次;新冠病毒防疫物资保障到位,落实关心关爱暖心措施;动态调整内部防控措施,顶格做好一线工作人员安全防护,完成"14+7+7"高风险岗位人员封闭管理14批、28人次。在黄埔海关进口冷链食品、进口高风险非冷链集装箱货物新冠病毒监测及预防性消毒考核中获得第一名。

【口岸服务】2021年,黄埔新港海关落实中央"六稳""六保"部署,优化口岸营商环境,助力外贸促增长。落实减税降费政策,开展2021年跨境贸易便利化专项行动,深化"单一窗口"应用,坚持一企一策,有针对性辅导企业利用"两步申报""汇总征税""自报自缴"等灵活方式,叠加使用快速通关模式。进出口整体通关时间较2017年分别压缩67.52%和96.82%。精简进出口环节单证措施,推进检验检疫证单电子化改革,入境货物检验检疫证明实现电子化出证。

优化通关模式,采取"两步申报""边卸货边采样""快速出证"等通关便利化措施,对进口粮食即报即查即检,现场设置粮食、煤炭进口专人专岗、优先服务通道,实行24小时通关,加快进口粮食、煤炭通关,保障粮食和电煤供应。对非工作时间段预先制订"一船一策",精准为企业办理业务。支持服务地方发展,主动服务广州市"穗港智造特别合作区"建设,做好穗港客运码头旅检口岸建设筹备工作。

【中欧班列】2021年,黄埔新港海关推进"海铁联运+中欧班列"联动,助力中欧班列新业态稳步落地运行。结合海铁联运的特点,研究制订支持班列运行的监管方案,理顺优化监管作业流程。开通中欧班列通关绿色通道,实施"一班一策"提供个性化服务,提前掌握货物类别和监管要求,对有特殊监管要求的引导企业提前办理特殊物品卫生检疫审批。加大非侵入式设备的使用力度,配备大型通道式放射性监测系统,提高海关作业时效。针对班列货物种类繁杂特点,定期对监管场所开展安全隐患排查,对检疫处理区监控设备、检疫设备、消防设施及围网等硬件设施进行重点排查。运用大数据开展研究分析,提高对固体废物、伪瞒报商品等货物走私进出境的查发能力。2021年4月29日辖区发出首列"港铁号"中欧班列,12月10日发出首列"港铁号"中亚班列。全年发运中欧班列12列,监管集装箱1,200个标箱,货运量6,047吨,总货值8.1亿元。

【税收征管】2021年,黄埔新港海关深化综合治税,提高税收征管质量。加强税收监控分析,发掘辖区税源潜力。开展重点行业税政调研,对22家辖区内重点税源企业面临的外贸形势、通关诉求等进行调研，为企业量身定制"一企一策"式精准服务，制定解决措施30条。推广"关税保证保险""汇总征税""自报自缴"等措施，提升税收征管效能。助力企业落实税收优惠政策措施。推广RCEP，开展线上线下政策宣讲2次，帮助企业有效掌握RCEP使用规则，助力企业享受原产地优惠政策。强化监控分析，制发监控核查联系单141份，异常数据处置579条，处置有效率近94.3%。开展税则调研，报送的4条税则调研被总署采纳并纳入下阶段行业调研。2021年税收入库总计196.24亿元，同比增长4.21%。

【检验检疫】2021年，黄埔新港海关深入开展"国门绿盾2021"行动，保护国门生物安全、生态安全，实施外来有害生物"网格化"监测，严防严控动植物检疫疫病输入。全年检出检疫性有害生物25种、685种次，非检疫性有害生物334种、9,958种次。其中从南非进口的加纳利海枣中截获环纹花金龟；从阿根廷进口大麦中查获"三叉针茅"，为全国口岸首次截获；从阿根廷进口高粱中检出"黄顶菊"，为黄埔海关首次截获。

落实总署及黄埔海关严防秋冬季节各种疫情叠加传播风险的指示批示精神，在做好新冠肺炎疫情防控的同时，强化其他疫病疫情的防控能力，坚持"多病共防"，严防埃博拉、鼠疫、黄热病等重大传染病输入。组织开展非洲猪瘟和高致病性禽流感等重大动物疫病疫情防护演练。完善口岸卫生检疫设施，提升口岸公共卫生核心能力建设水平。开展口岸鼠类智能监测工作。2021年黄埔新港海关作为黄埔海关智慧鼠笼监管模式实验点，将智慧鼠笼嵌入到卫生检疫监管系统中。

【集中审像】2021年，黄埔新港海关审核黄埔海关H986图像7.18万幅，同比增长23.03%。强化先期机检，突出安全风险筛查作用，全年开展先期机检3.56万幅、同比增长143.91%，先期机检嫌疑图像302幅，转布控查验查获52幅。

开展智能审图深化应用。智能审图应用率达100%，累计升级H986智能审图算法模型3次。H986智能审图可有效识别商品种类731种，部署禁限类16种。运用智能审图系统查获56票夹藏或伪瞒报案件。2021年制作约1.1万幅，其中对现场查获的新冠病毒检测试剂、黄热病疫苗共4类9种特殊物品开展的专项制图，获取H986和CT机检图像218幅。通过灵活采取"集中式制图+即决式制图+顺势图像采集"3种模式，分别实现对拦截类商品、现场查获商品、关区主要货物3种不同类别图像的采集任务，并持续开展图像标注；通过智能审图信息化平台即时将标注图像逐级上传至海关大数据云平台，为全国海关智审算法优化升级提供数据支持。拓展寄递监管领域智能审图应用，2021年3月将小型X光机智能审图部署应用于国际邮件出口领域监管中，启动首阶段15类物品智能审图功能，实现跨境寄递渠道智能审图全覆盖。

2021年8月17日，作为全国直属海关代表，黄埔海关与上海海关、青岛海关、深圳海关分别向财政部作本关智能审图特色汇报。12月22日，智能审像专家受总署邀请以《智能审图拦截类商品制图》为主题与各直属海关代表作线上经验分享。查获的大批夹藏侵权手机等典型案件，获中央电视台等主流媒体报道。

【综合保障】2021年，黄埔新港海关做好办公及后勤保障工作。完善督查督办、政务公开、值班管理等工作制度，夯实基础。强化机要保密、档案管理工作，完善档案安全应急预案，定期开展演练。巩固精文简会，加强会议优化整合，严控参会规模，运用网络信息化手段召开会议。坚持厉行节约"过紧日子"，办公保障、差旅培训、公车运维等费用持续下降。做好后勤技术保障，新港路12号办公区完成改造投入使用。群团组织服务中心工作能力不断加强，涌现出"2021年全国最美家庭""广东省优秀共青团员""爱岗敬业十佳关员"等先进典型。队伍专业化水平不断提升，118名干部取得各类业务资质217个，实现翻倍增长；商检领域岗位练兵成绩在关区名列前茅，1名同志入围总署"万人争先"线上练兵"百强选手"。

（撰稿人：黄　捷）

穗东海关

【概况】1989年2月黄埔海关驻广州经济技术开发区办事处设立，隶属黄埔海关。1990年11月正式对外办理海关业务。2003年1月黄埔海关驻广州经济技术开发区办事处与广州保税区海关合并，更名为黄埔海关驻广州经济技术开发区办事处（广州保税区海关），2017年7月广州保税区海关恢复独立运作。2018年12月黄埔海关驻广州经济技术开发区办事处更名为穗东海关，下设19个科室。穗东海关根据黄埔海关的授权，代表黄埔区域内5个隶属海关与广州市黄埔区委区政府开展日常对口联系。辖区范围为广州市黄埔区，辖下3个海关特殊监管区域（广州黄埔综合保税区、广州保税区、广州出口加工区）、12个保税场所（保税仓库8家，出口监管仓库4家）、1个海关监管作业场所（广州保税区车检场），是驻黄埔区海关中有保税监管集中审核作业中心、减免税集约化作业点、黄埔区政务服务中心服务窗口、开展跨境电商进口业务的海关。

2021年，穗东海关统筹推进口岸疫情防控和促进外贸稳增长各项工作，做好"六稳"工作、落实"六保"任务，发挥广州片区海关牵头作用，支持拓展广州黄埔综合保税区功能，深化加工贸易监管改革，促进跨境电商等新兴国际贸易健康发展，优化口岸营商环境，推动生物医药、集成电路、新型显示等产业集群，服务重大外贸项目建设和企业发展。全年监管进出口货物182.49万吨，同比增长57.74%；监管进出口货值1,155.88亿元，同比增长4.78%。

【党的建设】2021年，穗东海关深化"强基提质工程"，开展"星级"党支部、"星级"支部书记、"党员之星"评选活动，推进支部品牌矩阵建设、"四强"支部创建，打造"书记有约"研学平台，穗东海关综合业务二科党支部获评全国海关党建示范品牌，1名同志获评广东省直机关优秀党务工作者。推进党史学习教育，打造"理响穗东"理论学习平台，举办"学史·铸魂"红色讲坛，完成党史学习教育3方面50项措施。推进"我为群众办实事"实践活动，打造"先锋在线"便民利企服务平台，解决辖区企业"急难愁盼"问题。加强青年干部培养,打造"初心起航"理论学习平台,开展青年干部业务轮训,穗东海关综合业务二科综合组青年创建集体荣获第20届"全国青年文明号"称号。推进全领域自查自纠,开展"警示教育月暨纪律教育学习月"活动,持续整治酒驾醉驾。开展"现场监管与外勤执法权力寻租"专项整治,巩固巡视巡察整改成果,深化"反围猎"工作,整治违规收受礼品礼金、"红包"问题,报告拒收礼品礼金、"红包"1人次。建立穗东海关党委从严治党责任清单,完善党建责任、问题、整改"三张清单"管理,完成全面从严治党年度重点任务。支持派驻纪检组履行监督职责,建立会商通报机制,制定整改措施27条并抓好落实。深化对中央巡视、总署党委巡视及"回头看"、黄埔海关党委巡察及"回头看"反馈意见的整改落实,做好巡视巡察整改"后半篇文章"。

【队伍建设】2021年,穗东海关使用、推荐选拔在执法一线关键岗位的科长,优化职级干部管理体系,激励干部担当作为,将四级高级主办纳入机关党委、机关纪委,组建由四级高级主办以上职级干部构成的督导组,发挥四级高级主办以上职级干部在基层党建、科室管理、内控监督、专项工作等方面的作用。完善干部考核评价机制,突出实绩考核,推行科室绩效考核,强化绩效考核结果运用,作为平时考核、年度考核的重要参考。深化精神文明建设,巩固提升全国文明单位创建成果,发挥先进典型引领示范作用。加大干部监督力度,推进领导干部报告个人有关事项,完善科级领导干部廉政档案,严格退休或辞职后从业行为管理。开展"裸官"专项排查、违规投资企业及在企业兼职(任职)问题自查工作、因私出国(境)管理自查工作,针对发现的问题及时整改。

【广州黄埔综合保税区封关运作】2021年,穗东海关支持广州黄埔综合保税区建设发展,2月1日广州黄埔综合保税区通过国务院八部委的联合验收,3月8日总署批复广州黄埔综合保税区正式封关运作。全年广州黄埔综合保税区进出区货值(含一线进出境、二线进出区)1,165.46亿元,同比增长32.85%。推动广东省首个进口汽车保税存储项目落户广州黄埔综合保税区,与新沙口岸加强区港联动,优化汽车查验流程,吸引斯巴鲁、奔驰、保时捷等1,623台进口汽车入区存储,货值11.43亿元;打造华南地区有色金属分拨中心,叠加"一单多车""分送集报"等优惠政策,区内有色金属一线进出口货值74.11亿元,同比增长54.29%;引入保税维修和保税研发项目,联合穗港智造合作区管委会等部门开展多轮政策宣介,全年引入保税维修企业3家、保税研发企业1家;支持粮食加工企业投产增产,优化完善进出区物流线路及智能卡口系统,探索实施"到港即入仓"模式,助力粮食加工企业降本增效,全年区内企业生产饲料20.36万吨,货值4.87亿元。

【保税加工监管】2021年,穗东海关深化"以企业为单元"加工贸易监管改革,全年新增30本"以企业为单元"的电子账册,累计99家企业成功申请试点资质,占穗东海关加工贸易企业总数的63.06%。推进企业集团加工贸易监管改革,顺应加工贸易企业发展需求,全年新增企业集团试点企业1家,共2个企业集团5家企业参与改革试点,试点企业加工贸易进出口总值254亿元,减免保证金(保函)约2.4亿元,节省物流、报关等费用64.9万元。落实加工贸易残次品管理改革试点工作,解决海关监管中制约加工贸易发展瓶颈的问题,主动指导试点企业办理残次品销毁工作,为企业降低税费757.37万元。

【跨境电商监管】2021年,穗东海关优化海关监管流程和监管场所设置,提供"随到、随验、随放"服务,重点保障"6·18""双十一"等重要时间节点顺畅通关,指导企业开展网购保税进口宠物食品业务,助力跨境电商龙头企业稳步发展。推进跨境电商业务改革,优化退货监管模式,办理跨境退货商品近3万票,节省企业成本约970万元;制订电商货物销毁处置流程,监督销毁过期电商商品3万件,降低企业退运成本约50%。与广州市黄埔区商务局等部门加强联系配合,协助引进优质跨境电商企业,协调推进京东综合保税区新仓库落地,支持跨境电商新业态健康发展。全年验放网购保税进口包裹1,620.43万个,货值40.28亿元,征收税款3.78亿元。

▲2021年6月18日,穗东海关联合黄埔区商务局、穗港智造合作区管委会为跨境电商企业办实事解难题

【税收征管】2021年,穗东海关强化综合治税,推进"汇总征税""自报自缴"等税收征管方式改革,加强涉税风险监控,全年税收入库70.93亿元,同比增长20.08%。提升关税政策研究能力,围绕关区重点商品、行业开展税则税政调研,提出调整关税税率、税则条文建议8条。推动减免税集约化审核改革落地,制订关区重点减免税企业精准帮扶方案,提前介入做好政策指导,支持关区新型显示器件、集成电路、航空用维修件等新兴行业发展。全年共出具海关进出口货物征免税确认通知书827份,审核减免税1.31亿美元;办理减免税货物担保2,661份,货值3.89亿美元。

【通关监管】2021年,穗东海关加强

单证审核工作，聚焦"洋垃圾"、象牙等濒危物种及其制品、危险货物、境外输华食品等重点敏感商品，全年监管报关单33.01万份，签发进出口检验检疫证单3,804份。进一步优化通关环境，推动解决长期未结关报关单问题，提高通关时效，进出口整体通关时间分别为10.83小时和1.21小时，同比分别压缩61.3%和88.7%。推广"两步申报"，专人专岗解答企业疑难问题，提高"两步申报"单证审核效率，海陆空"两步申报"应用率均保持在50%以上。助力辖区企业发展中欧班列业务，实现广州黄埔综合保税区"一站式"完成报关单申报及货物验放施封手续，企业通关成本节约约10%，时效缩短超30%。

【口岸监管】2021年，穗东海关保持打击走私高压态势，加强对一线入区货物、重点商品、敏感时段的管控，打击夹藏、"伪瞒报、逃漏检"等走私违法行为。加强海关监管场所管理，联合广州保税区车检场场站方加强安全检查，落实查验人员疫情防控各项要求，防范"核生化爆"伪瞒报，发现并处置1起疑似危化品情事。开展跨境电商"断链刨根"专项行动，移交涉嫌集货二次销售风险线索1条、查获非正面清单商品包裹7票、查获臀果木等涉濒危物种包裹17票。落实卫生检疫、动植物检疫、食品检验检疫、商品检验各项要求。全年开展目的地指令查验272票，查获26票；抽样送检进口报关单46票，对木质包装开展松材线虫抽检10批次，对饲料开展非洲猪瘟病毒抽检1批次，切实维护国门安全。深化海关全员打私，与黄埔海关驻广州经济技术开发区办事处缉私分局加强沟通，完善风险联合研判、联合处置机制，构建全链条风险防控和闭环监管体系，提高海关监管与案件办理效能，办理"两简"案件50宗。

【企业管理】2021年，穗东海关深化"放管服"改革，推动"多证合一"备案业务深入开展，压缩行政审批办理时间。全年穗东海关办理企业注册备案588家，平均办理时长压缩至3.6个工作日，行政审批事项实现100%网上办理。支持辖区内企业参与广东省"守合同重信用"企业资质申请、申报IPO企业、申请科创板上市、企业内部非公开发行股票项目，优化业务办理流程，实行容缺受理，融入地方社会信用体系建设。推动搭建与市场监管等部门的信息传输通道，解决数据联通不畅、"僵尸企业"注销难等办事堵点、痛点问题，实现进出口货物收发货人注册登记、变更、注销业务"一网通办"，依法依规注销各类僵尸企业190家。

【政务管理】2021年，穗东海关贯彻落实精简文件和会议要求。全面加强信息新闻工作，与穗港智造合作区管委会建立点对点信息互通机制，围绕关区重点工作和辖区重点产业进行宣传，新闻稿件获中央电视台、《人民日报》客户端等各级媒体采用110篇次。严格做好保密档案工作，优化保密部位设置，严密保管保密介质，抓好保密档案日常管理。落实落细政务公开工作，发布"双公示"信息21则、"双随机、一公开"信息11则，更新公告栏21块，公开各类海关公告180余则。

【法治建设】2021年，穗东海关推进业务制度"立改废释"，全年组织公职律师、业务专家参加对黄埔海关160份执法领域业务操作规范试点征求意见、调研和修改完善工作。落实"谁执法谁普法"责任制，整合执法一线骨干成立"穗东磨法团"，探索出嵌入式、点菜式、沉浸式普法模式。开展线上线下普法19期，惠及企业500余家1,600余人次；解答一线执法疑难300余项，推出27项"码上磨法"项目；编发普法宣传稿件52篇，拍摄普法宣传片3条，获《人民日报》客户端、"学习强国"、《南方日报》等多个媒体采用。提升复议诉讼风险防范能力，探索"说理式"执法新模式，将释法说理嵌入执法日常；搭建"执法者+公律"协作平台，开通公职律师服务专线；多渠道面向企业开展政策解读和帮扶指导，合法合理解决企业困难，全年提前化解2起复议风险情事。

【财务及后勤保障】2021年，穗东海关全面落实"过紧日子"要求，从严从紧编制2021年预算，"三公"经费、办公费、水电费、物业管理费、差旅费同比分别下降50.15%、70.82%、46.6%、26.37%、61.08%。做好常态化新冠肺炎疫情防控保障工作，规范新冠肺炎疫情防控物资采购、申领和资金支出，保障防疫需求。办好民生工程，做好办公场所改造、公用设施设备增添与维护等工作；加大缉私保障力度，重点保障缉私分局办公用房调整项目及打击"1·17"国际特大象牙系列案等专项行动所需经费，支持缉私工作顺利开展。

【督察内审】2021年，穗东海关紧盯重大决策部署落实情况和改革过程中衍生的风险，聚焦重点业务领域和高风险业务环节，开展新冠肺炎疫情防控工作落实情况等督察项目7个，提出督察意见及建议18条，制定整改措施59条。运用数字化治理工具，对重点业务环节开展监控分析，制发监控核查联系单261份。加强内控节点岗位清单制管理，围绕高风险内控节点和"屡审屡犯"问题清单，聚焦防控执法、管理、廉政三大风险，防范化解风险隐患185个。

【海关与地方的合作】2021年，穗东海关发挥属地海关和广州片区海关牵头作用，组织6个广州片区海关单位召开驻穗海关关长联席会议，研究解决海关与地方政府协调事项。与广州市黄埔区商务局签署共同推动重大外贸项目建设和企业发展合作备忘录，共同开展黄埔区外贸情况调研，实现重点企业疑难问题一站式接受、一揽子调处、全链条解决，助力辖区新型显示、集成电路、生物制药等重点产业发展。主动与穗港智造合作区管委会进行对接，成立专班，做好广州保税区优化升级工作，调研企业48家，及时指导企业解决各类问题。

【新冠肺炎疫情防控】2021年，穗东海关牵头与广州市黄埔区口岸局建立口岸公共卫生联络机制，协调广州市黄埔区卫健局推进黄埔海关广州片区海关干部职工新冠病毒疫苗接种。支援一线口岸新冠肺炎疫情防控工作，选拔28人搭建业务应急预备梯队，安排4批11人次支持口岸封闭工作，筑牢国门疫情防线。有序开展新冠病毒核酸检测及新冠病毒疫苗接种工作，全年完成新冠病毒核酸检测65批4,793人次。

【安全生产】2021年，穗东海关制订安全生产专项整治行动三年实施方案，自查累计发现17个问题隐患，纳入"两张清单"逐一整改销账。建立完善安全生产工作组织领导机制，持续优化值班应急工作，常态化开展消防、水电设置设备等重要环节实地检查，组织电梯困人解救、口岸监管环节涉恐、网络攻防等实战演练8次。加强联防联控，与广州市黄埔区夏港街道办事处、穗港智造合作区管委会签订安全生产工作合作备忘录，联合开展生产大检查，形成强大监管合力。

▲2021年3月5日，第二次驻穗海关关长联席会议在穗东海关召开

（撰稿人：陈志军　梁　珣）

东江口海关

【概况】 1994年5月广州保税区海关设立，隶属黄埔海关。2003年1月广州保税区海关与黄埔海关驻广州经济技术开发区办事处整合为黄埔海关驻广州经济技术开发区办事处（广州保税区海关），2017年9月广州保税区海关恢复独立运作，2018年12月广州保税区海关更名为东江口海关，下设18个科室。

2021年，东江口海关通过党建片区建设进一步优化管理、协同配合，主要业务指标相比同期大幅增长。着力提升查发效能，强化风险分析研判，全年办结稽查事项225.25宗。推进核查事项分类管理，风险类核查案件查发率稳步增长。以计税系统升级完善为契机，规范计核业务流程，计核各类案件282宗。

【党的建设】 2021年，东江口海关以深化集约化党建新模式为抓手，合理优化党建片区设置，将全关19个党支部划分为4个党建片区，促进各支部标准化、规范化建设。建立共学联络沟通机制，开展党建片区共学，选取轮值主席收集片区内各支部提交的学习议题，联合各支部书记研究确定集中学习议题，组织开展集中学习。建立"融合式"党建共建机制，立足党建片区各支部业务特点，组织开展业务学习、培训、研讨，形成"核查VR实战实训""稽查大讲堂"等东江口海关培训品牌，强化对干部业务能力的综合培养。建立精神文明联建机制，党建片区发挥党建引领群团组织作用，创建"妙稽查"工作室，获评2020年广东省巾帼文明岗，"食安核护"工作组获评黄埔海关巾帼示范岗。广泛开展学雷锋志愿服务活动，成立青年新冠肺炎疫情防控突击队，协助开展每周新冠病毒核酸检测、"应检尽检"等新冠肺炎疫情防控工作。探索支部党务联查机制，对照黄埔海关提出的党组织设置、组织生活、党员发展、党建资料和党员教育管理"五个规范"的要求，优化党支部平时考核办法，由轮值主席对本片区各支部的基础党务工作进行常态化检查，通过片区内的自查自纠，互相对照学习，进一步提升基础党务的规范性，逐步推动基本问题清零。

【法治建设】 2021年，东江口海关推进对外精准普法，打造"码上普法"普法宣传品牌，印制"黄埔海关公职律师服务卡"，将海关稽查和核查常用法律法规生成二维码附在服务卡上供企业随时查询；开展"嵌入式"普法，公职律师采取跟班作业的形式到执法现场为企业解疑释惑。开通公职律师服务热线，接受企业法律咨询，新闻稿《海关"码"上普法让执法更阳光》被《南方日报》《广州日报》等媒体采用。探索"沉浸式"普法新模式，创建"VR+5G"普法阵地，利用VR一体机设备和5G通信技术，设立"普法云课程"，丰富"VR+5G"普法阵地内容，为企业量身定做普法内容，为企业提供高质量精细化法律服务，助力法治化营商环境建设。"VR+5G"普法项目获评2020—2021年广东省国家机关"谁执法谁普法"创新创先项目优秀奖。

【稽查业务】2021年，东江口海关维护国门安全，落实全员打私工作要求，与黄埔海关职能处室、缉私部门紧密配合，强化贸易型企业稽查攻坚，组织"国门利剑2021"专项行动，运用"大兵团作战"方式实现"多点控制"，在进口再生金属、跨境电商进口走私"断链刨根"、出口远洋蔬菜、进口食用橄榄油等专项稽查中深挖线索。扩大蓝天保卫战成果，稽查完成进口废纸作业1宗，进口废金属作业3宗，核查查获广州黄埔综合保税区内存放的固体废物16吨。推进稽查快办案件改革，全年办结"两简"案件45宗，同比增长36.3%。建立完善审核标准化作业体系，创新开展"图解稽查"，稽（核）查执法质量得到提升。

▲2021年10月11日，东江口海关关员对某铜业（广州）有限公司实施稽查

【核查业务】2021年，东江口海关开展网上核查作业，降低"嵌入式"执法影响，开展网上核查占比近30%；助力广州黄埔综合保税区高质量发展，联合穗东海关开展网上政策宣讲会，将海关改革红利送达企业，及时验核广州保税区和广州黄埔综合保税区内各类保税仓库面积约12万平方米，为区保税物流企业的快速运作提供有力保障；推动"'我为群众办实事'清单项目"落地见效。利用核查模拟执法实训点为食品企业开展培训6次，100余家企业参加VR实训；联合黄埔海关进出口食品安全处、法规处，广东黄埔报关协会开展3次《中华人民共和国进出口食品安全管理办法》"云培训"，150余家企业参加；联合广州市市场监管局对7家出口食品化妆品企业进行跨部门间联合抽查，实现"进一次门，查多件事"；推进"放管服"改革，落实采信第三方出具报告制

度，实施黄埔海关广州片区首宗采信第三方出具报告的核查指令。全年共办结7宗采信第三方出具报告的指令。落实食品安全"四个最严"要求，守牢国门生物和食品安全底线，查获涉及原料来源、农残和重金属超标案件4宗，核查查发食品安全类案件4宗和进境粮食案件1宗。

▲2021年9月1日，东江口海关核查关员对广州黄埔综合保税区保税进口铝锭开展核查作业

【政务管理】2021年，东江口海关加强安全生产管理力度，仓库物品分类管理，易燃易爆品单独储存，定期进行安全检查，排查食堂厨房燃气设施安全隐患，每日对水泵房、高低压配电房、发电机房、电梯机房设施进行检查维护。落实值班要求，做好值班排班、领导带班、总值管理等工作，修订完善应急预案，提升应急处置水平。抓细抓实新冠肺炎疫情防控工作，成立新冠肺炎疫情内部防控工作领导小组，实行每日健康监测零报告制度和风险接触信息报告制度，执行公共区域健康监测、登记管理、清洁消毒等工作要求。完善新冠肺炎防疫物资常态储备机制，确保新冠肺炎防疫物资储备充足。按照新冠肺炎外勤防疫指引规范开展作业，落实新冠肺炎防疫"四件套"，提高检测频次。完善督办落实工作机制，对重点工作部署、关领导批办事项、会议议定事项、重要邮件办理等统一纳入督办事项，建立专门台账，定期跟踪落实进度，并通过每月形势分析及工作督查例会、内外勤通报进行通报。全年开展专项督查6次，建立督办事项200余个。建立文件收发AB角制度，确保总署党委、黄埔海关党委等各类重要文件第一时间传达到位，构建实施"多查合一"检查落实工作模式，将文件研阅情况纳入检查范畴，随机开展检查，对检查发现问题及时通报，杜绝文件长期未办结现象。加强信息宣传水平，每月对科室信息完成情况进行通报，不断提升信息编发质效。全年上报信息获黄埔海关每日信息采用207篇、情况交流和综合呈报6篇，同比增长50%。1篇综合呈报获总署署领导批示，被总署办公厅选为优秀信息稿件。协调报送4篇统计分析文章均被黄埔海关统计监测预警分析采用，实现了统计分析领域"零突破"。

【财务及后勤保障】2021年，东江口海关落实中央关于"过紧日子"要求，紧扣关区中心工作，树立既要"过紧日子"也要过"好日子"的思想，加强预算精细化管理，优化和调整支出结构，压缩非刚性、非重点、非急需支出，从严控制会议、差旅、培训及"三公"经费支出，细化"过紧日子"措施，改造升级大楼照明系统，加装独立电表，加强节能宣传教育。全年公务接待费、会议费零支出，公务车运行维护费、水费、培训费同比分别下降53.22%、7.8%、93%，耗气量、耗油量、耗电量同比分别下降43.16%、26.90%、23.22%。

做好暖心工程，根据用餐人数及情况确定饭堂供应量，做到精打细算；组织中秋做月饼暖心活动，增强干部职工幸福感和获得感；加强食堂食品安全监督管理，定期开展卫生监督及食材抽样送检；抓实抓细食品原材料进货查验、索证索票、追溯管理等环节，按要求做好食物储存分类、加工制作、清洗消毒、环境卫生等工作，规范原材料供应、餐具消毒、场所环境卫生、人员健康检查等环节，保证食品安全。

【队伍建设】2021年，东江口海关持续整治"四风"问题，完善作风建设长效机制。深化"强基提质工程"，开展"四强"支部建设，精心培树"2+2+N"（2个示范品牌党支部、2个培育品牌党支部、N个其他党支部）党建品牌梯队，形成群体效应。打造黄埔海关首个党建实训点，开展沉浸式学习教育。坚持正确选人用人导向，做好人力资源优化整合，完成干部交流调配12人次。新增动植物检疫、危包等现场一线岗位资质61人次，队伍专业化水平不断提升。开展"东江先锋"评选活动，强化典型培树。常态化开展内务规范强化月活动、整治酒驾醉驾工作，以规范管理促精气神提升。"现场监管与外勤执法权力寻租"专项整治工作深入推进，专项整治期间在核查外勤工作中拒收企业红包。

（撰稿人：于惠中）

萝岗海关

【概况】 1987年1月广州海关驻石牌办事处设立，隶属广州海关。2004年1月广州海关驻石牌办事处更名为广州海关驻萝岗办事处。2018年12月广州海关驻萝岗办事处更名为萝岗海关，隶属黄埔海关，下设11个科室。辖区范围为广州市黄埔区，辖下有2个监管场所：广州开发区进出境货运车辆检查场和新银河世纪跨境电商产业园。

2021年，萝岗海关以政治建设为统领，推进"五关"建设；履行监管第一职责，推进属地监管集约化，引入信用管理理念探索"风险研判+合格评定"作业模式，推行"互联网+"预约报检，推进智能报检试点；落实"六稳""六保"要求，开展外贸形势大调研，平稳实施总署新修订的企业信用管理办法，落实AEO通关便利措施；落实"外防输入、内防反弹"工作要求，筑牢新冠肺炎疫情防控工作防线。全年征收税款5.65亿元，同比增长20.73%；审核放行报关单3.73万份，货值153.76亿元，监管货运量112.11万吨，监管跨境电商进出口车辆1,673台；审核验放出口新冠病毒检测试剂3,095批次、2.63亿人份，占黄埔海关的比例为80.15%；新增高级认证企业9家，开展守法规范性培育6期391家次，精准培育、专项培育96家次。

【党的建设】 2021年，萝岗海关落实"第一议题"制度。将全面从严治党与业务工作统筹部署、同步发力，因地制宜建设党建实训点，完善基层党组织架构，落实12项组织生活制度，严肃组织生活，制作"支部工作法"宣传栏，开展支部书记培训，打造"六会"书记队伍。开展党史学习教育，弘扬伟大建党精神，开展"百年华诞，为党庆生"主题活动，党委书记、支部书记讲党课，开设网络专栏和红色读书角，制作新媒体稿件素材22篇次、视频2个，推送文章450余篇，参加黄埔海关党史知识竞赛获二等奖。开展"我为群众办实事"主题实践活动，完成64项重点项目75条具体措施。配合巡视巡察，开展巡察发现问题整改工作，进行"打好翻身仗、展现新作为"大讨论，95项整改措施全部落实到位。开展"现场监管与外勤执法权力寻租"专项整治，制订工作方案并分解为5个方面20项任务，聚焦54项薄弱环节及风险点开展自查，完成109人的自查申报，组织应知应会测试400余人次，撰写心得体会83篇，形成廉政风险整改清单66项，全部落实整改完毕。

【新冠肺炎疫情防控】2021年，萝岗海关扎实推进新冠肺炎疫情防控工作，注重监管场所、运输工具及人员动态管控，组建应急预备梯队和安全防护监督员队伍，组织开展穿脱防护服和采样演练、应急演练共计105人次。落实"应检尽检"要求，一线检疫、查验岗位人员及安全防护监督员实施核酸检测1周2测。完成黄埔海关首票高风险非冷链集装箱货物监管采样作业，全年共完成33票采样消毒指令，其中新冠病毒取样23票、612份，实施预消毒7票。开通新冠肺炎防疫物资绿色通道，审核验放出口新冠病毒检测试剂3,095批次、2.63亿人份，输往全球133个国家和地区，价值20.25亿元。应对南亚新冠肺炎疫情形势变化，助力巴基斯坦使领馆验放出口新冠病毒检测试剂221.02万元，协助世界和谐基金会快速验放2批次、约2万人份新冠病毒检测试剂支援尼泊尔，获受援助国家致函感谢。

【法治建设】2021年，萝岗海关深化法治海关建设，推进建章立制，开展制度清理工作，健全规章制度"立改废"常态化机制，严格制度合法性审查，加强制度执行效果评估，综合运用督察、审计、内控、执法评估等手段，对制度执行情况进行监督检查，全年新制定制度文件7份，修订3份。落实"谁执法谁普法"要求，建立关企良性沟通机制，利用企业协调员制度，贴身了解企业诉求，将普法工作责任下放到具体业务科室，各司其职。组织观看行政诉讼案件庭审现场直播，打造"海萝号"普法云课堂品牌项目，将普法工作与检验检疫业务、认证培育、志愿服务、政务公开等工作结合，实现普法叠加效应。

【检验检疫】2021年，萝岗海关全年审核出口报检单3.05万份，同比增长46.56%；签发进出口检验检疫证书8,628份，其中出口7,895份、同比增长50.98%，进口733份、同比增长42.05%；推进属地检验检疫集约化，引入信用管理理念，探索"风险研判+合格评定"作业模式，推行"互联网+"预约报检，推进智能报检试点，实施属地查验1.28万批，同比增长3.49倍，检出不合格商品289批次，属地查检一批进口儿童牙刷不合格被退运情事被总署作为典型案例向全国通报。成立风险研判小组摸查辖区39家危化品相关企业情况，制订风险分析研判表对其开展全面风险评估，审核出口危化品及其包装6,062批次，检验监管进出口危化品及其包装6,765批，危包性能出证144批，危包使用出证4,091批，检出不合格危化品及其包装33批，并按规定对28批涉及安全、卫生、环保的不合格货物实施销毁、不予出口处理；引导企业进场顺势监管，实现进场查验"随到、随检、随走"，实施"顺势监管"查验作业1,217批次，涉及企业630家次，企业平均节省外勤查验等待时间3~5天。成功实施黄埔片区首次出境宠物检疫，支持粤港澳大湾区生物产业发展并实施首批受惠进境实验小鼠入场隔离，共实施进境水生动物隔离检疫432批、2,101万尾、1,771万元，检出重点关注的进境水生动物二类疫病3批。

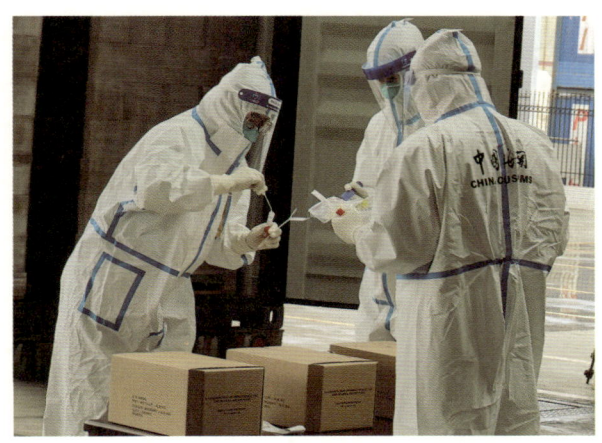

▲2021年5月14日，萝岗海关关员开展进口高风险非冷链食品集装箱货物采样检测和预防性消毒

【监管业务】2021年，萝岗海关共审核放行报关单3.73万份，货值153.76亿元，监管进出口货运量112.11万吨。实施超长报关单监控提高通关效能，整体通关时间进口18.29小时，出口0.33小时，海空、陆路"两步申报"率分别为75.29%和30.11%。制订促进跨境贸易便利化方案，开展企业外贸形势大调研，实施各项惠企政策，为企业疏困解难，对供港蔬菜"随报随办"验放380批次，价值2,141.93万元；供港鲜奶优先审核出证，实现"当天报检当天出证"。助力辖区高新产业发展，通过"一企一策"监管方案、设立属地查检协调专员等方式，支持企业产能提升、新工厂建设和新产品如期上市。深化"五维联动"寄递物品监管改革，全年监管跨境电商进口车辆114台，验放清单8.54万票；监管跨境电商出口车辆1,559台，验放清单993万票；非贸领域查验异常共241批次。配合地方政府吸引新业态企业，吸引16家跨境电商企业新入驻或回流运营。对接缉私部门，建立处、科两级联络员机制，以涉检业务为重点，积极开展风险分析，办结"快速办理案件"7宗、其中涉检案件3宗、知识产权案件3宗。

▲2021年12月26日，萝岗海关关员开展供港乳品监督抽检工作

【企业管理】2021年，萝岗海关利用广州片区企业认证工作站的优势，丰富"1个实训基地+3个实训教学外延点+N个示范教学点"模式内容，聚焦重点行业、高质量企业，鼓励企业提高自身信用等

级；平稳实施总署新修订的企业信用管理办法，落实AEO通关便利措施，充分发挥企业协调员作用，先后开展"认证企业获得感""关企合作关系""廉洁执法情况"等多项署级和关级问卷调查；针对中欧班列企业、广州黄埔综合保税区企业及"卡脖子"领域企业开展专项培育；创新认证作业模式，优化认证流程，前置培育环节，实施内外勤联合实地认证，压缩认证作业时长，提高实地认证效率；探索通过远程视频形式开展认证培育，制作"认我行"认证标准系列微视频、"阳光认证"微视频和认证标准视频解读精品课件，获总署12360服务、广东普法等多个公众号采用；开展守法规范性培育工作6期，培育企业391家次；开展精准培育、专项培育96家次；梳理广州片区200多家企业数据，筛选重点高质量企业26家，其中14家提出新申请高级认证；新增高级认证企业9家，同比增长15%。

【政务管理】2021年，萝岗海关树立"全员信息"理念，发挥"萝卜快跑"工作室作用，整理建立优秀案例学习资料库，提高信息新闻宣传工作质效，信息采用283余篇次。落实保密管理和文书档案预归档工作，开展保密培训2次，整理归档2020年文书档案12盒。进一步完善政府信息公开，及时通过黄埔海关门户网站公开"双公示""双随机、一公开"和政府信息公开年报等信息，做好特殊时期及日常信访保障工作。推进六楼办公室改造，完成档案室、机要保密室改造工程，三级监控指挥中心顺利建成并通过验收。深入开展全领域自查自纠，成立工作专班，建立6项工作机制，印发工作方案。全年开展自控428次，自控有效率占比23.36%；制发处置单162份，覆盖执法和非执法领域开展督查和专题监控10次，面向全关共享大数据模型8个。

【综合保障】2021年，萝岗海关制定并落实"过紧日子"具体措施，保障重点领域支出，统筹各项资产资源，提高基层财务管理和公车使用效能。倡导"光盘行动"，优化膳食搭配，严控成本支出，食堂全年开支同比减少11%，租车费同比减少77.41%，物业管理费同比减少8.23%。领会习近平总书记关于安全生产重要论述，组织学习《中华人民共和国安全生产法》，将"安全生产月"和"安全生产万里行"活动纳入全年重点工作计划，与业务工作同谋划、同部署、同落实，落实全员安全责任制。每月对安全生产形势进行研判，开展安全排查，织牢织密安全生产责任网，推进防范化解重大风险和安全生产工作常态化。全年开展应急处置2次、桌面推演5次、实际演练9次、实地消防安全检查8次。

【队伍建设】2021年，萝岗海关严格队伍管理，坚持严管厚爱，持续建设准军事化纪律部队，建立准军事化作风建设长效机制和每周班前军训制度，将日常督查、随机抽查相结合，严肃考勤、请休假、内务纪律，暂停因私出国（境）审批，开展内务、酒驾、考勤专项检查40余次，强化干部日常养成，提升队伍精气神。推进党风廉政建设和反腐败工作，开展警示教育，聚焦廉政风险环节和重点人员，做好谈话提醒和风险防控。在职务职级晋升、评优评先等工作中，坚持公平、公正、公开的原则。

（撰稿人：武月婷　和丽娟）

增城海关

【概况】 1989年12月新塘海关设立，隶属黄埔海关。2018年12月新塘海关更名为增城海关，下设15个科室。辖区范围为广州市增城区，辖区设有口岸码头、增城铁路物流园、新塘车检场3个海关监管作业场所和广东国储增城公用型保税仓库1个保税仓库，作为偏属地综合型海关，辖区业务涵盖海运、铁路、陆路寄递、电商、保税、核查、检验检疫等，门类功能较为齐全。

2021年，增城海关监管进出境船舶196艘次，监管进出口货运量55.6万吨、货值137.6亿元，税收入库5.09亿元；进出口整体通关时间分别为7.23小时、1小时，较2017年分别压缩88.1%、38.9%；受理出入境货物报检9,444批次，签发出入境检验检疫证单5,093份，同比增长64.29%；监管放行中欧、中亚、中老等班列52列，出口货值12.2亿元；寄递审核中心人工审核寄递业务申报单证合计46.16万票；签发各类原产地证书2.58万份、货值8.48亿美元，同比分别增长166.62%、126.51%；签发普惠制原产地证书2.46万份、货值7.4亿美元，同比分别增长182.99%、140.75%；属地加工贸易企业实际进出口总值15.4亿美元，同比增长183.3%。

【党的建设】 2021年，增城海关始终把政治建设摆在首位，深入贯彻落实习近平总书记重要讲话、重要指示批示精神，严格落实"第一议题"制度，以党委会、形势分析及工作督察例会等形式组织开展"第一议题"学习49次；打造党建实训点挂牌使用，设计完善3个党员之家，创新开展支部书记培训，推动基层党组织政治能力建设培训取得新突破。开展沉浸式党史学习，通过党史知识每日打卡、"珠峰连线"主题党日、情景式谍战推理等活动形式提升学习成效。广泛开展"我为群众办实事"实践活动，围绕"三大工程"建立完善项目清单，助力增城乡村振兴、推进增城西站建设等17项重点项目落地见效。9月16日，"精准帮扶增城'菜篮子'走出国门"被评为总署"'我为群众办实事'百佳项目"。认真做好模范机关建设工作，12月3日，创建全国文明单位工作经验被广东卫视专题报道；2个党支部获评黄埔海关示范品牌、2个党支部获评黄埔海关培育品牌，1名同志获黄埔海关爱岗敬业十佳关员。

增城海关关党委切实履行主体责任清单，深化"四责协同"，组织60名领导干部完成廉洁从政和配偶、子女及其配偶从业行为申报工作，成立专项整治工作领导小组从实开展"现场监管与外勤执法权力寻租"专项整治，制订专项整治工作方案及任务分解表，围绕重点问题开展风险排查，完成个人申报122份、心得体会109份，梳理确认风险点17个、重点关注单位6个、制定完善制度机制10项。结合专项整治、警示教育月开展纪法学习、警示教育，以考促学、以学促用，组织现场考试32场，针对节假日制发廉政提醒图文31篇，并组织全关153名干部职工开展岗位廉政风险专题讨论。

【队伍管理】2021年，增城海关坚持管培育并举，全面加强科级领导干部动态跟踪培养，搭建成长提升平台，其中1名执法一线科长进一步使用担任隶属海关党委委员，1名执法一线科长参加总署的互派锻炼工作；全年2次开展副科级领导干部选拔任用工作。深化准军事化纪律部队建设，巩固酒驾醉驾治理成效，充分用好"三会一课"、食堂用餐等开展学习教育；坚持每日视频检查、每周实地督查，组织开展内务督查51次、发现问题4类，均已完成整改。用好用优"好差评"系统，坚持开展外勤回访工作，通过"好差评"系统办理行政审批事项40件，开展外勤执法回访98次，好评率均为100%。持续正风肃纪，认真贯彻中央八项规定及其实施细则精神，继续做好"四风"纠治工作，对公车管理、公用住房等进行定期公示，坚持合理套开精简会议。

【监管业务】2021年，增城海关牢记监管是海关最重要的职责，严密监管链条，完善事前、事中、事后监管协同机制，持续提升口岸实际监管效能。H986设备工作日均22.44个自然箱；监管出入境船员1,376人次，核验健康申明卡625份；累计抽取新冠病毒核酸检测样本4,061份，检测结果均为阴性；全年完成进出口商品检验2,722批，其中出口粮食、农产品等515批次；发挥三级监控指挥中心作用，依托监控平台进行口岸监控，构建全链条监控闭环。强化危化品全链条监管，常态化开展监管场所安全隐患排查整改，开展5次反恐和安全应急演练，安全

▲2021年3月9日，增城海关关员对大排量摩托车开展进口检验

生产联防联控机制不断优化。后续监管效能稳步提升，办结核查作业 154 宗，按时完成率达 100%，2 家重点企业通过 AEO 高级认证。深化全员打私，构建防控、监管、打击一体化海关打私体系。

【检验检疫】 2021 年，增城海关开展"国门绿盾"行动，严防外来物种入侵，保障国门生物安全。严防非洲猪瘟等疫情疫病叠加，做好重大动植物疫情疫病监测预警和检疫处理。2 月 22 日，首次检出 1 批次出口蔬菜（包芥菜）啶虫脒残留超标（农药超标），对该批货物作"不准出口"处理，并及时做好不合格信息上报及后续处置程序。完成进境粮食初审联系单 68 份，帮助企业申请粮食进境及调运 13.08 万吨。签发各类出入境检验检疫证单 5,093、同比增长 64.29%，其中入境证单 2,701 份、同比增长 3,318.99%，主要源于新拓展的摩托车整车进口业务的快速增长。1 月黄埔海关技术中心基地检测中心进驻粤港澳大湾区"菜篮子"通关（增城）便利区，开始进行样品抽样、仪器设备调试运行，7 月逐步开展快检项目检测。自 8 月 31 日实施属地查检集约化改革以来，截至 12 月，完成集约化属地查检 77 票，占改革以来属地查检总量的 39.9%。

【新冠肺炎疫情防控】 2021 年，增城海关先后制订 8 个新冠病毒防控方案和 6 个应急预案，完善新冠病毒疫情应急处置程序，加入包含交通、卫健委、公安等 18 个单位在内的联络平台，与广州市增城区新塘边检站、增城海事处及广州市增城区公安分局分别签署合作备忘录。加强对出入境船员、交通工具卫生检疫，抽取新冠病毒核酸检测样本 4,061 份，监管出入境船员 1,376 人次，核验健康申明卡 625 份。组建业务应急预备梯队，加强实操考核和应急演练，共派出 6 人参加高风险岗位人员"14+7+7"封闭管理。加强联防联控，畅通与地方防疫部门联络和应急处置渠道，参加 82 次地方新冠肺炎疫情防控工作会议。做好物资保障，发放各类新冠肺炎防疫物资 14.3 万件。

2021 年，增城海关辖区口岸码头船舶累计被命中登临 3 次，其中 2 次登轮由增城海关完成，1 次由黄埔老港海关人员实施。自 6 月 17 日开始，增城海关口岸码头登临业务由黄埔老港海关派员负责具体实施。

【企业管理】 2021 年，增城海关聚焦注册登记和备案提质增效，为企业提供"一对一"优质服务，指定专门联系人对企业提出的各种疑问进行解答，为企业提供专业指导。开展新版信用管理办法政策宣讲，组织企业参加黄埔海关举办的片区宣讲会，制作宣传展板，安排专人在海关业务大厅讲解，解决改革伴生问题。加强与外勤部门的联系配合以及与黄埔海关职能处室的请示汇报，提高行政审批办理时效，防止行政审批超期情况发生。做好海关政务服务"好差评"工作，及时了解企业诉求，提升企业办事便利度和获得感。

全年增城海关共有99家特定资质企业，办理涉及出境动植物及其产品、其他检疫物的生产、加工、存放单位注册的行政许可等事项26宗。办理进出口食品企业相关备案类业务16宗，进境粮食生产加工存放企业备案1家，首次进境粮食存放单位检疫初审1家，指导培育出境竹木草生产企业完成分类升级3家。联合动植物检疫处对增城关区首家供港澳活猪饲养场注册开展现场考核。指导企业完成涉及行政审批事项的好差评评价任务38宗，评价结果全部为"好"。

【保税监管】2021年，增城海关扩大"以企业为单元"的加工贸易监管改革覆盖面，全年共新增试点企业16家，完成年度新增任务的177%，目前辖区试点企业已累计达到27家，覆盖面达67.5%。推广加工贸易企业内销集中申报免担保政策，建立内销联系协调机制，促进内销便利化。3月11日，通过广东省拍卖行依托淘宝交易平台成功竞拍不锈钢等边角废料376吨、成交金额125.96万元、溢价率为17.2%，为增城海关启动边角废料网上拍卖改革以来单笔竞拍成交数量和溢价率最高的一单。推进保税物流发展，年内广东国储增城公用型保税仓进出仓货值5,401万美元、出仓征税1,972.8万元，同比分别增长165%、417.8%。

【中欧国际班列】2021年，增城海关以地方打造粤港澳大湾区班列集结中心为契机，服务共建"一带一路"高质量发展，支持增城西站国际物流大通道建设，推广铁路跨境快速通关监管模式，优化监管通关链条，释放班列物流品牌效应，精准对接企业需求，构建便捷通关环境，全力服务国际班列高质量起步取得实效。及时汇总企业疑问和诉求，对照文件规定进行研讨，积极与黄埔海关综合业务处、口岸监管处、科技处等职能处室进行协调沟通，组织专家组实地验核，从启动建设至完成审批出证，增城铁路物流园海关监管作业场所建成投入使用仅用时不到2个月。5月25日广州增城西站开行首列粤港澳大湾区至东盟国际班列，7月15日首列"广州增城—杜伊斯堡"中欧班列开行。自运行以来，监管中欧、中亚等国际班列52列，出口标箱5,019个、货运量2.5万吨、货值12.2亿元；增城西站已成为粤港澳大湾区开行密度最大的国际班列平台，在海运受新冠肺炎疫情影响情况下为关区外贸企业开辟新的国际铁路物流通道。

▲2021年7月1日，增城海关关员保障首列"广州增城—杜伊斯堡"中欧班列开行

【帮扶农产品外贸发展】2021年，增城海关支持增城蔬菜、水果等农产品扩大出口，打造增城粤港澳大湾区"菜篮子"品牌，助力乡村振兴，充盈大湾区"菜篮子"生产基地队伍，29家企业获评粤港澳大湾区"菜篮子"生产基地，帮助增城"菜篮子"生产基地获得1,351.62万元的落户奖励。与地方政府相关部门就扶持农产品扩大出口、加强安全检测合作等事项召开多次联席会议，并签订合作备忘录，建立联防联控长效协作机制。鼓励辖区出口蔬菜加工企业拓宽中西部地区蔬菜原料选购渠道，每年内蒙古、甘肃、宁夏、云南等中西部地区8个生产基地向增城蔬菜加工企业供货约4万吨。全年验放出口蔬菜水果2,698批次、2.7万吨。在稳定供港的前提下，帮助增城鲜活特色农产品开拓国际市场。2021年1—2月，助力辖区490吨加工新鲜水果（橙子、柚子、柑橘）远销"一带一路"沿线国家（地区），主要包括孟加拉国、越南、阿联酋等国家和中国香港等地区。5月12日监管验放的406千克增城"三月红"（品种）荔枝首次出口英国，打开了欧洲市场。6月增城"妃子笑"（品种）荔枝首次出口肯尼亚，打开了非洲市场。7月24日增城龙眼、黄皮相继首次出口英国。帮扶荔枝出口相关举措获中央电视台CCTV2（财经频道）、CCTV13（新闻频道）、CCTV17（农业农村频道）等媒体报道，"精准帮扶增城'菜篮子'走出国门"获评总署"'我为群众办实事'百佳项目"。

【寄递审核业务】2021年，增城海关寄递业务集约审核中心人工审核单证46.16万票；拦截退运涉濒危、核污染、药物、疫情单证610次；强化规范申报，对跨境电商出口重点企业重点问题单证累计退单28.9万份；强化海关知识产权保护，通过即决式布控查获知识产权侵权商品6批次、2,030件；完善虚假交易风险筛查验核机制，识别身份存疑单证4,800余票，及时干预中断交易；应用大数据平台开展寄递渠道风险分析，坚决打击寄递渠道走私违法行为，制发布控规则建议14份均被采纳实施。

【支持优势产业】2021年，增城海关与广州增城经济技术开发区直属机关党委建立党建联席工作机制，优化营商环境，共同抓好广州市增城区重大项目全过程服务。树立"靠前服务、提效增速、精准靶向"工作理念，提前介入超视堺、维信诺、康宁等多家新型显示产业上下游企业的通关工作。通过走访企业、实地调研，了解项目建设进度和投产规划、设置专门联络员等方式，与企业建立实时沟通机制，共同梳理其内部物流流程，引导企业采用"提前申报""两步申报"等通关模式。每天逐票跟踪企业设备免表、船期、申报等关键节点，帮助企业重要生产设备实现便捷高效进口，指导企业用好"汇总征税""关税保证保险"等一揽子惠企政策。盘活、提升企业资金利用率。11月10日,康宁显示科技(广州)有限公司举行康宁广州10.5代液晶玻璃基板生产线量产仪式。全年增城海关辖区内企业出口液晶显示板44.1亿元,同比增长8.9倍。

(撰稿人:徐　晖)

东莞海关

【概况】1985年11月黄埔海关驻东莞办事处设立，隶属黄埔海关。1988年3月黄埔海关驻东莞办事处更名为东莞海关，下设1个副处级机构，34个科室。东莞海关为偏属地综合型海关，根据黄埔海关的授权，代表驻东莞海关负责与东莞党政机关、司法、驻军等单位及企业协会的日常工作联系。辖区范围包括莞城、东城、南城、万江、松山湖科技产业园区等20个行政区。8个业务现场，包括办公大楼、综合实验楼、寮步车检场、东莞南城国际快件中心、东莞国际邮政互换局、广东（石龙）铁路国际物流基地、东莞供港蔬菜监管中心、东莞市民服务中心。

2021年，东莞海关按照"保安全、带队伍、提质效、强监管、促发展"的工作思路，统筹发展和安全，强化监管优化服务，统筹抓好口岸疫情防控和促进外贸稳增长，深入融合党建业务，落实好"五关"建设。做好安全生产专项整治，严防重大动物疫情疾病输入，加强进出口食品安全、危化品等监管，实施"关助力"专项行动，对重点对接企业开展"一企一策"对口帮扶，推动"两步申报""提前申报"等通关便利化措施，主动服务"一带一路"建设，顺利试点铁路跨境快速通关模式，支持广东（石龙）铁路国际物流基地设立出口监管仓，助力东莞集散的供港蔬菜安全顺畅供应，为守好国门安全、促进地方经济发展贡献海关力量。

【星火计划】2021年，东莞海关落实广东省、省直机关、黄埔海关加强党的基层组织建设三年行动计划，研究制定整体提升、党建业务融合的"星火计划"。截至2021年年底，星火党建工作室、星火政研工作室、星火抗疫突击队、星火青年先锋队、星火志愿服务队、星火业务攻坚团队、星火读书会、星光点点人文交流载体、星火清廉汇9个项目已全面运作。"星火计划"相关经验文章《星火燎原汇合力 创新品牌促融合》获得广东省直机关工委《跨越》杂志刊发。星火党建工作室的经验做法入选第一批全国海关基层党建创新案例，为黄埔海关唯一入选案例。中央和国家机关工作委员会《旗帜》杂志刊载《结对共建"1+1" 党建效能">

2"》文章对东莞海关创新支部结对共建、推动党建业务深度融合等工作成效进行介绍。认真落实总署基层党建"书记项目"试点工作,依托"星火党建工作室"建成黄埔海关党建实训中心(东莞片区),开展各类交流培训1,500余人次。充分运用"星火志愿服务队""星火青年先锋队""星火抗疫突击队"平台,树立"支部在一线、党员冲在前"的鲜明导向,发挥"两个作用",推动疫情防控、外贸高质量发展等工作的落实。年内获评广东省直机关模范机关创建先进单位、广东省五一劳动奖、广东省五四红旗团委标兵等荣誉,共有7个集体、137人次获得上级各类表彰奖励。

【疫情防控】2021年,东莞海关按照"一口岸一方案"的原则在各监管现场建立新冠肺炎疫情防控工作方案和应急预案,联系地方口岸、卫检、边检、海事等相关部门,形成口岸防疫合力。开展新冠病毒核酸检测和血清抗体监测工作,组织58批次、8,431人次的新冠病毒核酸检测工作,400余人次新冠病毒血清抗体检测工作。推动三级安全防护监督员队伍建设,落实好个人防护、安全防护培训和演练,提高科室一线关员个人安全防护能力以及职业暴露处置能力。联系协调东莞市卫健局等部门,统筹推进东莞片区海关新冠病毒疫苗接种约3,000余人次,促进东莞片区海关顺利完成新冠病毒疫苗接种任务。开展跨境货车司机新冠肺炎疫情防控工作,推动地方政府部门建立口岸公共卫生安全联防联控机制。开展国境口岸病媒生物监测工作,实施病媒生物采集和送样20余次。对口岸现场监管科室实施检查40余次,发现问题20余个并立行立改。

【优化营商环境】2021年,东莞海关将优化口岸营商环境与坚持防控新冠肺炎疫情、促外贸稳增长工作结合,提升跨境贸易便利化水平。继续全面推行无纸化作业,贯彻落实总署、黄埔海关精简单证要求,发挥"互联网+海关"平台的作用,减少企业到现场频次,让企业"足不出户"完成海关通关手续。开展通关时效指标监控工作,全面摸清辖区进出口情况,日常提醒和阶段评估整体通关时间等核心通关指标,重点关注长时间未结关、未放行报关单,建立核查台账,逐票核查分析原因,研究应对措施,提高异常报关单处置效能。落实"问题清零"机制,拓展问题收集渠道,定期收集、及时解决企业在通关过程的痛点堵点难点问题。持续深化改革,积极推进"提前申报""两步申报""两段准入"改革,积极谋划寮步车检场跨境电商、市场采购贸易等新兴业务入驻工作,对重点企业派专人指导宣传改革最新政策。全年进出口报关单80.32万份、同比增长5.01%,进出口整体通关时间分别为1.81小时、0.61小时,比2020年分别压缩29.57%、32.22%。

【税收征管】2021年,东莞海关税收累计入库58.58亿元,同比下降52.49%。

多措并举加强固体废物影子商品监管，就涉及国计民生的重点商品及敏感货物强化后续核查，上报风险参数57条，上报涉税类风险信息18条，其中轮胎价格偏低的参数被总署税收征管局（广州）采用。优化服务，对退税、案件补税、保证金等业务制作二维码，方便办事企业扫码办理。"线上+线下"结合指导企业用好用足对美加征关税的木浆、纸浆商品市场化采购排除优惠政策。针对企业出口到美国货物加征关税的情况，协助企业正确确定原产地。针对半导体产业、被动元器件、造纸等重点产业和地方重点建设项目，调研纳税增长能力强的企业，主动对接企业，将潜力企业纳入"关助力"专项行动企业培育库，参照实施"问题清零"机制，全方位做好回流企业保障，推动7家企业从外关区回流税款入库1.73亿元。

【知识产权海关保护】2021年，东莞海关根据上级统一部署，组织开展了"龙腾行动2021""蓝网行动2021""净网行动2021"专项行动和3次粤港澳海关保护知识产权联合执法行动，结合关区实际，重点对邮件、跨境电商渠道的侵权行为开展打击，加强对进出口新冠肺炎防疫物资的监管力度。组织办案人员和现场监管现场人员开展业务培训，提升对常见侵权货物的鉴别能力。利用地方"双打"（东莞市打击侵犯知识产权和制售假冒伪劣商品）工作机制，加强与地方合作，与东莞市市场监督管理局签订加强知识产权保护合作备忘录。全年查获涉嫌侵权商品703批、28.86万件，立案30宗，结案27宗。全年黄埔海关采用政务信息20条，新闻宣传稿件11篇。

【统计分析及政策研究】2021年，东莞海关做好政策研究职能，促进"数据+分析"融合，成立星火政研工作室。全年星火政研工作室开展课题实地调研及座谈10余次，开展问卷调查和电话调研30余次，覆盖辖区外贸企业近万家。完成重大课题4个，报送理论研究成果15.5篇次，其中2篇论文获中国海关学会广州分会一等奖、3篇次论文获二等奖，10篇次论文获黄埔海关学会一、二等奖；19名理论研究作者获黄埔海关优秀学会会员。撰写的《关于促进东莞外贸高质量发展的对策及建议》得到媒体刊载。工作室着力汇聚政研尖兵，对标"智库"建设。全年累计举办各类交流座谈及参观学习22场次，刊发《星火政研》2期，举办星火政研讲堂1期，推送《宏观经济参考》信息86期。

【服务"一带一路"建设】2021年，东莞海关深化"放管服"改革，推动石龙物流基地出口监管仓顺利落地，方便企业对出口货物进行保税物流仓储和配送操作，货物可以通过出口监管仓即时理货、拼装、出口，解决中欧班列的拼货、配货难题，提高货物流通效率。全年依托出口监管仓发运中欧班列970TEU，货物毛重量4,990.09吨、净重4,776.05吨、货值4,881.42万美元。为核心企业量身定制监管方案,保障广东首趟"家电专列"顺利开行和"精品班列"持续稳定发运,发运精品专列24列。推广"属地申报、运抵换乘"、"二次转关"及铁路快速通关业务模式,精简企业转关报关手续,节约企业时间成本和经济成本,优化集装箱施封流程改革和"7×24"小时应急通关机制。12月15日,广东首票中欧班列铁路快通货物从东莞石龙口岸发运,标志着铁路快通模式在东莞成功落地。全年监管国际班列80列、集装箱8,000标箱、货物重量4.98万吨、货值29.21亿元。

▲2021年6月18日,东莞海关关员监管搭乘中欧班列的集装箱货物

【加工贸易监管改革】2021年,东莞海关按照总署、黄埔海关部署要求,推进"以企业为单元"加工贸易监管改革。以"关助力"专项行动为契机,带队深入企业进行实地调研,9次前往报关代理企业、实地走访50余家来料加工企业,收集企业意见建议,强化关企双向联系机制,向地方政府、企业代表宣讲"以企业为单元"的改革利好。通过大型宣讲会、现场操作辅导、实际案例成效展示等措施,全面解析政策规定及注意事项,线下设置咨询专岗,线上组建"'以企业为单元'服务微信群",多维度指导企业解决办理过程中的堵点难点。全年东莞海关辖区新开设账册725本,辖区现有909家企业开设账册。推进企业集团加工贸易监管改革。完善关企沟通机制,积极解读、宣传企业集团改革内容,与地方商务部门联动配合,共同对辖区企业参与意愿进行摸底调研,联系重点属地企业同步进行企业集团政策宣讲,对加入企业集团的企业多部门共同联合指导操作。全年关区审批同意3个企业集团7家企业加入企业集团加工贸易监管模式,并辅导1家企业作为成员企业参与改革。成员企业加工贸易进出口总值达126亿元,减免保证金(保函)约7,965万元,节省企业物流、报关等费用23万元。推动加工贸易残次品销毁处置管理改革,结合加工贸易残次品销毁处置申报、监督销毁处置、核销、通关申报等操作规范要求,制订相应推进实施工作方案;调研企业残次品管理总体情况,指导督促企业规范依法处置残次品。

【检验检疫】2021年,东莞海关落实总体国家安全观,做好关区进出口食品、动植物产品、商品、危险品等业务领域质量安全监管,全年出具各类涉检证书1.62万份,其中危险货物及其包装性能检验及使用鉴定证书9,340份,其他涉检证书6,906份。落实"六稳""六保"任务,发挥东莞供港蔬菜监管中心的集约化监管效能，保障供港蔬菜安全顺畅供应。全年监管供港蔬菜3.45万批、36.25万吨，价值2.9亿美元，合格率达99.99%，首次实现香港食物环境卫生署有毒有害物质全年"零检出""零通报"。

推动关区内竹木草企业分类升级，大幅降低竹木草制品查验抽批率和外勤核查次数，提高海关监管效能和企业政策红利获得感。助力辖区新冠病毒检测试剂企业扩大出口。做好进口粮食安全监管，完成2021年度东莞片区海关对接东莞市粮食安全考核各项工作。加大对关区出口危险品以及相关企业的检验监管力度，多措并举帮扶关区锂电池出口企业开拓海外市场。

【寄递类物品监管】2021年，东莞海关持续推广跨境电商B2B出口试点业务，指导企业开展海外仓业务，多次召开政策专题宣讲会，指派海关业务专家对跨境电商B2B出口政策和相关配套措施进行解读；针对因新冠肺炎疫情给跨境电商企业物流运输带来的不利影响，优化场所物流及通关流程、落实"优先查验""属地查验"等便利措施，降低企业成本、提高通关效率；常态化开展电商出口退货工作，助力企业开拓国外市场；支持企业发展多种业务类型扩大出口，成功打通东莞跨境电商出口"海陆空铁邮"全物流通道。全年监管跨境电商出口货物货值132.73亿元、同比增长326.8%，其中清单模式1.05亿票、货值106.23亿元，报关单模式3,861票、货值26.51亿元。监管跨境电商出口运输车辆2.57万辆次，同比增长99%。监管跨境电商B2B业务货值共计82.11亿元，同比增长1,159.36%。处理出境邮件1,161.97万件，总价值6.83亿元，同比分别下降52.97%、60.06%。

【AEO企业培育】2021年，东莞海关围绕优化企业营商环境开展精准化服务工作，加大对企业信用培育力度，实施线上"一对一"智慧培育空间，对1,000余家东莞片区企业开展线上叠加线下的信用培育。对接华为、步步高、三星等产业集群骨干企业，将AEO认证企业培育工作向骨干企业产业链、供应链上下游辐射。全年共培育19家重点企业通过高级认证；助推新业态企业创新发展，将外贸综合服务企业纳入年度信用培育重点；对片区东莞虎门港综合保税区企业开展"一对一"培育12次，帮扶企业梳理管理制度和执行记录，助力企业规范管理、提升综合竞争力，实现东莞虎门港综合保税区高级认证企业"零突破"。全年东莞片区高级认证企业总数突破140家。

【核查工作】2021年，东莞海关根据新形势下海关核查业务新特点、新变化、新要求，高质量开展核查工作。以"小集约、大统筹"思路探索"大外勤"核查机制整合优化核查资源，科学调配使用外勤科室各领域的专业人才，实行跨科室编组联合作业模式开展专项核查12次，提高后续监管质量与效能。深化运用"两个机制"(缉私部门与核查部门联系配合机制、东莞海关业务风险防控协同机制)发挥合力,查获黄埔海关推广缉私与核查部门联系配合机制以来首宗刑事案件。建立健全各类作业指引、流程图等规范外勤作业;以视频抽查、廉政回访为手段,强化过程管理,坚持"查""改"并行,及时处置风险;突出内控平台的应用,明确监控手段,提升核查质效。全年共办结"多查合一"核查事项598宗,占黄埔关区核查总量的30.65%。核查作业按时办结率达100%。

(撰稿人:张 铄)

新沙海关

【概况】1993年11月新沙海关设立，2002年1月正式开关，下设正科级机构16个。新沙海关是口岸型海关，承担广州港新沙港区和东莞港麻涌作业区的船舶、货物、物品检查，船员检疫、税收征管以及部分属地查验工作，关区内有水运监管作业场所3个（广州港新沙港务有限公司港区、东莞市虎门港深赤湾散杂货码头、东莞虎门港海昌煤炭专用码头），汽车堆场2个（广州港新沙港务有限公司滚装汽车堆场、东莞中海龙仓储有限公司汽车堆场）。

2021年，新沙海关按照"五关"建设和"六个强化"要求，强化监管优化服务，统筹抓好口岸疫情防控和促进外贸稳增长，各项工作取得明显成效。推进党史学习教育，推动28项重点实事项目落地见效。实施口岸新冠肺炎疫情防控。筑牢国门生物安全屏障，截获检疫性有害生物2,148种次，同比增长4.5%。全年税收入库508.13亿元，同比增长12.03%。保持打击走私高压态势，查获固体废物5.2吨，办结"两简"案件10宗。保障粮食、能源资源安全，验放进口粮食及煤炭同比分别增长26.29%和45.6%。维护产业链、供应链安全稳定，监管进口汽车30.02万辆，同比增长3.9%；出口汽车6.7万辆，同比增长110%。服务口岸扩大对外开放，支持新沙港于2021年12月增开俄罗斯航线。

【全面从严治党】2021年，新沙海关落实"第一议题"制度，坚定"四个自信"、做到"两个维护"。开展党史学习教育，开展庆祝中国共产党成立100周年系列活动，坚持将学史力行作为党史学习教育的落脚点，关党委深入现场和企业开展调研37次，开展"我为群众办实事"实践活动74次，出台措施71条，推动28项重点实事项目落地见效；学习宣传贯彻党的十九届六中全会精神，开展线上线下教育，在全关掀起学习宣传贯彻全会精神热潮；开展模范机关创建，4个创新案例被总关收录；创建党建实训点，新成立1个党支部，培树党建品牌3个，推进"书记项目"试点实施工作，"强基提质工程"得到深化；加强先进典型培育，2个党支部、9名党员获得"两优一先"表彰，1

人获得"十佳执法一线科长"表彰，评选"新沙榜样"16名。加强对"一把手"和领导班子监督，强化责任落实；扎实开展"现场监管与外勤执法权力寻租"专项整治，一体推进"反围猎"和"红包"治理，全年拒收"红包"2人次。用好监督执纪"四种形态"的"第一种形态"，年内开展约谈8人次，批评教育2人次。

【口岸新冠肺炎疫情防控】2021年，新沙海关从严从紧、从细从实落实新冠肺炎疫情防控各项措施。及时调整新冠肺炎疫情防控指挥部成员，增设工作小组，完善新冠肺炎疫情防控机制，强化新冠肺炎疫情防控人力资源保障，抽调28人组成应急突击队，16人组成应急预备队。严格口岸卫生检疫，收集整理船员换班情况、用药记录、船舶航行轨迹等关键信息，做好登临前风险信息研判，全年登临检疫882艘次，实施核酸采样1,316人次。关心关爱新冠肺炎疫情防控一线干部，对8个表现突出的集体和个人进行奖励；落实"四必须""五件套""六个不"封闭管理工作要求，强化封闭管理人员上岗前脱产培训工作，提升个人安全防护意识和能力，将每批次封闭管理人员由4人增加至5人，保障高风险岗位人员轮换轮休。强化联防联控，与3个码头经营单位签订新冠肺炎疫情防控工作合作备忘录，加强与地方专班联系沟通，确保转运船员封闭管理，无缝衔接。累计向东莞市新冠肺炎防控指挥办交通运输疫情防控工作专班移交转运入境船员1,196人次，联合处置船员紧急下船就医情事13起。加强检疫处理监督工作，强化对入境船舶终末消毒过程、方法监督，督促第三方作业单位规范开展消毒作业。

【保障粮食供给】2021年，新沙海关优化服务，提升植物及其产品疫病疫情检出能力，全力保障进境粮食供给。设置进口粮食现场优先服务通道，实行"7×24"小时预约通关制度，对进口粮食即报即查即检；加强风险研判，收集国内外植物疫情风险信息，根据进境粮食的来源、种类和历史截获数据等进行评估，对研判为低风险的粮食船舶，支持企业自主选择表层靠泊检疫或锚地检疫；规范开展检疫及取样送检工作，明确现场检疫取样范围及数量，严格根据检疫要求开展现场检查作业；联合植物检疫实验室开展杂草、红火蚁等检疫性有害生物监测，在港区及周边道路实施外来有害杂草监测网格化管理，全年开展进境粮食运输撒漏监控57次，督促相关主体企业进行外来物种除害工作19次；深化"两段准入"改革，扩大进口粮食"附条件提离"的试点范围至全粮食品种，允许现场检疫合格已取样送检的进口粮食无须等待检验结果，提离到指定加工厂或储备库，全年监管进口粮食1,397万吨，同比增长26.29%。针对4月滞港粮食通关难点，协调口岸相关部门合力制定疏港措施，优化粮食检验出证流程，对粮食船舶实施优先靠泊、优先作业；协调推动交通部门及时调配运输力量，实行每日逐港、逐船调度；协助深赤湾码头拓展42万吨仓容，引导下游企业加快从港口提离进口粮食，4月26日至6月30日，新沙口岸锚地待靠粮船由11艘、55.6万吨减少为1艘、6.5万吨，累计验放粮食53艘、266.05万吨。关区进口粮食塞港问题得到全面解决。

▲2021年7月31日，新沙海关关员开展进境玉米表层检疫工作

【助力能源进口】2021年，新沙海关助力进口煤炭、矿产品高效通关，保障能源供应稳定。了解企业进口计划及码头靠泊安排，合理安排查验作业，确保煤炭"随到、随卸、随检"；加强与技术中心联系，做好取样、送检、检测的衔接工作，及时出具证书，检测速度较2020年同期提升24小时，保障煤电企业用煤需求。9月以来，进口煤炭平均通关时间185.03小时，最快通关时间85.44小时，全年监管进口煤炭1,702.8万吨，同比增长45.6%。落实部分进口矿产品"先放后检"模式和进口铁矿"依企业申请实施品质检验"的监管模式改革，做到"随报随检""优先验放"，全年进口铁矿172.1万吨，同比减少12.8%。

▲2021年8月19日，新沙海关关员开展进口煤矿查验

【促进汽车进出口】2021年，新沙海关强化监管、优化服务，助力汽车进口提质增效。优化进口汽车通关流程，实施"顺势监管"业务改革，将查验作业嵌入到卸船和检测等各流程环节，改造集中查验场地，整体通关时长较改革前压缩10小时以上；支持新能源汽车企业开拓"一带一路"出口市场，监管出口汽车同比增长110%；积极引进兰博基尼、宾利、阿尔法·罗密欧、雪铁龙和沃尔沃等新品牌。发挥广州黄埔综合保税区汽车保税存储政策优势，优先安排芯片短缺问题车辆进行技术监督整改、车辆放行和集中出证等相关工作；成立风险评估小组，制订差异化监管方案，协同主要汽车进口口岸实施联动执法，保障"缺芯"滞港车辆快速通关及时交付，全年验放芯片短缺问题车辆1.06万辆，为企业节约汽车滞报、仓储等

费用1,100余万元。

【综合治税】 2021年，新沙海关积极推进税收征管改革，不断提高税收征管质量。发挥汽车工作专班作用，主要负责人带队到北京、上海实地走访6家重点车企，进一步促进关企合作；开展税收预测分析，通过视频调研、现场问卷，收集企业意见建议7类28条，撰写税收分析8篇；及时向企业宣讲最新政策法规，线上线下解答RCEP税收政策、税款担保改革等热点问题，鼓励汽车生产企业用好汽配件RCEP税收优惠政策；强化后续监控，及时开展规范申报、原产地及汇率适用要素等税收风险隐患排查监控，建立动态管理档案，着力提升税收征管质量；推进海关多元化税收担保改革，梳理重点纳税企业非汇总征税情况，协助企业快速申办汇总征税保函，做到汽车企业汇总征税全覆盖；推广关税保函及关税保证保险等业务，全年共办理保函登记123票，涉及税款约7亿元；专人对接汽车、粮油等重点税源企业，开展企业分类指导，主动送服务到临港重点税源企业，对同行业同类问题进行集中讨论和解答；为企业提供"一对一"精准帮扶，针对汽车企业征税额度核扣异常问题，主动加班筛查数据，手工纠正异常数据数千条，先后为企业恢复担保额度超16亿元；协调解决企业12月增值税税单年内抵扣诉求，及时开具21亿元税单；促成进出口汽车航线的联动运输，降低汽车航运成本，进一步吸引优质税源。

【集约验估】 2021年，新沙海关集约验估机构优化作业模式，强化过程管理，提高验估作业整体效能。对黄埔关区内13家上一年度特殊关系补税额超50万元和136家存在特许权延续性补税的企业，开展价格台账管理；探索"实货验估"作业机制创新，开辟"实货验估"指令下达、执行、反馈的全新通道，形成与风控、查验部门的有机联动，制订5种商品实货验估作业表单；强化作业管理，以每月验估工作例会为抓手，开展验估作业疑难研究、验估时效跟踪和成效评估，提高协作效能；优化风险防控，建立税收风险防控机制，成立关区税收风险防控专门科室，通过定期联合风控、稽查、缉私情报部门研判、协同排查风险等措施，强化税收风险防控能力；优化监控方法，按照点面结合的原则，建立商品、企业、口岸和涉税要素异动风险筛查模型，定期分析价格水平畸高畸低情况，定位风险指向，强化未知风险的挖掘；以重点商品、企业为单元，建立已查发的风险清单定期排查，强化对已知风险的监控处置。2021年，移交稽查13宗，同比增长225%。

【队伍建设】 2021年，新沙海关严把选人用人标准，加强队伍建设。择优提拔副科级领导干部，调整8名副科级领导干部岗位，配齐配强科级领导班子；加强执法一线科长队伍建设，实施"科长能力提升工程"，开展"科长沙龙"专题学习培训4次，综合提升科级领导干部能力水平；深化准军事化纪律部队建设，落实科室管理"四个一"制度，提升规范管理水平；常态化开展队列训练，打造"内务规范标准间"；持续优化平时考核机制，完善考核指标设置和考核流程，健全完善奖励惩戒机制，激发队伍整体活力；开展全员培训，用好业务操作指引和业务实训点，做好分级分类培训，督促干部立足岗位考取专业资质，全年新增专业资质人员33人次，队伍专业化水平全面提升。

（撰稿人：庄聪雅　霍　琪）

常平海关

【概况】1994年10月东莞海关驻常平办事处（副处级）设立，隶属黄埔海关所属东莞海关。2006年9月东莞海关驻常平办事处更名为黄埔海关驻常平办事处（副处级），直属黄埔海关领导。2008年7月升格为正处级机构，2018年12月黄埔海关驻常平办事处更名为常平海关，下设11个科室。常平海关辖区范围包括东莞市常平镇、桥头镇、横沥镇、东坑镇和企石镇共5个行政区，有海关监管作业场所2个（广深铁路股份有限公司常平车站、东莞市世通国际快件监管中心）、公用型保税仓库1个（东莞市盛鑫市场经营管理有限公司）、免税商店1家（东莞市中免免税品有限公司）。业务主要包括铁路口岸监管、快件电商业务监管和企业属地监管等。

2021年，常平海关落实黄埔海关"六个强化"的工作要求，切实履行把关职责，组织安全生产专项整治三年行动（2020—2022年）集中攻坚，推进常态化口岸疫情防控和促外贸稳增长，释放改革红利，推动"六个强化"落地见效。推进党风廉政建设，开展"现场监管与外勤执法权力寻租"专项整治工作，组织警示教育月暨纪律教育学习月活动，开展全领域自查自纠，强化"反围猎"和"红包"综合治理，是年共拒收企业"红包"、礼品等6起9人次，"好差评"系统好评率达100%。强化现场监管，全年受理进出口报关单18.58万票、货值744亿元，同比分别增长153.1%、248.7%；完成税收入库7.95亿元，同比减少23.13%。优化外勤作业模式，是年接收进口目的地货物查验指令881个、出口申报前监管货物查验指令2,751个，同比分别增长68.45%、21.77%；办结核查作业事项407项，核查有效率达77.5%。落实助企惠企新举措，12月进出口整体通关时间比2017年分别下降82.15%、91.94%；落实内销便利化措施，内销征税同比增长16%；新增高级认证企业6家，帮扶竹木草企业成功提升分类33家。推进业务改革创新，推动255家企业纳入"以企业为单元"的加工贸易监管改革，1个企业集团成为东莞市首家企业集团加工贸易监管模式改革试点企业。弘扬"二十字"好干部标准，推行个人绩效考核结果"上墙",新增专业资质人员59人次,评选出6名第三届"常关先锋",1人获评黄埔海关第三届"爱岗敬业十佳关员"。

【党史学习教育】2021年,常平海关开展党史学习教育,组织学习习近平总书记在党史学习教育动员大会、庆祝中国共产党成立100周年大会、党的十九届六中全会上的重要讲话精神,开展"四史"(党史、新中国史、改革开放史、社会主义发展史)学习宣传教育,推动"五学"(党委示范学、支部强化学、党员全面学、创新形式学、实地体验学)见行见效。全年党委会专题学习21次、中心组学习5次、读书班学习3次,推动74项学习教育具体任务、58项中国共产党成立100周年活动安排按期销账。创新党史学习教育方式,组织"唱支红歌给党听"歌唱比赛、"辉煌党旗百年红"、"红色家书叙党史"悦读沙龙暨"身边的党史故事"分享会、"峥嵘岁月展播"、"讲述红色故事赓续红色基因"大讲堂等12个特色活动,获《南方日报》《东莞日报》跟进报道。打造党史教育宣传阵地,制作宣传展板、板报59块,建成并启用党建实训点,17篇微信、政工简报等稿件被总署采用,完成黄埔海关唯一党史类关级课题。践行"我为群众办实事",党委委员带头深入地方政府、企业、基层一线调研50次,解决企业在通关、企业认证等方面疑难问题28个,制订并落实涵盖国门安全工程、便民利企工程、暖心聚力工程在内的11项重点项目清单,选派1名干部进驻广东省韶关乐昌市坪石镇政府,做好驻镇帮镇扶村工作。

【新冠肺炎疫情防控】2021年,常平海关加强制度建设,制订并完善常平海关关于应对新冠肺炎疫情期间突发事件应急预案等7项新冠肺炎疫情防控应急处置预案。加强联防联控,主动谋划并提出整改方案,积极协调东莞市口岸局常平分局、广深铁路有限公司等7个单位,完成旅检现场出入境通道改造,有效推进口岸公共卫生核心能力建设;与广州东站海关签订粤港直通车口岸卫生检疫合作备忘录,建立公共卫生事件信息交换、应急处置、通报协作机制。加强培训演练,组织跨境电商现场新冠肺炎疫情防控应急实战演练等4项应急演练,抽调24人次支援新冠肺炎疫情防控一线,组织全员应知应会知识培训及防护用品穿脱等实操培训31次。加强个人防护,预判外勤作业地点周边新冠肺炎疫情动态,按照作业类别对照防护指引适配个人防护标准;按规定频次做好办公场所、生活区域清洁消毒工作,规范落实医疗废物处置,严格执行错峰分批就餐;落实"日报告、零报告""应检尽检"要求,推进新冠病毒核酸检测和疫苗接种工作,全年开展新冠病毒核酸检测5,462人次。加强监督检查,严格机关大院进出管理,规范做好"一看"(口罩)、"二查"(个人大数据行程卡、健康码绿码等)、"三测"(体温)、"四登记"(姓名、联系电话等）；严格执行"岗前检查、工作巡查、全程督查"和"双人作业、互相监督"的安全防护监督制度，强化"四不两直"常态化监督检查，开展检查并通报情况12次。加强人文关怀，组织干部员工参加新冠肺炎疫情防控专题心理讲座30人次，购置心理书籍12本。

【市场采购贸易】2021年，常平海关按照"包容审慎、统筹协调、分类管理"监管理念，推动市场采购贸易健康有序发展，为中小企业构筑便利化贸易新通道。内外协同凝聚关地推进合力，与地方政府密切联系配合，组建海关、商务、税务、外汇等业务专家宣讲团，密集开展"走遍莞邑"市场采购贸易政策宣讲和业务推广，覆盖800余家企业，引导企业熟悉政策、用好红利；与东莞市商务局签订支持市场采购贸易发展合作备忘录，完善定期会商、日常联络和问题反馈机制，制定综合性配套监管办法及实施细则，支持地方相关部门推进市场采购商品认定、商品溯源、风险防控等体系建设。点面联动打造平台叠加优势，推出市场采购贸易组货拼箱、报关申报和查验放行等"一站式"服务模式，同步推进市场采购贸易东莞港、中欧班列、国际空港等对接，提供"海陆空"全渠道运输方式和"转关""一体化"多种便利通关模式；加强通关运行监控，建立口岸海关和属地海关信息共享和联系配合机制，及时掌握企业货物口岸查验动态，确保"发现一单、处置一单"，持续提高货物通关和查验异常处置时效性。多维管控防范全链条风险，加强商品价格监控分析，筛选并通报价格水平偏高商品及高风险企业，联合地方商务部门集中约谈17家重点企业，督促企业自查整改；强化高风险企业审单查验，根据价格水平监控情况，梳理统计11家高风险企业和41项价格偏高商品，及时下达人工审单、现场查验的布控指令。全年市场采购贸易方式出口货物11.69万票、货值561.3亿元，同比分别增长96.66倍、59.32倍，商品种类涵盖纺织服装、家具、日用百货、金属制品等，出口辐射美国、英国、加拿大等191个国家和地区。

【国际货运班列】2021年，常平海关聚焦国际货运班列运营堵点痛点难点，成立"东莞常平号快速通关应急小组"，对接好"最初与最后一公里"，指导企业用好"提前申报"、舱单归并、信用认证等海关便利政策，开展班列沿线国家检验检疫证单个性化要求专题培训，助力企业降低境内外通关成本，回程重箱率居广东省第一位，推动"东莞常平号"国际货运班列实现从"单向开行"到"双向运行"的突破。2月8日，"东莞常平号"首趟进口班列驶进常平铁路装卸点。9月24日，"东莞常平号"首趟中亚班列开赴乌兹别克斯坦。逐条解读两仓设立申请流程及作业场所设置规范，多次实地察看备选地块、仓库，指导运营主体开展可行性评估和立项，协调解决海关监管作业场所缺位问题，推动"东莞常平号"于10月10日实现从"临时班列"到"图定班列"的突破。"东莞常平号"国际货运班列全年开行38列（其中进口6列）、报关单1,890份、3,776标箱、货重2.18万吨、货值6.67亿元，同比分别增长37倍、38.38倍、41.91倍、45.83倍、32.16倍。国际货运班列有中欧班列、中亚班列。中欧班列线路共14条，到达国家有蒙古国、哈萨克斯坦、俄罗斯、白俄罗斯、波兰、德国、捷克7国。中亚班列线路共2条，到达国家有越南、哈萨克斯坦、乌兹别克斯坦3国。

▲2021年2月8日，从俄罗斯切尔尼科夫卡始发的"东莞常平号"首趟进口班列到达常平铁路装卸点

【跨境电商】2021年，常平海关建立定期走访企业制度，实地考察某电商企业集货仓库，促成该电商企业5月底进驻运营。压缩跨境电商通关查验流程节点，非查验车辆场内平均通关时间为28.35分钟，效率同比提高19.63%。采取措施做好"双十一"期间跨境电商通关保障工作，提前开展物流配送环节调研，了解经营货物结构、业务计划及企业诉求；建立实时沟通协调机制，对外公布专职联络员名单和联系方式，24小时回应企业通关诉求；开展通关系统压力测试，对现场硬件监管设备CT智能审像机等开展自查自测，确保设备正常稳定运转；制订"双十一"通关保障应急预案，组建党员先锋队，保障现场通关安全有序。"双十一"期间验放跨境电商出口货物72.57万票，同比增长31.84倍。全年验放跨境电商出口车辆586车次、货物1,023.53万票、货重2,378.46吨、货值4.19亿元，同比分别增长29.93%、3,313.93%、29.47%、181.92%，出口货物主要有手机配件、运动鞋、塑胶玩具等。

【核查业务改革】2021年，常平海关在黄埔海关稽查处的指导下，充分利用企业由于自身生产经营所需向第三方机构申请获得的认证认可报告，开展"核查领域采信第三方出具报告制度"改革。严选采信试点企业，通过调取企管系统数据、企业调研等途径摸底企业信息，从核查事项范围、第三方机构资质、企业自身管理水平等方面，严格筛选符合要求的食品企业，把好改革试点企业入门关。加强采信政策宣传，以电话沟通、网络推送、现场宣讲等多种方式对符合要求的企业进行宣传推广和政策普及，鼓励企业积极参与改革试点，夯实改革基础。优化采信实施方式，简化现场工作流程，在不额外增加企业费用负担的前提下，对试点企业按照第三方报告的实际内容采取"全部采信"或"部分采信+实地核查"的方式，实现快速办结。优化执法资源配置，在派单环节合理减少核查组人员，避免同一核查内容重复下厂，节约行政成本，提升后续监管效能。全年对3家出口备案食品生产企业开展核查采信试点，现场平均核查作业时间由1~2个工作日压缩至0.5个工作日。

【反恐备勤】 2021年，常平海关承担东莞地区海关口岸监管环节反恐怖备勤工作任务，支持地方反恐工作。健全反恐备勤制度，成立核生化反恐专业备勤队，明确上半年1,200余人次备勤名单。加强关地反恐协作，与东莞市反恐办开展座谈1次，就做好海关反恐怖工作及中国共产党成立100周年重大安保节点反恐备勤工作进行交流座谈，强化反恐合力。加强仪器设备使用管理，建立巡检工作制度，定期对辐射监测、生物化学快速检测、正压式空气呼吸器等16件仪器设备进行巡检维护，及时按规定进行校准，确保使用状态良好。加强反恐备勤培训实战，组织内部培训3场次、62人次参加，组织应急拉动演练1次，重大节假日集中点名4次；按照黄埔海关口岸监管环节反恐怖应急指挥部和东莞市反恐办要求，核生化反恐专业备勤队按照"人不卸甲、马不解鞍"的工作要求，在春节以及中国共产党成立100周年期间开展24小时待命值班备勤。上半年共执行反恐备勤181天，其中一级备勤5天、二级备勤8天，圆满完成上半年值班备勤工作任务。

【"互联网+检验"】 2021年，常平海关在黄埔海关稽查处的指导下对"互联网+检验"积极探索、先行先试，借鉴行政执法远程操作经验，提前研判"互联网+检验"衍生风险点，建立准入管理措施，制订远程视频检验工作方案，为新冠肺炎疫情防控环境下属地查检作业提供了新手段。落实落细各项准备工作，对企业开展"一对一"宣讲，组织内部岗前专题培训，提前做好设备连线调试，6月30日完成了黄埔海关首单"互联网+检验"业务。参与制订黄埔海关"互联网+检验"操作指引，明确"互联网+检验"的准入条件、作业准备、作业实施、作业处置、工作纪律等要求。全年共对12家企业24票报关单开展远程视频检查作业，属地查检作业时间由平均4小时缩短到1小时。

【截获国家二级保护动物大壁虎】 2021年9月25日，常平海关在进口集装箱内截获国家二级保护动物大壁虎1条，为黄埔海关首次截获国家二级保护动物。按照《中华人民共和国进出境动植物检疫法》，常平海关对其进行了临床检疫，并移交地方林业部门。最终，东莞市野生动物收容救护站接收了这只大壁虎。相关新闻先后被中央电视台CCTV2《经济信息联播》及《第一时间》栏目报道，并被"海关发布"微博及微信采用。

（撰稿人：张法军）

太平海关

【概况】太平海关前身为1981年6月黄埔海关在货运监管科下设的驻太平工作组，1983年10月，总署批准设立太平分关，1984年2月升格为副处级机构，1985年2月太平分关更名为太平海关。2000年12月，太平海关升格为正处级机构。2015年9月，按照黄埔海关业务改革总体方案，太平海关剥离通关、查验、物流监控、保税加工贸易监管等业务，设立东莞片区稽查中心，主要执行东莞地区企业稽查职能，同时保留旅客行邮物品监管、综合业务管理两项业务。太平海关现设16个正科级机构。

2021年，太平海关全面落实总署、黄埔海关党委部署要求，深入推进"五关"建设，认真履行海关稽查、卫生检疫、征收关税、打击走私等职责，围绕"在功能型海关建设中继续走在前列"目标，持续推动稽查工作提质增效，全年办结稽查作业531宗，稽查任务完成率达101.2%。从实从细做好口岸新冠肺炎疫情防控，在4月28日至6月6日东莞虎门至澳门航线复航期间，检疫进出境人员中，发现进境有新冠肺炎症状并采样转运1人次，严格落实"三查三排一转运"措施，筑牢口岸疫情防线。积极推进营商环境优化，召开5次政策宣讲会，运用"互联网+稽查"平台办理稽查业务1,094次，受理主动披露41宗，审批减免税申请18票，出具原产地及涉检证书2,929份，释放政策红利。

【稽查业务】2021年，太平海关克服新冠肺炎疫情影响，全力推进稽查业务。利用云擎、新海廉、ECIQ等系统平台，开展风险分析研判，锚定重点行业、重点商品和高风险企业，提升指令有效性，全年提出稽查建议转化为稽查指令121条。结合开展"蓝天2021"专项行动，加大专项稽查比例，打击"洋垃圾"走私，对46家经营固体废物、进口再生金属高风险企业开展稽查，查获问题21宗，涉及货值1,300多万元；对"直线运动滚动轴承及其零部件"开展延伸稽查，办结28宗，涉及货值4.65亿元，有效率达100%；集中力量开展进出口食品、强制性认证领域逃漏检专项稽查，查获违规案件6宗，涉案货值3.69亿元。完善稽查审核必审项目表,推进稽查文书模板应用,助推稽查标准化作业,提升执法质量,审核退查率为27.94%,补正率为17.15%,同比去年均有所下降。开展引入中介协助稽查,全年引入中介12宗,助力提升查发水平。优化外勤绩效考核,修订稽查外勤业务绩效考核管理办法,将刑事立案、查发行政大要案、查发贸易型企业等指标纳入考核要素,考核范围从副科长、组长、组员扩大到科室,全年共开展外勤绩效考核3次。制订"智慧稽查"建设方案,推进"智慧稽查"中心建设。贯彻落实总署深化稽查改革部署,转变稽查理念,树立查发导向。

▲2021年4月13日,太平海关关员开展固体废物专项稽查

【口岸监管】2021年,太平海关持续改造优化太平客运口岸监管设施,新配毫米波人体成像仪、人脸识别系统,提升智能化监管水平。更新通道式辐射监测设备,加强口岸核生化监测预警能力。增配上转发光微生物免疫分析仪和便携式化学快速分析仪,增强有害生物传入境内的防范能力。4月28日至6月6日虎门往返澳门航线复航期间,落实口岸新冠肺炎疫情防控要求,推动地方成立口岸现场工作组并安排商务、卫健、公安"三人小组"常驻现场,加强口岸单位联防联控,对入境人员落实"三查三排一转运"措施,期间共监管进出境客轮82艘次、船员782人次,发现进境有新冠肺炎症状并采样转运1人次;查验进出境行李物品219票,截获动植物产品35批次,征税24批次。

▲2021年5月18日,太平至澳门航线复航期间,太平海关组织本关志愿者为旅客服务

【全员打私】2021年,太平海关扎实开展后续监管领域全员打私、"国门利剑2021"专项行动,聚焦关区重大税收风险和准入风险,组织开展行业性专项稽查行动,重点打击区域性、行业性、团伙性走私违法行为。定期与缉私部门召开联席会议,联合开展取证培训,学习涉罪案件办理规程和刑事办案经验,推进信息共享,加强涉嫌走私案件联合研判,重大案件实施审核前置,严格移交案件证据材料标

准，并提请缉私部门提前介入，强化协作配合，提升打私合力。

【综合业务】2021年，太平海关制订综合业务与稽查部门工作指引，规范价格、归类、原产地专业认定，明确作业时效、认定程序等具体要求，全年开展价格、归类、原产地专业认定417宗，同比增加48.6%。落实《中华人民共和国行政处罚法》和《中华人民共和国海关办理行政处罚案件程序规定》要求，制订快速办理行政处罚案件工作指引，规范案件移交证据材料标准，优化"两简"案件办案程序，全年办结"两简"案件77宗，同比增长81%。

【优化服务】2021年，太平海关贯彻中央"六稳""六保"工作部署，推进"互联网+稽查"工作模式，全年开展全程互联网稽查作业8宗，运用"互联网+稽查"平台办理稽查业务1,094次，有效减轻企业配合负担。召开5次政策宣讲会，参加企业800多家，利用稽查外勤下厂机会，对企业开展政策宣讲，促进政策红利释放。引导企业主动披露，全年受理41宗，依法为企业减免滞纳金200余万元。发挥综合业务"单一窗口"功能，便利企业就近办理海关业务，全年审批减免税申请18票，涉及货值5,526.53万元，同比增长300%，出具原产地及涉检证书2,929份。完成澳门航线复航监管，方便粤澳两地人员交流往来。

【基层党建】2021年，太平海关加强基层党的组织建设、支部标准化规范化建设，创建支部党建品牌，全关共有黄埔海关党建示范品牌2个、培育品牌2个。建设党建实训点，打造党建成果展示和学习交流平台。积极组织各种主题党日活动，举办3期党支部书记培训班，完善党支部组织架构，配齐配强党支部班子，开展党建考核，扎实推进"四强"支部创建。7个党支部获黄埔海关"四强"支部，2个党支部获黄埔海关先进基层党组织，7人获黄埔海关优秀共产党员，2人获黄埔海关优秀党务工作者。扎实开展党史学习教育，创建"党史系列课堂"，各党支部组织党史专题学习270余次，组织参观红色基地、录制"红色广播"，举办青年"党史夜读"，"我为群众办实事"实践活动24项措施全部落实。推进党建与业务融合，在稽查组设立临时党小组，把党建触角延伸到业务一线；发动党员积极报名参加应急队、预备队、突击队，发挥党员示范带头作用。

【队伍建设】2021年，太平海关深入开展准军事化建设，落实内务规范常态化管理要求，严整关容风纪，开展"平关榜样"评选，以正面典型激励干部干事创业，年内22名个人或集体在党团工青妇工作中获得表彰，1名科长获评黄埔海关"双十佳"，2名科长入围"双十佳"优秀。推进执法领域风险防控，开展"现场监管与外勤执法权力寻租"专项整治，梳理外勤执法8个方面风险点，深化41个主要风险节点自查自纠，依托信息化系统，强化内部监督监控，建立稽查专家监督指导工作机制，提升风险防控水平，每月抽取企业进行执法回访，聘请15名特约监督员，自觉接受外部监督，推进清廉海关建设，4人次拒收企业红包。健全完善"三重一大"决策制度实施办法、内控闭环管理实施细则等多项制度规范，建立财务管理、后勤保障等领域风险清单，推动廉政风险防控向非执法领域延伸。组织干部参加总署、黄埔海关各项专题培训和各平台自学，建立"平关学堂"，举办各级各类培训班39期，培训1,600余人次，168人次干部通过动植检、卫生检疫、危化品监管等岗位执法资质考试，学习型海关建设稳步推进。建立关心关爱群众机制，发挥工青妇等群团组织桥梁纽带作用，队伍凝聚力和战斗力不断增强。

【法制保障】2021年，太平海关深入推进法治海关建设，扎实开展规章制度清理，废止文件2份，修订12份，新制订5份，确认现行有效47份。成立推行"三项制度"工作领导小组，全面推行行政执法公示制度、执法全过程记录制度、重大执法决定法制审核制度。落实"谁执法谁普法"要求，扎实开展"八五"普法宣传教育，在稽查执法和出入境通关执法中开展"嵌入式"普法，与东莞市虎门镇教育局、东方小学合作推进"普法进校园"活动，多种方式开展普法宣传，营造良好法治环境，全年开展政策宣讲5次、普法宣传活动501次。加强民事行为、合同事务法律管理，年内共审核合同49份，涉及金额1,065万元。发挥公职律师、法律顾问作用，成功实现东莞某企业主动撤回行政诉讼。

【安全管理】2021年，太平海关调整安全生产工作领导小组成员部门，明确职责分工，压紧压实安全生产责任；开展安全生产专项整治，全面排查和评估安全风险隐患，建立风险隐患清单，推进逐项整改，守住安全生产底线。坚持"外防输入、内防反弹"，常态化做好新冠肺炎疫情防控工作，动态调整防控措施，做好办公、生活场所清洁消毒，落实个人防护、外勤防护要求，推进新冠病毒疫苗全员接种。筑牢"外防输入"防线，组织对口岸设施进行多次改造优化，增配智能化监管设备，与口岸相关单位建立联防联控机制，开展全流程联合演练。4月28日至6月6日东莞虎门往返澳门航线复航期间，严格落实"三查三排一转运"措施。停航后，坚持常态化开展业务培训和模拟演练，组建业务应急队和预备队，始终保持临战状态。

（撰稿人：黄鑫湖）

凤岗海关

【概况】1990年12月东莞海关驻凤岗办事处设立，1991年7月升格为副处级机构；2004年11月东莞海关驻凤岗办事处更名为黄埔海关驻凤岗办事处，升格为正处级机构，直属黄埔海关领导。2018年12月，黄埔海关驻凤岗办事处更名为凤岗海关。凤岗海关下设17个正科级机构，辖区范围包括东莞市凤岗镇、清溪镇、塘厦镇、樟木头镇、谢岗镇共5个镇区，1个保税物流中心（B型）和南方中集新造集装箱堆场。

2021年，凤岗海关全面贯彻党中央国务院重大决策部署和总署、黄埔海关党委工作要求，以高质量发展为主题，推进落实"五关"建设，落实"六个强化"，统筹推进口岸疫情防控和促进外贸稳增长各项工作。全年监管进出口车辆17.04万辆，货值1,915.7亿元，货运量258.44万吨，税收入库29.77亿元；落实"国门利剑2021"专项行动部署，全年刑事立案32宗、案值1.99亿元，行政立案91宗、案值8.57亿元；清溪保税物流中心（B型）推行"7×24小时卡口智能验放"，支持龙头企业通过高级认证、区内增容，带动地方高精尖产业集群发展，全年进出区货值789.8亿元、征收税款14.76亿元，同比分别增长18.2%、10.4%，粤港澳大湾区2,995家企业在中心开展业务。

【党的建设】2021年，凤岗海关坚持旗帜鲜明讲政治，落实"第一议题"制度，规范领学述学机制，开展党委中心组（扩大）学习5次、专题研学21次；党委班子严守政治纪律和政治规矩，发挥"把方向、管大局、保落实"作用，坚持民主集中制，制定"三重一大"决策制度实施办法、党委议事清单，落实事前合规性审核、集体讨论、末位表态等要求；强化基层执行落实，对重点工作实行"每日沟通、每周汇总、每月通报"，黄埔海关重点工作任务分解表中需协办的71项具体任务、302条落实措施，以及本关制定的99项重点任务均如期完成；形成党委书记"第一责任人"、党委成员"一岗双责"的全面从严治党工作责任体系，落实36项全面从严治党重点工作任务、18项加强对"一把手"和领导班子监督清单，推进黄埔海关党委危化品专项巡察反馈问题整改、2021年黄埔海关党委巡察发现普遍性问题整改，巩固整改长效机制；优化"1+N"党建阵地，创新支部划片区管理模式，完善党建平时考核体系，指导整改共性问题10余个；打造基层党建实训点，分级分类开展实操培训，打造"六会"（会做党务工作、会讲党课、会依靠组织制度管理监督党员、会正确处理党内各种关系和矛盾、会开展思想政治工作、会防控风险）书记队伍，17名党支部书记实现全员考核上岗；深化"四强"支部创建，获评黄埔海关"四强"支部5个，全国海关基层党建培育品牌单位1个、黄埔海关示范品牌2个、培育品牌2个，入选黄埔海关试点"书记项目"1个；探索部分党支部与南方中集党支部、黄埔海关驻凤岗办事处缉私分局查私科党支部联合共建，深化"党员突击队""党员先锋队""党员示范岗"创建，发挥"两个作用"，支援辖区危化品监管26人次，参加乡村振兴工作队1人，获评"广东好人"1人；巩固全国精神文明单位和"全国职工小家"创建成果，扩大团委"创想"新媒体工作室品牌影响力。

【法治建设】2021年，凤岗海关推进"谁执法谁普法"责任制，线上线下普法相结合，在执法活动中开展"嵌入式"普法，将执法过程变为普法公开课；完善制度规程管理办法，搭建"法治园地"工作阵地，"立改废"制度性文件86份；派员参加总署立法评估2次，黄埔海关业务制度法律意见集中会商3人次；对隶属海关制度进行合法性审查7条；审核民事合同28份，司法协助3次，追回倒闭企业所欠税款20万元；发布行政许可和行政处罚"双公示"信息31条；开展行政执法（核查）作业285家次，实现执法全过程记录；严格按照"一事一档"的原则，对重大执法决定法制审核情况以及决策执行情况的资料建档备查；深化公职律师管理，设置公职律师服务岗，推动公职律师遴选工作，发挥公职律师在辅助决策、解决疑难、法律审核等方面的作用，1名干部获评2020年度全国海关优秀公职律师。

【风险管理】2021年，凤岗海关扎实推进三级监控指挥中心实体化运行，制订工作指引和任务清单，围绕新冠肺炎疫情防控、规范执法等18个项目制订监控作业表，形成具体操作指引。组织业务科室参与监管作业场所巡查、复查复验等重点任务专项监控21次、整改问题8个，通过日常巡检处置异常情况9次，摄像头在线率稳定在98%，三级监控指挥中心通过验收。成立清溪B保风控小组，开展重点分析，查发企业擅自开展"简单加工"业务违规情事2起。强化新业态业务风险分析，打击电商出口渠道"伪瞒报、逃漏检"行为，查发涉危、涉检案件16宗，其中查获水银出口走私11.2吨。

【税收征管】2021年，凤岗海关认真落实各项税收优惠措施，向企业推广"关税保证保险""汇总征税""自报自缴""两步申报"等各项便利措施；深入企业开展调研工作，为企业解决新冠肺炎疫情形势下的各种困难；制定实施 RCEP 落地措施和"一企一策"个性化通关方案，涵养回流税源企业，为企业开展预归类、价格预审核、规范申报指导等服务；加强与职能部门、一线口岸间的沟通及联系配合，形成综合治税合力。全年税收入库 29.77 亿元，同比增长 12.45%。

【检验检疫】2021 年，凤岗海关严格落实卫生检疫工作要求，严把食品安全关，加强商品检验日常监管，加强动植物检验检疫监管，严格落实国门病媒生物监测计划。全年完成进出口食品查验送检 64 批次，水产品专项检测 14 批次，上报总署食品安全信息系统（FSI）舆情信息 66 条，总署采用进出口食品安全风险信息 5 条。开展辖区食品企业供港肉类非洲猪瘟专项监测，取样送检 8 批次；完成供港蔬菜抽样送检 131 批次，开展出口蔬菜企业专题政策宣讲 2 次，约谈企业 4 次。出具危险货物包装使用鉴定结果单 2,306 份，发现出口包装不合格情事 115 批次，报送危险货物包装检验不合格案例 2 个；查验旧机电 81 批次；采用视频监控、实地巡查相结合的方式开展南方中集集装箱运抵核查 1,352 批次、货值 16.42 亿美元，同比分别增长 9.96 倍、2.25 倍；进行木质包装 IPPC（国际木质包装检疫措施标准）审核 917 次，竹木草藤制品查验 438 批次，实施竹木草藤企业特殊资质实地考核 35 次；按抽样指令完成进口动物制品查验 1 次；开展出口水生动物企业监管，实施水产品视频企业监督检查 14 次；出具兽医（卫生）证书 508 份、植物检疫证书 161 份、熏蒸/消毒证书 42 份，开展病媒生物监测 17 次。

【监管业务】2021 年，凤岗海关加强正面监管，充实现场监管力量，执法一线科室内部人员交流 50 人次，新增危化品资质人员 26 人。"龙腾行动 2021"全年任务提前完成，查扣涉嫌侵权货物 177 批次、128.9 万件。加强后续监管，深化核查部门与缉私部门联系配合，年内开展联合外勤执法 3 次均有查获，查获的伪造植物检疫标识案件为关检融合后黄埔海关首宗；查获 2 宗不锈钢反倾销案。做精做实属地服务，对辖区新能源企业提供对企技术性贸易措施咨询，实行"提前申报+优先查验+快速出证"措施，检验压缩时长 50%；出口锂电池批次同比增长 20 倍。加强企业资质管理和信用管理，实现即到即办、电子数据审核，通过 AEO 高级认证企业 4 家。优化原产地证书和检验检疫证书出证流程，推进原产地证书自助打印改革，制发检验检疫证书 3,708 份、原产地证书 1.36 万份。

【新冠肺炎疫情防控】2021 年，凤岗海关关注最新新冠肺炎疫情防控形势，组织开展 6 次统筹口岸新冠肺炎疫情防控和促进外贸稳增长工作指挥部会议专题研究布置，更新 15 份新冠肺炎防疫方案文件具体指导，采取"四不两直"方式多次深入现场、监控中心巡查监督，防范违规情事发生；紧抓新冠肺炎疫情防控重点特点，重点加强跨境司机出入管控、办公和宿舍区域新冠肺炎防疫工作，督促监管场所经营人对5,861人次跨境司机实施新冠肺炎疫情防控措施，与属地新冠肺炎疫情防控指挥部信息互通，开展内部新冠肺炎疫情防控应急演练和桌面推演3次，参加黄埔海关业务应急预备梯队23人，支援口岸一线新冠肺炎疫情防控9人次；常态化推进日常防护，严格落实"岗前检查、工作巡查、全程督查""双人作业、相互监督"等安全防护要求，及时发现纠正新冠肺炎防疫不规范问题8个。持续推进场所消毒、新冠病毒疫苗接种等防控措施。

【政务管理】2021年，凤岗海关1篇综合信息被海关要情采编并报中共中央办公厅、国务院办公厅，2篇综合呈报被署领导批示，推动中华鳖、锂电池、婴童产品进出口等亮点工作被"海关发布"、"学习强国"、广东卫视等省级以上媒体采用；开展基层调研和政策研究，做到学用结合，理论研究成果被广东分署政研、黄埔海关政研刊用5篇次，1篇文章获评广东分署征文二等奖、3篇文章获评三等奖，凤岗海关学会小组获评黄埔海关"优秀学会小组"；过好"紧日子"，25项节约措施全面落实到位，全年节约各项费用约239万元。

【队伍建设】2021年，凤岗海关坚持正面引导与反面警示相结合，开展"线上+线下"应知应会测试4,000余人次，对2名受处分人员进行教育回访，推进以案促改、警钟长鸣；严格执行领导干部个人有关事项报告制度，更新完善14名一线执法科长廉政档案；一体推进"反围猎"和"红包"治理，报告拒收红包6起11人次；积极推进"四责协同"，密切与派驻纪检组联系配合，开展双向"画像式"精准监督，深入建设新时代清廉海关；加强执法一线科长队伍建设，关党委每月与执法一线科长谈心谈话，实地考察工作情况，实施"三单"对账，督导落实"一岗双责"；开展"支部书记能力强化月"、党务实操培训班等活动，着力提升科长抓党建能力；全面推广科室绩效管理、执法一线科室班前会，组织"内务规范强化月"活动，常态化开展内务督察23次、视频检查280余次；对违反工作要求的人员及所在科室领导通报批评10人次，运用"四种形态"开展个人提醒谈话8人次。

【党史学习教育】2021年，凤岗海关成立党史学习教育领导小组，组织参加黄埔海关庆祝中国共产党成立100周年"六个一"系列活动，获黄埔海关党史知识竞赛二等奖、微视频大赛三等奖；举办关区内部党史知识竞赛、"画说党史"、"回首百年路，红歌颂风华"音乐党课等活动，开展"学史·铸魂"讲座、"红色观影月"等活动，邀请海关退休老党员结合对越自卫反击战亲身经历讲授专题党课，组织党员干部开展"沉浸式""体验式"党性教育150余人次；成立5个青年理论学习小组，依托"木棉花开"青年读书会开展"声入人心"配音、"身临其境"情景演绎、"错位时空学《决议》"座谈会等一系列形式新颖、感染力强的活动，引导青年关员学党史、强信念、跟党走；相关经验获总署政务网专栏，广东海关、黄埔海关相关简报等采用30余篇，被总署《金钥匙》杂志采用稿件15篇次。开展"我为群众办实事"实践活动，开展聚焦国门安全、便民利企、暖心聚力"三项工程"，建立党委班子"我为群众办实事"重点项目清单22项、支部"书记项目"18项，均已全部完成。

▲2021年4月12日，凤岗海关关员到红色教育基地开展体验式党史学习教育

【**优化营商环境**】2021年，凤岗海关统筹推进口岸疫情防控和促进外贸稳增长各项工作，关区新能源和集装箱行业出口量倍增，帮扶事迹被多家媒体报道；主动融入"双区"（建设粤港澳大湾区和支持深圳建设中国特色社会主义先行示范区）发展战略，对接东莞市南部九镇发展布局，支持临深镇区承接深圳高新企业外迁落地发展。坚持"以人民为中心"导向，做好"六稳"工作、落实"六保"任务，推进惠企措施落地见效；落实海关"两步申报""两段准入""简化单证""汇总征税""互联网+""以企业为单元"等系列改革，助力市场采购贸易等新业态高质量发展，属地查检业务实现"随到、随检、随走"，进出口整体通关时间较2017年分别压缩69.98%、82.93%，"两步申报"应用率达39.5%，长期未结关报关单清理在黄埔海关率先实现清零，验放市场采购出口货物7,651万元。开展外贸形势大调研工作，实地走访46家企业，协调解决45个问题，增设清溪B保检验检疫证单出证点，落实检验检疫车检场集约检验等便民利企举措。

（撰稿人：王　鹏　陈晓芝）

东莞长安海关

【概况】1988年11月，太平海关驻长安办事处设立。1997年5月升格为副处级机构，2004年11月，太平海关驻长安办事处更名为黄埔海关驻长安办事处，升格为正处级机构，直属黄埔海关领导。2018年12月黄埔海关驻长安办事处更名为东莞长安海关。东莞长安海关下设12个正科级机构，管辖长安、大岭山2个镇区的通关查验、电商出口、企管、加贸、核查业务，长安、大岭山、虎门3个镇区的检验检疫业务及厚街镇的部分检验检疫工作。

2021年，东莞长安海关坚持以习近平新时代中国特色社会主义思想为指导，坚决贯彻习近平总书记重要指示批示精神，统筹发展和安全，强化监管优化服务，统筹抓好疫情防控和促进外贸稳增长，深入推进"五关"建设。支持外贸保稳提质，全年进出口总值4,438.6亿元，同比增长23.1%，占黄埔海关进出口总值的24.88%；开展跨境贸易便利化专项行动，进出口货物整体通关时间分别压缩至0.92小时、0.43小时。

全面履行监管职责，监管车辆2.15万辆。筑牢检疫防线，检验检疫进出口货物1,788批次。推进"国门利剑2021""龙腾行动2021"等专项行动，查获违规出口口罩10万个、新冠病毒检测试剂2.1万剂、夹藏电子设备798件、侵权商品135批次等。提升核查查发效能，核查作业有效率81.77%。深化综合治税，税收入库237.09亿元，同比增长49.97%。

坚持改革创新，优化口岸营商环境，立足属地海关监管职责，启动粤港澳大湾区供应链安全通关便利化试点。进一步扩大新业态规模，开通市场采购业务，3月19日，验放黄埔关区首票市场采购业务使用车检场转关模式出口货物。

【党的建设】2021年，东莞长安海关坚持把政治建设摆在首位，认真学习贯彻习近平新时代中国特色社会主义思想和党的十九届六中全会精神，组织开展党委中心组（扩大）学习5次，结合"第一议题"学习制度落实，开展党委会研讨学习42次，并不断深化"深学习、充分议、落实处"机制，结合每月形势分析及工作督查例会通报具体事项贯彻落实情况146项

(次)。

扎实开展党史学习教育，举办庆祝中国共产党成立100周年系列活动，坚持党史知识"日测、周答、月通报"，组织开展"党史学习天天读""中国精神"手抄报展等特色活动，开展专题读书会5次、读书班15场次，150余人次就近参观红色教育基地。开展"我为群众办实事"实践活动，推进东莞长安海关党委"三项工程"（国门安全工程、便民利企工程、暖心聚力工程），实地调研企业21家，收集、研究、解决各类堵点难点问题24个。

常态化检查指导支委工作，对基础薄弱党支部的书记、支委进行教育、提醒，综合运用"第一议题"观摩会、"三会一课"示范会、党建工作现场推进会，不断强化党支部政治功能和组织力。常态化开展党建实训，构建"听、看、练、考"四位一体党建实训体系，完善"月指引、季检查、年考核"党建考核机制，开展党建实训3次，完成11个党支部书记培训考核。抓好"四强"支部建设，强化"一支部一品牌"作用，坚持培树先进典型，综合业务二科党支部复核保留"全国海关基层党建培育品牌单位"，6人获评黄埔海关优秀共产党员；发挥党支部战斗堡垒作用和党员先锋模范作用，选派党员干部、业务骨干支援一线口岸及地方疫情防控工作9人次。

扎实推进清廉海关建设，落实全面从严治党责任清单，贯彻民主集中制，制定落实"三重一大"决策制度和关党委议事内容目录清单。推进"现场监管与外勤执法权力寻租"专项整治工作，按照"组织部署、全面自查、实地检查、整改问效"四个阶段全面统筹专项整治工作，强化外部监督，在办事大厅和业务现场张贴对外举报渠道海报，放置举报箱，设立举报专线，通过快递、电话等形式将专项整治工作公开信通报辖区商会、高级和一般认证企业75家，企业协调员、特约监督员23人。巡视发现问题全部整改、全面清零。推进"反围猎"和"红包"综合治理，开展"海外兵团"、不良中介等排查，廉政回访80余次，拒收企业红包2份。

【队伍管理】2021年，东莞长安海关坚持新时代好干部标准，突出政治标准，树立正确选人用人导向，坚持科学精准管理队伍，强化执法一线科长队伍建设，选派1名科长赴昆明海关参加互派锻炼，针对不同层级、不同年龄人员召开专题座谈会7次，连续15年开展"长安之星"评选活动，选出10名"长安之星"。坚持把培养人才摆在突出位置，落实党管人才原则，深化资质队伍建设，全员培训达标率为100%，新增资质人员57人次，具备1项资质70人，具备2项及以上资质38人，1人在全国海关商检领域技能比武中获评"百强"选手。198人次获评奖励，其中1人获评黄埔海关"十佳执法一线科长"，2人获评东莞市争创第六届全国文明城市先进个人。扎实开展警示教育月暨纪律教育学习月活动，深化酒驾醉驾整治，加强"八小时外"监督管理，严肃队伍纪律作风。

【**新冠肺炎疫情防控**】2021年，东莞长安海关落实"外防输入、内防反弹"总策略，从严从紧从实从细做好新冠肺炎疫情防控工作。全年召开东莞长安海关统筹口岸疫情防控和促进外贸稳增长工作指挥部会议7次，开展全关性新冠肺炎疫情防控应急处置演练4次。坚持落实"日报告、零报告"制度，报告人员健康异常状况63人次。做好出差出行管理，收集出省人员信息118人次。落实新冠病毒核酸检测"应检尽检"要求，组织新冠病毒核酸检测4,895人次。结合黄埔海关排查要求和属地新冠肺炎疫情通报，开展涉疫风险排查52次，覆盖1.3万余人次。组建两支业务应急预备梯队，积极参加黄埔海关专题培训和实操考核。做好防疫保障，加强办公区、生活区和交通班车"两区一车"的清洁消毒和台账管理，动态管理、发放新冠肺炎防疫物资16.2万余件。建立"每日督查、每月检查、视频巡检、专项监督"新冠肺炎疫情防控联合监督检查机制，组织开展新冠肺炎疫情防控联合检查11次，发现并整改问题47个。健全联防联控机制，加强与地方卫健委、疾控、口岸、医院等部门的联系沟通。

【**检验检疫**】2021年，东莞长安海关落实进出口货物检验检疫监管工作，检验检疫进出口货物1,788批次。强化危化品监管，检验监管进口危化品19批次、出口危化品127批次、出口危险货物包装808批次，其中出口新能源电池438批次，同比增长415%；检出不合格进口危化品5批次、不合格出口危化品8批次、不合格出口危险货物包装172批次。目的地检验进口机电产品296批次，检出不合格产品253批次。保障出口食品安全，验核企业原料肉供货证明文件，落实抽样检验和风险监测计划，进行非洲猪瘟专项监测2次。开展进出口食品风险监测，搜集报送345条食品安全信息。成立东莞长安海关服务外贸促进竹木草制品出口工作专班，提升辖区内24家出口竹木草制品企业分类等级。加强国门生物安全防控，出具兽医卫生证书451份、熏蒸消毒证书82份、健康证书1份。

【**口岸监管**】2021年，东莞长安海关落实总体国家安全观，严密监管链条，筑牢国门安全屏障，实现三级监控指挥中心实体化运转，全年监管车辆2.15万辆。接受跨境电子商务一般零售出口清单申报9,213.37万份，验放出口车辆6,577台；企业对企业出口清单申报12.52万份，验放出口车辆151台，货值5,942万元。深入推动打击治理电信诈骗专项行动，跨境电商出口渠道查获电话卡1张，查获旧苹果手机55台，夹藏电子设备798件，并获中央电视台CCTV2（财经频道）、广东卫视、东莞电视台等媒体报道。积极开展"龙腾行动2021"，查获涉及知名品牌的侵权商品135批次，扣留货物数量1,082批次。提升"两简"案件处置效能，"两简"案件7日办结率达100%，全年"两简"案件结案63宗，完成辖区首单外来入侵物种简易程序行政处罚。保持打击走私高压态势，建立全员打私工作机制，推进"国门利剑2021"等专项行动，加强寄递渠道风险分析，堵截非法出境行为，查获违规出口口罩10万个、新冠病毒检测试剂2.1万剂。开展全程"互联网+核查"作业8宗，通过"互联网+"进行整改复核、补证等20宗。9月，首次与东莞市市场监督管理局大岭山分局联合开展对出境竹木草制品生产加工企业的抽查。

▲2021年8月31日，东莞长安海关关员查获夹藏电子设备

【税收征管】2021年，东莞长安海关坚持优化综合治税，开展属地企业税收风险分析研判，夯实税收增量基础，税收入库237.09亿元，同比增长49.97%，规范申报率、汇总征税率等4项关税指标在黄埔海关关区排名前列。加强稽（核）查补税，引导企业用好主动披露政策及时纠错。深化多元税收担保改革，做好RCEP实施工作，加大"汇总征税""关税保证保险"等征管模式推广力度，对符合应用条件的26家企业开展"一对一"指导。

【优化营商环境】2021年，东莞长安海关立足属地海关监管职责，在某大型集团企业启动粤港澳大湾区供应链安全通关便利化试点。推动"分送集报"模式叠加检验检疫监管嵌入保税监管链条改革试点，吸引2家异地高级认证企业进驻辖区。扩大"以企业为单元"的加工贸易监管改革覆盖面，辖区参与改革企业264家。深化加工贸易监管改革，解决25家企业货物积压"爆仓"难题，"厂外设仓"备案面积19.3万平方米。推进属地查检作业集约化改革，检查时间缩短至2小时。开展跨境贸易便利化专项行动，"两步申报"应用比例提升至43.25%，清理未结关报关单4,780票，进出口货物整体通关时间分别压缩至0.92小时、0.43小时。开展企业认证工作，加大"专精特新"企业扶持力度，认证培育企业10家，新增高级认证企业7家。

【政务管理】2021年，东莞长安海关重点督办党委会议定事项、形势分析及工作督查例会议定事项和年度重点工作任务等327件。落实持续解决形式主义问题为基层减负的具体措施，推进精文简会。扎实开展海关政策研究，1篇统计分析文章获总署采用，2篇课题研究论文获广东分署征文活动三等奖。加强政务公开工作，定期更新维护门户网站信息，按要求做好主动公开、依申请公开工作，通过门户网站、公告栏、电子屏等渠道主动公开96次，宣传海关政策法规、改革措施7次，办理群众信息公开申请1次。开展"亮身份、亮承诺、亮窗口"便民利企活动，推行"不见面"业务办理模式。推进海关政务服务"好差评"工作，办理评价事项13件，好评率达100%。做好业务咨询工作，制订东莞长安海关业务咨询录，落实"首问负责制"，接受企业业务咨询300余次。推进政务信息和新闻舆情工作，新闻稿件获《经济日报》、《中国国门时报》、"学习强国"、"海关发布"等主流媒体采用59篇次。做好制度"立改废"，梳理制度文件29份，废止14份，制度清理工作完成率达100%。

【后勤保障】2021年，东莞长安海关落实"过紧日子"要求，加强经费管理，推进节约型机关建设，推动落实绿色办公、垃圾分类、节水节电等措施，落实"反对餐饮浪费"要求，推动实行"光盘行动"，按规定开展能源资源计量、统计、分析、公示等工作。加大资产盘活力度，加强在库闲置资产合理使用，与东莞市其他海关保持联动，及时通报闲置资产及资产需求情况，主动盘活闲置资产，提高资产使用效能。保障新冠肺炎疫情防控，加强新冠肺炎疫情防控物资储备，配足配齐各类防疫物资。推动消防系统更新、办公楼宿舍楼改造、文体活动场所建设等重点项目落地，推进跨境电商监管中心（二期）工程建设。

【市场采购开通】2021年，东莞长安海关支持外贸新业态健康发展，稳步推进市场采购试点工作开展，积极推动市场采购监管作业场所规范化建设，实现市场采购贸易联网信息平台顺利对接，顺利开通市场采购业务。3月19日，东莞长安海关验放黄埔关区首票使用车检场转关模式出口市场采购业务货物。全年共计10家企业使用转关模式出口市场采购货物，出口货物64批次，净重299.14吨，货值867.68万美元。

【粤港澳大湾区供应链安全通关便利化试点】2021年5月，东莞长安海关正式启动粤港澳大湾区供应链安全通关便利化试点，探索加强保税业务监管、优化保税业态服务。扣紧监管链条，监管链条前移至中国香港仓管理，后延至实际使用、付款记录；增强监管效能，建立信息共享机制，结合保税仓储企业的定期管理核查和日常监管巡查，叠加对企业开展供应链安全便利化相关内控管理措施的验证式检查，实现执行一次外勤、完成多项检查；提升通关效率，减少企业通关时长。探索保税物流业务监管"由企及物"模式，保税业务征税233.49亿元，占黄埔关区保税业务征税总额的61.62%，其中保税物流渠道征税 231.94 亿元，占黄埔关区保税物流渠道征税总额的 69.12%。

【**举办涉恐突发事件应急处置现场演练**】2021 年，东莞长安海关强化口岸应急处置演练，科学设置应急演练场景，提升应对突发事件能力。4 月，开展黄埔海关 2021 年度口岸监管环节涉恐突发事件应急处置现场演练，现场演练跨境电商出口车辆发现涉恐危险化学品的应急处置。东莞市反恐办、东莞市应急管理局、东莞市消防救援支队、东莞市生态环境局、东莞市公安局长安分局等部门参与演练。

▲2021 年 4 月 27 日，东莞长安海关举办黄埔海关 2021 年度口岸监管环节涉恐突发事件应急处置现场演练

（撰稿人：朱薇霖　张俊豪）

沙田海关

【概况】 2003年12月太平海关驻沙田办事处设立，隶属太平海关；2006年9月太平海关驻沙田办事处更名为黄埔海关驻沙田办事处，直属黄埔海关领导；2008年7月升格为正处级单位，2018年12月黄埔海关驻沙田办事处更名为沙田海关。2021年，沙田海关下设20个正科级机构。沙田海关为偏口岸的综合型隶属海关，负责监管东莞市内22个水路运输类海关监管作业场所（含立沙岛精细化工园区8个危化品码头）、东莞虎门港综合保税区、启盈国际快件中心，以及东莞市沙田镇全类型企业和虎门镇、厚街镇保税物流企业及非生产型企业共2,000余家。

2021年，沙田海关全面深化"五关"建设，统筹发展和安全，统筹推进口岸疫情防控和促进外贸稳增长，立足巩固基层基础、巩固安全防线，聚焦监管服务、风险管控、队伍管理，落实总署、黄埔海关各项工作部署。监管进出口货值2,022.76亿元、同比增长55.21%，税收入库96.83亿元、同比增长11.47%。坚持"外防输入、内防反弹"总策略，落实各项新冠肺炎疫情防控措施，监管出入境船舶5,553艘次，检出并妥善处置阳性病例4例。聚焦监管主责筑牢国门安全防线，开展"国门利剑2021""蓝天2021"专项行动，坚决打击"洋垃圾"、毒品等走私行为，查发禁止进口固体废物9票349.12吨。推进安全生产专项整治三年行动，常态化开展安全隐患排查清理。保障能源安全稳定供应，立沙岛进口化工品重量占广东省的35.8%，出口香港和澳门的液化石油气分别约占这两个地区市场供应总量的60%和90%。深化业务改革，推进"香港—东莞国际空港中心"项目试运行，支持"盐莞组合港"项目落地，扩大进口货物"船边直提"和出口货物"抵港直装"试用范围。支持东莞虎门港综合保税区高质量发展，保税加工、保税租赁、保税研发实现"零突破"，保税维修货值增长10倍，核放单布控试点率先落地。提升税收征管质量，完成税款担保改革全国首票申请核批。开展党史学习教育，推进"国门安全、便民利企、暖心聚力"三项工程，完成"包船出海"等104项办实事项目。对标"政治坚定、业务精通、令行禁止、担当奉献"十六字方针，推进准军事化纪律部队建设，1个科室获评全国青年文明号，1名干部荣获广东省直机关优秀共产党员称号，1名干部获评2021年广东省"扫黄打非"先进个人，1名干部获评黄埔海关十佳执法一线科长。

【党的建设】2021年，沙田海关坚持党建引领，落实"第一议题"制度，互动化宣讲推动学习宣传贯彻党的十九届六中全会精神入心入脑，以"学在深处、办在实处"为主基调开展党史学习教育，组织"红色之旅""唱支山歌给党听"活动，打造"三带七区"党史学习教育宣传阵地（三带：征程展示带、堡垒展示带、旗帜展示带；七区：党史辉煌之路和沙田海关成长之路展示区、荣誉墙展示区、"'疫'线卫士"党建培育品牌展示区、"'三三'工作法"党建示范品牌展示区、21个支部工作法展示区、"让党旗在疫情防控斗争第一线高高飘扬"摄影展示区、"两优一先"先进典型展示区）。开展"我为群众办实事"活动，关党委深入基层和企业实地调研40余次，解决"外贸转内贸"船员疫苗接种、船员紧急就医、大宗危化品验放等企业群众"急难愁盼"问题79个，政务服务"好差评"系统45个办件满意率达100%。依托黄埔海关党建实训体系打造沙田海关党建实训点，分类分批组织党支部书记考核持证上岗。深化党建品牌创建，核查外勤科党支部"'三三'工作法"通过黄埔海关党建示范品牌复核，船舶检查科党支部"'疫'线卫士"获评黄埔海关党建培育品牌。

沙田海关落实深入治理违反中央八项规定精神突出问题、推进清廉海关建设有关要求，践行"第一种形态"，开展谈话提醒54人次。开展警示教育月活动，线上推送"沙田廉风微享"35期。一体推进"反围猎"和"三个突出问题""红包"综合治理，排查问题12项，制定整改措施57条，排查高风险岗位26个。制订"现场监管与外勤执法权力寻租"专项整治任务46项，排查廉政风险点78个，落实整改措施217条，完善制度流程65个。推进队伍纪律作风建设，开展2期10批次全员脱产集中队列训练及考核。依托3个业务实训点（黄埔海关船舶登临检疫业务实训室、黄埔海关卫生检疫业务实训教学点、黄埔海关进境木材检验检疫实训教学点），开展全员培训，新增岗位资质131人次。推动正向激励，通报表扬519人次，评选"沙田榜样"20人，17个集体和106个人获评黄埔海关层级以上奖励和荣誉称号。

【法治建设】2021年，沙田海关落实《"十四五"海关法治建设规划》，建立关党委每月集体学法机制，坚持行政执法公示制度、执法全过程记录制度和重大执法决定法制审核制度，推进制度文件"立改废"，清理74件制度性文件，其中废止38件、修改6件。落实"谁执法谁普法"责任，开展"宪法宣传周""世界艾滋病日"

"安全生产法"等普法活动83次，覆盖489家企业、8.1万人次。化解行政复议、行政诉讼案件2宗。

【疫情防控】2021年，沙田海关常态化应对新冠肺炎疫情，做好综合研判、部署安排、督促检查，制订新冠肺炎疫情防控制度规程和应急预案27个。落实"三查三排一转运""7个100%"要求，登临检疫进境船舶1,409艘次，核验进出境船员健康申明卡6.1万份。严防新冠肺炎疫情输入，监管粤港跨境货车4.1万辆。与地方专班建立联防联控机制，办理"外贸转内贸"船舶312艘次、船员2,568人次，闭环移交转运人员551人次。坚持"人、物、环境同防"，检测高风险非冷链集装箱货物样本18个。坚持"多病共防"，严防埃博拉、鼠疫、黄热病等重大烈性传染病传入。建成黄埔海关首个船舶登临检疫实训室，针对高风险岗位工作人员封闭管理工作需求开展实训172期。抽调15批85人次参与高风险岗位工作人员封闭管理

▲2021年7月10日，沙田海关关员开展登临流调、采样工作

并做好保障。开展内部新冠肺炎疫情防控工作，落实"应检尽检"和新冠病毒疫苗接种要求，开展核酸、抗体检测1.13万人次。改造医疗废弃物临时贮存点，移交处置医疗废弃物61批次4,266千克，管理、发放31万余件新冠肺炎防疫物资。

【口岸监管】2021年，沙田海关坚持系统观念，深化重点商品正面监管。巩固查验作业改革成效，建立健全舱单分析预警机制，监控重点敏感货物舱单2,855票。推动口岸监管基础建设、装备资源配置，常态化开展监管作业场所监督管理。运用视频监控和场所巡查，查获提前发送运抵报告、码头擅自装卸货等违规情事8宗。落实"三位一体"智能物流改革，辖区7个试点码头出场卡口整体验放正常率超95%。开展"蓝天2021"专项行动，查发进口固体废物9票113.97吨，全部退运。三级监控指挥中心实体化运作创出经验，综合运用复查复验、机动巡查等手段，发现并处置新冠肺炎疫情防控、安全生产等方面问题23个。以完善制度建设、强化联系配合、严密正面监管为主要抓手，提升打私整体效能，办理"两简"案件148宗、行政立案42宗。深化海关与缉私部门联系配合机制，形成监管与打私的闭环交融。开展打击濒危木材走私，查获走私进口濒危木材交趾黄檀、奥氏黄檀等货物约1,150吨，案值约5,500万元。

【知识产权保护】2021年，沙田海关落实"龙腾行动2021"具体部署，打击进

出口侵犯知识产权违法行为，查扣416批、超1,030万件侵权货物，办理案件7宗。理顺与东莞市烟草专卖局等部门配合机制，发挥执法合力，推动香烟侵权案件深挖扩线，查获侵权香烟1,030万支、伪劣卷烟1,099万支，为近年来全国海关在进口渠道查获数量最多的侵权香烟案件，入选2021年广东省内海关知识产权十大案例，获黄埔海关集体三等功。

【动植物检疫】2021年，沙田海关推进完善生物安全防控体系，严防非洲猪瘟、高致病性禽流感等境外重大动物疫情疫病传入，封存来自疫区肉类23.5吨。严防外来物种入侵，在木材、燕麦粒等货物中截获外来有害生物1,939种次，含检疫性有害生物222种次，同比增加149%，其中"簇毛长蠹"为全国口岸首次截获。利用木材检验检疫业务教学实训点开展检疫处理业务实操、进口木材常见树种识别、进口木材法律法规解读等业务培训5期378人次。

【食品监管】2021年，沙田海关落实进口食品监管"四个最严"要求，推进"国门守护"行动，成立食品安全监管专家小组和"食安工作室"，梳理进出口食品安全法律法规和业务文件111项。严格进出口食品化妆品风险监测，查发进口食品违规情事33起、退运18批88.8吨。加强日本输华食品检验监管，退运无放射性物质检测合格证明的进口日本食品4批次。开展跨境电商食品安全专项监测，检测样品295个。

【商品检验】2021年，沙田海关深化进出口商品质量安全检验监管，发挥进出口商品质量安全风险预警和快速反应监管体系作用，推进旧机电等重点商品质量检验监管、大宗资源性产品品质安全监测。落实"清风行动"，打击进出口防疫物资、电池等商品假冒伪劣、逃避装运前检验、伪瞒报等违法行为，综合运用视频监控系统、H986等监管装备，聚焦保障商品"安全卫生健康环保"主线，检出不合格并退运氟超标煤炭7.46万吨、牙刷9.72万把、旧机电60批次、消费品3批次。

【危化品监管】2021年，沙田海关落实进口危化品检验监管模式改革新规，对进口危化品实施"批批验核、抽批检测"，检出不合格进出口危化品98批次。理顺船舶检疫、查验、样品检验等环节，实施"到货即查、合格即放"，液化丙烷、液化天然气等重点危化品从取样到放行时间压缩至3天。常态化开展安全风险隐患排查清理，整改安全隐患问题71个，清退涉危货物655万件，清理已报关未提离危化品1.25万吨。打击涉危货物"伪瞒报、逃漏检"行为，建立风险预警和快速反应处置机制，查处情事7起。聚焦"危化品保税仓库"精细化管理，支持危化品保税业务向口岸一般贸易转移，涉危仓库缩容7.03万立方米。

【企业管理】2021年，沙田海关围绕"六稳""六保"，深化"放管服"改革，推动"多证合一""注销便利化"落地，推广应用"互联网+海关"特色服务，引导企业在线办理业务，新增注册企业274家、注销企业89家。核对2,243家企业信息，规范363家企业注册信息，推进企业AEO认证工作，实地认证企业4家，培育2家企业获AEO高级认证企业，其中1家为东莞虎门港综合保税区首家AEO高级认证企业。是年，辖区在册备案企业共2,075家，涵盖东莞市沙田镇全类型企业，虎门镇、厚街镇保税物流企业及非生产型企业，其中高级认证企业3家，失信企业1家。

【后续核查】2021年，沙田海关推进核查作业标准化、规范化。围绕企业规模、经营状况等方面设计33个问题选项，组织74家次属地企业开展问卷调查，建立重点行业企业、重要商品信息库，辅助风险线索分析研判。专项核查23家出境竹木草制品生产加工企业，推动5家企业整改，支持8家重点企业分类升级。开展跨境电商监管专项核查，查发跨境电商进口商品归类申报不实、短少等案件19宗，涉及货值1.1亿元。

【保税监管】2021年，沙田海关深化保税监管，推进辖区内1个海关特殊监管区域（区内注册企业34家）、13个保税监管场所（其中保税仓库12个，含4个危化品保税仓库；出口监管仓库1个）和46家加工贸易企业发展。依托参数防范保税监管场所重点业务风险，在黄埔海关率先对开展集中申报保税仓库启用"到货确认物流仓库"模式。指导13个保税监管场所搭建符合保税物流业务流程的企业资源计划（ERP）、仓库管理系统（WMS），全部与海关联网实现网上监管。全年监管保税监管场所进出库货值119.05亿美元，同比增长60.97%，其中一线进出境货值90.83亿美元、同比增长23.51%。落实保税监管领域重点改革项目，"一企一策"帮扶28家企业参加"以企业为单元"加工贸易监管改革，覆盖辖区内60.87%加工贸易企业。

【促进东莞虎门港综合保税区发展】2021年，沙田海关促进海关特殊监管区域高质量发展。推进综合保税区业态多元化，吸引3家保税维修项目入区，维修货值1.38亿元、维修产品4.4万件，实现区内保税研发、保税租赁、保税加工等新业态"零突破"，成功试点"网购保税进口+商品区外展示"。推动国务院促进综合保税区21条政策落地见效，5家企业实施仓储货物按状态分类监管，支持非保与保税货物集拼、分拨出区，完成一般纳税人试点备案工作，区内21家企业纳入试点范围，"四自一简"便利措施覆盖区内全部企业。促进中欧班列常态化运行，开展中欧班列"属地申报、运换乘"模式9票、货值422万元。推动"香港—东莞国际空港中心"项目首票业务试运行。强化海关特殊监管区域卡口监管效能，在黄埔海关率先于东莞虎门港综合保税区试点"核放单布控+卡口验核"监管模式，累计拦截、验核重车核放单异常车辆1,992车次。启用卡口货物重量比对自动拦截功能，叠加区内全方位视频监控，实现全类型业务异常车辆管理"一卡触发、二卡拦截"。全年累计监管进出区车辆28.58万车次、同比增长56.43%。东莞虎门港综合保税区全年进出区总货值1,606.31亿元，同比增长17.67%；其中一线进出口货值627.65亿元，同比增长85.82%。

【跨境电商业务】2021年，沙田海关依托东莞虎门港综合保税区推动网购保税电商进口业务发展，支持重点电商项目入区发展，监管网购保税电商进口清单数1,065.76万票、货值17.12亿元，同比分别增长134.5%、71.13%。推进跨境电商零售出口24小时通关，实施五维联动智慧监管，扩大电子关锁应用范围，车辆电子关锁使用率超过80%。监管验放跨境电商零售进出口3.2万车次，同比下降3.24%；清单2.29亿票，同比增长30.79%；货值41.23亿元，同比增长57.5%。

【口岸服务】2021年，沙田海关支持跨境贸易便利化，进出口整体通关时间分别压缩至19.48小时、1.31小时，与2017年相比分别压缩75.35%、86.75%。服务"一带一路"建设，助力开通"东莞—阿联酋"集装箱班轮航线，开展中欧班列"属地申报、运抵换乘"业务，莞产日用品通过"区铁联动"（企业在东莞虎门港综合保税区办理通关手续，货物运抵东莞石龙火车站换乘中欧班列出口）远销海外。推动港区多元发展，支持东莞港一体化运营，助推港区物流成本节约10%，"盐莞组合港"常态化运行277票、货值4,871万元，进口货物"船边直提"和出口货物"抵港直装"惠及759批次进出口货物，"包船出海"出口货物9,171个集装箱，为企业节省运费9,000余万元。启动出口原产地出证点，全年签发出口原产地证书1,935份。支持市场采购新业态健康发展，全年监管市场采购贸易货值3.03亿元。

【政务管理】2021年，沙田海关重点督办党委会碰头会议定事项、形势分析及工作督查例会议定事项和关区工作任务等共124项。持续改进会风文风。发挥信息新闻辅助决策、宣传成效作用，政务信息获得总署采用6篇次，新闻稿件获主流媒体采用127篇次。维护保密档案安全，召开各类保密工作会议2次。

【财务及后勤保障】2021年，沙田海关贯彻落实"过紧日子"要求，推动节约型机关创建。严格"三公"经费管理，优化支出结构，实现接待费零支出，办公费同比下降59.94%、差旅费同比下降33.98%、物业费同比下降21.61%。做好重大民生工程，完成食堂后厨改造翻新及办公场所配套改造。

（撰稿人：黄炜升　廖　昕）

第七篇

所属事业单位、群众团体

黄埔海关后勤管理中心

【概况】1999年9月，黄埔海关机关服务中心设立。2016年8月，机关服务中心更名为后勤管理中心。2019年9月，后勤管理中心明确为黄埔海关所属事业单位，主要职责是为海关机关办公与职工生活提供后勤服务，2021年6月经调整后内设9个部门，统筹管理2个独立法人事业单位，下设1个经济实体，3月15日，黄埔海关后勤管理中心工会委员会经第一次会员代表大会选举成立。

2021年，黄埔海关后勤管理中心紧紧围绕黄埔海关党委重大决策部署，坚持党建与业务深度融合，统筹抓好新冠肺炎疫情防控与后勤保障，推进后勤改革，贯彻落实"过紧日子"要求，规范物业管理，提高服务质量，推动后勤保障高质量发展。全年开展物业零星维修项目1,280项，完成货物和服务类采购任务330项。全年物业管理费同比下降26%，物业零星维修费压缩20.1%，采购资金节约率达8.48%。1月，后勤管理中心获评广州市2020年第五批"零酒驾"示范机关单位。

【党的建设】2021年，黄埔海关后勤管理中心以学习贯彻习近平新时代中国特色社会主义思想为主线，认真落实"第一议题"制度，全年召开党员大会5次，党委会27次，学习贯彻党的十九届六中全会精神专题宣讲14次，多形式、多渠道引导广大党员干部职工增强"四个意识"、坚定"四个自信"、做到"两个维护"。围绕"基层党建高质量发展行动"计划，扎实开展"六个一"系列活动，构建基层党建"书记项目"，以后勤管理中心党委书记项目为主导，不断完善10个党支部书记项目，计划供应部党支部入选黄埔海关党建培育品牌。制订后勤管理中心党史学习教育细化措施，明确23项具体工作和68条工作内容，组织全体党员到习近平总书记2018年视察广东扶贫点英德市连江口镇连樟村开展"学党史、强党性、保服务"主题党日活动，各党支部分别到红色基地开展党史教育活动。将党史学习教育与"我为群众办实事"实践活动紧密结合，针对干部职工衣食住行各项需求，实施各项便民服务措施，办好自选购菜、便利饮水、健身保障、自助洗车、优化环境、精准扶贫、加班送餐、满意体检等十件实事。

【新冠肺炎疫情防控】2021年,黄埔海关后勤管理中心常态化做好新冠肺炎疫情内部防控工作,制订疫情期间来访人员岗位操作流程,建立"访客卡"登记机制,严格落实测量体温、验核健康码"绿码"和大数据行程卡"绿卡"、人员信息登记等管理措施,全年共完成44.8万人次体温监测工作。不定期对乘坐通勤车人员落实个人防护措施情况开展检查,上线"埔关服务"微信乘车小程序,实现乘车人员信息可追溯、可管控。组建新冠肺炎疫情防控清洁消毒工作组,按操作规程定期对黄埔海关总关机关办公生活场所及空调系统进行通风、清洁、消毒工作,定期开展爱国卫生运动,全年完成灭"四害"工作48次。与第三方有关服务外包企业签订4份防疫协议,共同承担新冠肺炎疫情防控责任。全年采购各类防疫物资212批次。

黄埔海关后勤管理中心严格落实全员健康监测"日报告、零报告"制度,建立健康监测台账和外出人员管理台账,定期组织工勤服务重点岗位人员进行核酸检测。在志诚招待所、东莞教培中心设置两个高风险岗位人员封闭管理场所,从严顶格落实封闭管理措施,加强对后勤保障人员安全防护专业培训,做好分区隔离、物资配备、定点送餐、场所消毒、垃圾处理、车辆调配、健康监测、监督巡查等工作,全年共保障6,706人次。

▲2021年7月1日,后勤管理中心员工在公共区域实施预防性消毒

【物业管理】2021年,黄埔海关后勤管理中心深入推进"统分结合"后勤保障改革工作,以物业自主管理作为突破口,在黄埔新港海关、凤岗海关等7个关区实行物业自主管理,有效提高各隶属海关单位物业管理水平,创新和提升关区后勤综合保障能力。积极做好节能减排工作,开展"节能宣传周""全国低碳日"和"绿色生活月"等主题活动,加强用水设备的日常维护管理,淘汰低效照明产品、低效电器和办公设备,加大节能改造力度和设备维修维护力度,办公设备坚持随用随开、随走随关,黄埔海关水电等公用支出同比下降13%。是年6月,黄埔海关总关机关荣获广州市排水单元达标单位称号。

黄埔海关后勤管理中心落实办公场所、公有住房和仓储库房消防系统及电力系统定期检查、维护保养制度,保障各项设施设备正常运作。建立常态化巡查机制,制订巡查情况登记表,细分8个区域31项内容,组织干部职工主动报名参与24

小时物业巡逻值班，切实维护办公场所秩序。逐步完善应急预案管理制度，组织开展防爆、防火、防汛、电梯困人救援等应急演练5次，增强突发事件应急处置与组织协调能力。为保障总关机关按时搬迁，黄埔海关后勤管理中心遵循"统一领导、分工负责、协调配合、无缝链接"的工作方针，派遣"物业开荒小组"进驻新办公区开展搬迁前期相关工作，加强与原黄埔区人民政府物业管理部门的对接沟通，率先掌握物业开荒及物业需求第一手资料，完成旧办公大院绿植的移栽，修整绿化面积18,000余平方米，清运绿化垃圾15车。完成搬迁服务、办公家具、外墙清洗等34项采购项目，制发安全防护、零星维修、用餐用水、车辆停放、信件收发等8项温馨提示。

▲2021年11月1日，黄埔海关后勤管理中心与黄埔区机关事务管理局签订保金路36号大院移交备忘录

【生活管理】2021年，黄埔海关后勤管理中心深入贯彻习近平总书记关于制止餐饮浪费行为的重要指示精神，结合模范机关创建，通过强化宣传引导、实行刷卡就餐、加强备餐管理、丰富监督手段等措施，扎实推进"厉行节约、反对浪费"工作。

黄埔海关后勤管理中心致力于在现有成本下做到配餐营养科学化、菜品多样化，持续提升食堂服务水平及饭菜质量，提高用餐体验感和满意度，努力打造温馨贴心的职工食堂。在庆祝中国共产党成立100周年之际，结合党史学习教育相关内容，推出"品红色菜肴，庆建党百年"主题活动，用心制作南瓜汤、毛氏红烧肉、清炒革命菜、红米饭、忆苦思甜糕等一系列红色菜肴，让干部职工以粗茶淡饭之味忆往昔峥嵘岁月，为建党百年活动营造良好的氛围。

【采购管理】2021年，黄埔海关后勤管理中心立足关区后勤保障实际需求，推出多项举措强化采购执行管理，优化采购服务，规范采购流程，提高采购质效，聚焦重点项目加大后勤保障力度，为黄埔海关预算执行和新冠肺炎疫情防控工作提供坚实有力的保障。

黄埔海关后勤管理中心强化内控主体意识，降低采购执行风险，积极推进采购制度建设，探索适合采购管理工作的内控机制，进一步理顺采购流程。强化层级审批控制，重点把控紧急特殊项目和重大项目，加强对抽取招标代理机构、采购文件编制、合同签订等各个环节的过程控制，确保采购项目执行合法依规。持续加强廉政教育，抓好队伍思想教育，定期开展谈心谈话和违法违纪案例学习，把党风廉政教育与主题党日活动相结合，把理论学习和实地参观相结合，筑牢思想防线。

【经营管理】2021年，黄埔海关后勤管理中心落实总署、黄埔海关关于所属企业脱钩改革工作部署，注销广州志诚科技工程服务有限公司及各分公司货物代理、数据传输业务，同步注销营业执照涉及海关相关业务的经营范围，从根本上取消所属企业参与海关业务的经营活动。按"政企分开、事企分开"原则，对标《国企改革三年行动方案（2020—2022年）》，制订落实国企改革方案，建立健全现代企业制度，推动支持做大做强做优。

黄埔海关后勤管理中心合法合规做好所属物业出租盘活工作，探索建立物业经营长效机制。拓展拓宽志诚丹水销售渠道，在广州天河、黄埔、增城以及东莞等地建立10个配送点，解决"最后一公里"配送问题。

【涉案财物管理】2021年，黄埔海关后勤管理中心在麻涌涉案财物仓库率先试点运行新版涉案财物管理系统和智能仓储管理系统，为全国涉案财物智能化管理提供经验。首次增配放射性检测仪器，对危险品、危化品进行前置排查，确保进仓货物存储安全。重点部位增配"一键报警"公安联网系统，视频监控设备与总署监控指挥中心联网，实现24小时不间断正常运转。引入计算机视觉技术打造"电子围网"，配合移动触碰拍照等技术，推行3D设备扫描，精准快速测量物品信息，增配2,000个有源RFID电子标签，实现对所有重点、敏感涉案财物的实时跟踪定位。制订受理涉案财物新冠肺炎疫情期间进仓防疫措施，严格做好相关涉案财物进仓前的防疫工作。总署联合中央广播电视总台共同制作的纪录片《中国海关》摄制组到麻涌涉案财物仓库进行实地取景拍摄。

（撰稿人：杨举滨　何伟峰）

中国电子口岸数据中心黄埔分中心

【概况】 2003年2月8日，中国电子口岸数据中心黄埔分中心正式成立，是全国海关第一批成立的20个数据分中心之一，明确为黄埔海关直属事业单位，同时为中国电子口岸数据中心在黄埔海关的分支机构，具有事业单位法人资格，独立核算。2019年9月16日，根据事业单位"三定"工作安排，中国电子口岸数据中心黄埔分中心为总署所属事业单位，由总署委托黄埔海关管理。下设经济实体广州志正口岸信息科技有限公司。

2021年，中国电子口岸数据中心黄埔分中心提升科技服务能力，推进科技成果向支持海关服务能力转化，提升经营管理能力，不断拓展业务增长点，服务保障关区外贸企业，持续优化口岸营商环境。大力抓好自身能力建设，拓展市场经营，队伍团结稳定，完成全年各项工作任务。

【党的建设】 2021年，中国电子口岸数据中心黄埔分中心党支部贯彻落实"第一议题"制度，召开党员大会6次，支委会18次，组织专题党课4次，不断增强党支部的"硬核"能力。持续推动党史学习教育加热升温，通过开展"五学"（领导干部带头学、党小组轮流领学、积极探索共建共学、以比促学以考促学、业务调研深入学）联动专题活动，打造"党史百日学""我心向党对党告白"等系列主题党日活动，引导党员知史爱党、悟史担当。建强党支部"红色堡垒"，践行"我为群众办实事"，采取延长办公时间、开设绿色通道等措施，业务按时办结率达100%；优化"自助机查询""掌上查询""客服机器人"等智能便民服务，为企业解决难题；组建"惠企纾困"团队，主动作为，贯通服务，现场提供技术指导，助力企业复工复产。擦亮"勇网智前"党建工作品牌，以"党建红"引领"科技蓝"，深化服务阵地融合共建，在全国首创实现电子口岸制卡"全业务、全流程、全网上"办理；打造"通关突击队""82130013""小数苗"对企服务品牌，做到业务100%按时办结，年累计处理咨询业务1.6万宗；为跨境电商大促活动提供申报单证数据传输的技术保障，助力跨境电商逆势增长。

【新冠肺炎疫情防控】 2021年，中国电子口岸数据中心黄埔分中心落实全员健康监测"日报告、零报告"制度，建立健康监测台账和外出人员管理台账，按要求定期组织重点岗位人员进行核酸检测，严格落实人员出行管理要求；与穗东海关联防联控，及时通报发布新冠肺炎疫情防控信息，制订疫情防控应急处置演练方案，开展内部培训和防控应急演练；根据新冠肺炎疫情发展形势，按照总署、黄埔海关和广东省、广州市新冠肺炎疫情防控工作部署和要求，动态调整新冠肺炎疫情防控措施，重点关注办事窗口和外来办事人员，要求外来人员全覆盖测温、两码验核和信息台账登记，严格执行"一号一办"。

【提升科技服务能力】2021年，中国电子口岸数据中心黄埔分中心首次承办署级信息化应用的标杆性项目"海关监管装备智慧管理"，成功中标金额最大、涉及物联网等新技术应用项目，科技服务能力、经营管理能力再上新台阶；积极参与总署创新试点项目、申报广东地方政府促进经济高质量发展项目，以"两步申报+区块链"和"三智创新+平台"改革创新为突破口，助力海关监管，增强通关效能；完成黄埔海关关级课题《口岸服务与智慧监管"三智"建设的研究》，黄埔海关汇选该课题上报总署国际司关于"三智"宣传研究推广工作；全年承接黄埔海关信息化开发、运维项目30个，承接黄埔海关关区信息系统修改完善和运维服务项目，全面承担黄埔海关关区前台技术设备维护等技术支持工作，全年受理报修故障4,426次，故障完成率达100%。保障各类会议，做好黄埔海关总关机关大沙地办公场所搬迁技术保障工作。

【服务关区外贸企业】2021年，中国电子口岸数据中心黄埔分中心建设推广"互联网+黄埔海关"平台电子口岸应用，企业由现场办理转为网上办理，由"企业跑腿"转向"数据跑路"，全年网上办理量占总申办量的99.88%。2020年"关银一KEY通"项目正式启动，企业实现"口岸入网+线上金融"一站式综合业务办理，全年为6,653家企业发放共享盾1.25万个。协助地方"单一窗口"做好系统推广、运维保障工作，全年受理并解决企业申报故障3,868次。承担黄埔海关关区制卡业务热线服务，全年"0013热线"共接听关区企业业务咨询电话1.39万次。

【拓展经营性业务】2021年，中国电子口岸数据中心黄埔分中心依靠"业务改

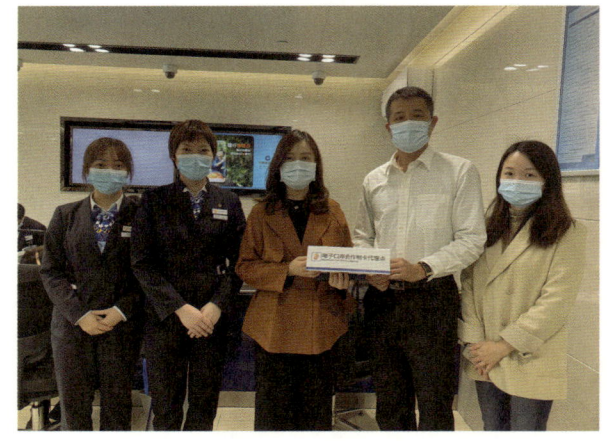

▲2021年3月13日，中国电子口岸数据中心黄埔分中心"关银一KEY通"项目正式落地黄埔

革"和"技术创新"双轮驱动,加强与社会高新技术单位战略合作,推进黄埔口岸基于区块链、人工智能、大数据等先进技术的探索与应用创新类实践,将课题研究成果成功推广应用至海运口岸物流监控和涉案财物仓库管理等业务场景。关注地方政府对外开放和经营发展的新平台建设,承接"单一窗口"升级改造项目、港口物流无纸化服务平台、黄埔数据分中心侧系统升级改造项目等信息化开发、运维项目,积极参与地方口岸建设,经营模式向"技术服务型"转变。挖掘适应发展新要求的科研课题和改革项目,探索"三智"理念应用场景研究;推动新技术应用,完善Java开发框架,应用于总署监管装备管理系统上。

(撰稿人:刘永松 龚盛玮)

黄埔海关技术中心

【概况】黄埔海关技术中心是黄埔海关直属事业单位。2019年9月16日，黄埔海关技术中心正式开始运作，统筹管理东莞海关综合技术中心（东莞国际旅行卫生保健中心、东莞海关口岸门诊部）、穗东海关综合技术服务中心。2020年12月23日，东莞海关综合技术中心（东莞国际旅行卫生保健中心、东莞海关口岸门诊部）更名为黄埔海关国际旅行卫生保健中心（黄埔海关口岸门诊部），不再由黄埔海关技术中心统筹管理。

黄埔海关技术中心拥有4个国家检测重点实验室：国家食品接触材料检测重点实验室、国家消费品安全检测重点实验室、国家电器附件安全检测重点实验室、国家酒类检测重点实验室（广东）；拥有6个区域性中心实验室：海关总署动物检疫区域实验室（东莞）、海关总署珠宝玉石鉴定区域实验室（东莞）、海关总署煤炭检测区域实验室（广州）、海关总署粮谷检验检疫区域实验室（东莞）、海关总署植物源性产品检验检疫区域实验室（黄埔）、海关总署食品标签成分验证区域实验室（东莞）；1个常规实验室：海关总署化工产品检测实验室（东莞）。黄埔海关技术中心获得中国合格评定国家认可委员实验室认可（CNAS）、国家认证认可监督管理委员会检验检测机构资质认定（CMA）。黄埔海关技术中心还获得了ISO 9001质量管理体系认证、职业健康安全管理体系认证和环境管理体系认证等资质。黄埔海关技术中心作为出入境执法技术保障机构，承担黄埔海关出入境产品法定检测、公共技术委托检测和科研等任务，包括黄埔海关国门生物安全、食品安全、消费品安全、商品属性鉴定、涉案财物鉴定和濒危物种鉴定等工作的技术保障；参与构建黄埔海关进出口商品质量安全风险预警和快速反应监管体系；向社会提供食品、粮谷、纺织服装、轻工产品、化矿产品、动植物产品、电子电气产品的实验室委托检验检测、大宗散货委托鉴定、卫生除害检疫处理等业务及相关培训、咨询。

【党的建设】2021年，黄埔海关技术中心以学习贯彻习近平新时代中国特色社会主义思想为主线，严格落实"第一议题"制度。全年召开26次党委会，11次形势分析及工作督查例会，制定黄埔海关技术中心督办、督查工作实施细则和督查工作量化考核办法，建立督办督查和专项评估机制。深入推进党史学习教育，黄埔海关技术中心党委理论学习中心组组织4次专题党史学习，各党支部也组织全体党员干部进行了两次集中学习研讨，推动学习走深走实；承办黄埔海关"学史爱党、学史爱国、学史爱关"东莞片区知识竞赛活动，协调东莞片区10个单位参赛，被黄埔海关授予优秀组织奖；认真开展"我为群众办实事"实践活动，承办黄埔海关压缩法检时长和提升检测能力两个项目。强化"四强"支部和融合式党建品牌创建，黄埔海关技术中心国家消费品安全检测重点实验室党支部打造"五融合五促进"品牌建设；黄埔海关技术中心4个党支部获评黄埔海关"四强"支部，2个党支部、6名党员、2名党务工作者被黄埔海关表彰为先进基层党组织、优秀共产党员、优秀党务工作者荣誉称号。

【新冠肺炎疫情防控】2021年，黄埔海关技术中心把抓好新冠肺炎疫情防控工作作为重大政治任务、"一把手工程"，召开9次新冠肺炎疫情防控领导小组会议专题研究新冠肺炎疫情防控工作；落实上级文件精神，结合黄埔海关技术中心实际，制订各项贯彻落实措施；组织3次全员新冠病毒核酸检测紧急排查，组建本中心4人新冠病毒核酸采样队伍。督促各部门做好职责内新冠肺炎疫情防控工作，严格落实健康监测"日报告、零报告"制度，严格落实人员出行审批，开展重点人员定期核酸检测、动态抗体检查等要求措施；全力推进本中心新冠病毒疫苗接种工作。全年更新5版黄埔海关技术中心工作人员新冠肺炎疫情防护指引，修订了黄埔海关技术中心新冠肺炎疫情常态化防控工作方案，建立本中心两级专兼职安全防护监督员队伍，切实落实现场部门"岗前检查"，中心领导"工作巡查"，配合职能部门开展"全程督查"，"双人作业、相互监督"要求落实到全体一线人员。

【实验室能力建设】2021年，黄埔海关技术中心推进新沙新能源汽车检测线工作。1月增城检测基地正式入驻粤港澳大湾区"菜篮子"便利区，5月黄埔海关技术中心正式成为粤港澳大湾区"菜篮子"产品质量安全承检机构。完成e-lab2.0系统升级更新，6月11日全面启用新系统。电子电气实验室更名为机电实验室。食品化妆品实验室和机电实验室按期搬迁到新场所并通过了CNAS和CMA地址变更评审。食品化妆品实验室完成了农产品质量安全检测机构地址变更评审。进出口商品检验鉴定资质增加了化学品、固体废物、珠宝玉石、石油和工业品等业务范围。新增获得质量管理体系、职业健康管理体系和环境管理体系三体系认证。化矿金实验室获得危化检测资质。全年检测项目扩项

258项，法检自检率由2020年的75%提升至80.1%。

着力做好进口粮食检测工作、提升粮食通关效率，进口粮食平均检验时长由5.6天减少到3.1天（大豆真菌项目除外），其中重点监控项目平均检验时长2个自然日，一般检测项目平均检验时长3.5个自然日，有效减少粮食压仓情况。

定期统计并发布法检业务时长节点控制效率情况通报，针对时长波动增长及项目超期等问题开展原因分析和整改追踪。2021年，黄埔海关技术中心平均时长6.79天，较2020年的8.75天减少1.96天，压缩了22.4%。

走访调研8家企业，提请技术性贸易相关待解决综合问题4项。通过"海关发布"、中国技术性贸易措施平台、《广州日报》等媒体发布技术标准法规解读，协助通过技术性贸易自平台发布风险预警20条。提交总署特别贸易关注4项，其中提交中国对以色列技术性贸易措施TBT特别贸易关注得到以色列方响应，成功案例分别涉及我国2020年出口以色列洗碗机产品货值3.9亿元和电气附件盒产品0.19亿元。

申报2021年度总署科研项目14项；开展2021年度署级科研项目成果评定工作，推荐8个项目，其中一级1项、二级2项、三级5项。参与的"智能高效节能厨余洗涤设备关键技术研发及产业化"获中国轻工业联合会科学技术奖一等奖、主持的"基于物联网和云计算的新能源汽车数据采集与远程监控系统研发"获广东省测量控制与仪器仪表科学技术奖三等奖。

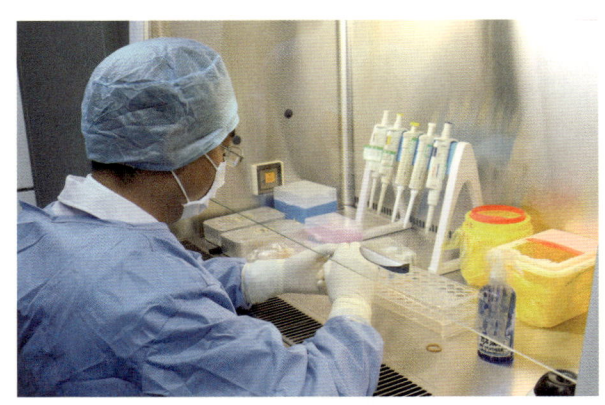

▲2021年6月25日，黄埔海关技术中心工作人员在进行非洲猪瘟病毒核酸检测

【检测业务】2021年，黄埔海关技术中心做好关内委托业务，积极开拓经营服务性收入，受理法检业务1.66万批，受委托业务6,488批，为充分发挥实验室在海关执法中的技术支撑作用提供有力保障。

【安全生产】2021年，黄埔海关技术中心压紧压实安全职责，强化实验室安全管理。制订实验室安全管理规定，设立与检验工作相适应的安全管理制度或规范9项。加强实验室的危化品管理、易燃易爆品管理、易制毒品管理、生物安全管理、用气用电、消防安全管理。建立黄埔海关技术中心安全生产自查（检查）台账，对发现的安全隐患做到立行立改和有效监控，不断提升居安思危和严防安全底线的风险意识。

开展生物安全法培训和为期一个月的生物安全专项培训。进一步梳理体系文件中关于"实验室生物安全管理程序"模块的内容。全年检出800多种有害生物，并在全国首次检出"三叉针茅"。与动植物检疫处合作撰写的《非检疫性杂草传入危害国门生物安全风险需关注》获得总署采用。全年开展各种安全大检查11次，发现各类问题隐患31个，目前所有问题都已整改完成。

【综合管理】2021年，黄埔海关技术中心持续做好内控建设，强化监督管理。发布内控节点26个，其中应用署级节点15个，关级节点2个，自主制订科级节点9个。制订所属企业脱钩工作方案，注销正贸公司检验检疫处理资质，停止相关场所消毒业务，停止开展出口危化品危险特性分类鉴别业务，完成市场合作业务优化以及对经营业务的全面检查和梳理。完成所属企业正贸公司广州分公司的注销工作。

全年黄埔海关技术中心出台和修订制度12项；完成保密室、档案室建设，顺利通过验收；配合法规处做好黄埔海关法治教育基地建设工作，成为南方小记者在东莞市首个社会实践基地。联合东莞市司法局共同打造的"东莞市青少年国门安全法治教育基地"，获得广东省国家机关"谁执法谁普法"优秀普法项目。大力推动品牌宣传工作，揭牌中心logo标识、加强公众号建设。梳理地方财政支持政策18项，加大与地方政府的联系和合作力度。

（撰稿人：吴思超　杨　阳）

黄埔海关国际旅行卫生保健中心

【概况】2020年12月黄埔海关国际旅行卫生保健中心（黄埔海关口岸门诊部，以下简称"保健中心"）设立，直属黄埔海关领导的正处级事业单位，办公地点为东莞市南城区建设路9号。

1991—2020年，保健中心伴随着国务院机构改革，其机构设置也几经变动。1999年"三检合一"机构改革时，东莞出入境检验检疫局成立东莞出入境检验检疫局检验检疫综合技术中心（东莞国际旅行卫生保健中心，东莞出入境检验检疫局口岸门诊部）。2018年关检融合后，黄埔海关于2019年9月设立东莞海关综合技术中心（东莞国际旅行卫生保健中心、东莞海关口岸门诊部，以下简称"东莞海关综合技术中心"），由黄埔海关技术中心负责管理。2020年10月，中央机构编制委员会办公室批复同意黄埔海关将东莞海关综合技术中心更名为黄埔海关国际旅行卫生保健中心（黄埔海关口岸门诊部），升格为正处级事业单位。保健中心下设4个部门，拥有高级职称专业人员4人，中级职称22人，初级职称6人，医护技药人员共34人。

▲2021年3月25日，黄埔海关保健中心举行揭牌仪式

2021年，保健中心坚持全面推进从严治党，强化政治机关建设，加强领导班子建设，深入推进党史学习教育。持续提高新冠病毒检测能力，保障关区新冠肺炎疫情防控需要。推进出入境传染病监测体检工作，优化口岸卫生检疫技术服务。不断完善实验室安全管理制度，建立安全防护监督员队伍，保障实验室生物安全。无缝衔接关区卫生技术支撑业务，依法依规发展经营业务。

【技术能力】2021年，保健中心作为黄埔海关关区内专业从事出入境人员体检、预防接种以及国境卫生检疫执法技术支撑机构，具有良好的技术保障能力，具备法定监测体检和口岸传染病检测所需的各项资质，包括医疗机构执业许可证、放射诊疗许可证，所属实验室获得广东省二级病原微生物实验室备案证书、临床基因扩增检验实验室备案、CNAS 17025 认可证书等。

保健中心设有 5 个专业实验室：临床检验实验室、分子生物学实验室、微生物实验室、医学媒介实验室和移动 P2+实验室。临床检验实验室主要开展法定传染病监测体检的检测项目；分子生物学实验室主要开展新冠、流感、媒介传染病等项目的分子生物学检测；微生物实验室主要开展微生物的培养与鉴定；医学媒介实验室位于广州新港，主要开展媒介形态学鉴定；移动 P2+实验室用于外出执行检测任务。

黄埔海关口岸门诊部为注册于东莞市卫生健康部门的医疗机构，设有健康体检科、内科、外科、妇科、眼科、耳鼻喉科、口腔科、皮肤科、医学检验科和医学影像科。

【党的建设】2021 年，保健中心党支部提出了创建党建引领强、检测能力强、运营服务强、专家队伍强、风险防控强的"五强保健中心"工作目标，构建"动力+能力+人才+发展+安全"五位一体融合式党建工作法，成立新冠肺炎疫情防控"党员攻坚突击队"，聚焦新冠肺炎疫情防控打造"战疫医线"党建品牌。深入推进党史学习教育，关区党史知识竞赛获得决赛三等奖，活动经验分别被总署、广东分署和黄埔海关政工简报、黄埔海关党建公众号刊发。突出"学史力行"，深入开展"我为群众办实事"实践活动，推出了出境人员新冠病毒疫苗接种证明翻译、关内干部职工家属"健康共护"优质体检、义诊、重阳节敬老等便民惠民系列项目。

【队伍建设】2021 年，保健中心用好职务、专业技术级别晋升等激励手段，选优配强 4 个内设部门负责人，完成 27 名专业技术人员的岗位级别核定工作，择优晋升专业技术级别，形成"能干者能上、优秀者优先、吃苦者吃香"的正确导向。成立专家委员会委员，聘任 7 名专业技术骨干担任委员，发挥专家在技术管理、科研、专业人才队伍建设和解决专业技术问题中的咨询和辅助决策作用。实施全员月度量化积分绩效考核，将考核结果与评先推优、职务晋升、职称评聘、绩效工资等挂钩，激励全体职员担当作为、创先争优。全年保健中心获得"四强"支部、巾帼示范岗、优秀班子等荣誉，获得集体记功 2 次，1 人获得黄埔海关第三届爱岗敬业十佳关员荣誉称号。

【新冠肺炎疫情防控】2021 年，保健中心高标准落实新冠肺炎疫情防控工作要求，加强核酸检测仪器设备的配置和应用，强化仪器设备绩效考核和管理，推进移动 P2+实验室应用，提高实验室应急保障水平，为关区新冠肺炎疫情防控发挥了技术支撑作用。全年累计完成新冠病毒核酸检测14.41万份、同比增长385%，新冠病毒抗体检测7,816份、同比增长110%，共检出新冠病毒核酸阳性49例（物品2份，人员47人），同比增长81%。在新冠病毒抗体检测方面，拓展化学发光法抗体检测，作为新冠病毒检测的重要依据，同时监测疫苗接种效果；在新冠病毒核酸检测方面，全年日检测量由年初的330单管提升至1,500单管，检测效率大幅提升。利用新冠病毒检测形成的能力，深挖设备潜力，根据总署新冠肺炎疫情警示和广东省新冠肺炎疫情防控信息，扩展了对110种病原的核酸检测能力，可实现法定传染病检测不出关区，应检尽检。医学媒介实验室协助关区病媒生物监测工作，完成口岸病媒生物形态学鉴定1,022份，鼠类病原检测60份。按照质控规程要求的频率和方法做好质量控制，4次新冠病毒核酸检测和其他7项临床检测项目室间质评均取得满分。

参与关区各项新冠肺炎疫情防控工作。实地指导隶属海关非冷链货物采样，黄埔海关关区首次在非冷链货物中检出新冠病毒核酸阳性。为"国门利剑2021"等重大行动提供保障，为警员、嫌疑犯采样200余人次。

保障关区内部新冠肺炎疫情防控需要，建立核酸门诊24小时排班制度，设计微信预约小程序，方便预约和采样收样，全年累计预约达到1.5万人次。每月赴13个隶属海关采集一线防疫工作人员新冠病毒抗体检测血样，累计6,257人次。

【监测体检】2021年，保健中心完成出入境人员传染病监测体检3,691人次（境内1,553人，境外2,138人），检出传染病病例共63例（艾滋病感染者1例，梅毒感染者24例，病毒性肝炎38例），澳抗阳性117人，非传染性疾病1,700例。受理其他出入境业务9,684人次，是2020年的62倍，主要是为出境人员换发预防接种证明。

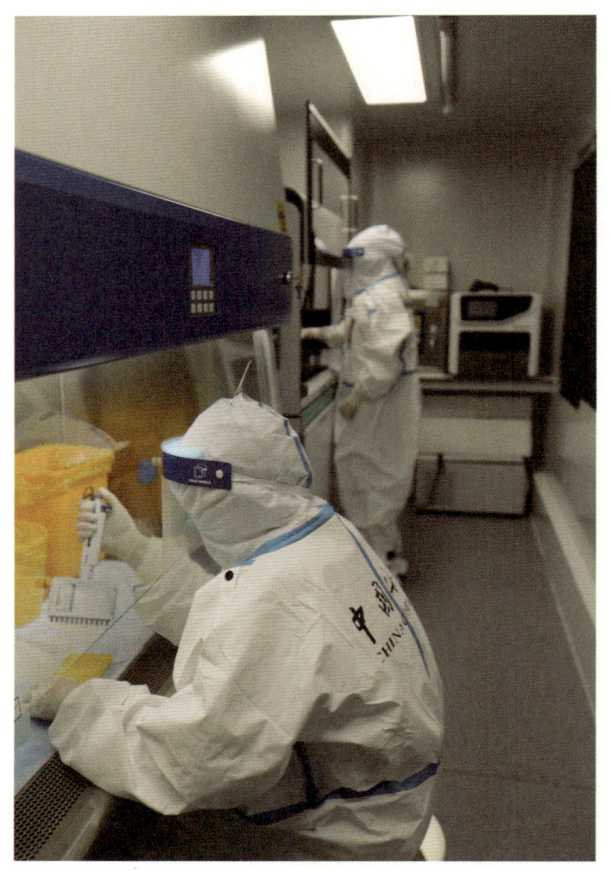

▲2021年6月18日，保健中心实验室检测人员在移动P2+实验室开展新冠病毒核酸检测

【安全防控】2021年，保健中心在业

务安全上，健全实验室和院感防控工作机制，按照黄埔海关、地方管理部门相关规定以及保健中心内部生物安全手册等管理制度，落实实验室安全管理和院感防控；按照总署、黄埔海关及地方卫健部门的要求，组织15期全员参与的新冠肺炎疫情防控知识和院感防控知识学习，参加广东省感控专家课堂的培训和考核达1,600人次，接受东莞市卫生健康局、环保局、城建局、市场监督局、公安局以及南城区各职能局室的督导检查共30余次，黄埔海关职能部门检查10余次，通过督导检查进一步完善各项措施，提高防控技术水平；强化个人安全防护责任意识，严格落实健康信息"日收集"、每周2次核酸检测、出行人员台账管理等健康监测管理工作。

在非执法领域安全上，加快建章立制，围绕领导班子建设、支部建设、财务管理、干部人事管理、业务管理、后勤保障等10个方面，梳理完善制度规范，制定出台18项制度；夯实项目预算管理、立项审批、招标采购、资金使用、国有资产管理等防控措施，建立和完善内控机制，用制度、程序、监督和教育管住风险；结合实际落实好"现场监管与外勤执法权力寻租"专项整治要求，开展全领域自查自纠，守牢守好安全防线。

（撰稿人：刘真真）

黄埔海关学会

【概况】2021年，黄埔海关学会是黄埔海关内部专门从事政策理论研究、学术性、非营利性的群众团体，行政上受黄埔海关领导，业务上接受中国海关学会和广州分会指导。

黄埔海关学会以马克思列宁主义、毛泽东思想、邓小平理论、"三个代表"重要思想、科学发展观和习近平新时代中国特色社会主义思想为指导，坚持党的基本路线，坚持理论联系实际，贯彻百家争鸣的方针，推动和促进黄埔海关学术理论研究与交流，为黄埔海关改革发展服务。

会员代表大会是黄埔海关学会最高权力机构，选举产生理事会为执行机构，截至12月，共有42个理事会成员单位。未设常务理事会，相关职能由会长会议统一负责的方式进行管理，日常工作由秘书处组织实施。8月31日，黄埔海关学会举行第四次会员代表大会暨第四届理事会第一次会议，会议选举原黄埔海关一级巡视员陈胤瑜担任会长，黄埔海关二级巡视员杜妍担任副会长，黄埔海关三级调研员周泽升担任秘书长，顺利完成换届工作。

【理论研究】全年黄埔海关学会在黄埔海关党委的正确领导下，根据中国海关学会和广州分会的要求，认真开展群众性理论研究，收到各类论文220篇，23篇在广州分会的综合类征文和"推进外贸高质量发展"主题征文评审中获奖，其中广州分会领导干部优秀论文1篇，一等奖3篇，二等奖7篇，三等奖12篇。

（撰稿人：常立丽）

第八篇

人物荣誉

2021年黄埔海关获省部级以上表彰集体和个人名单

1. 办公室李珏娥同志获评全国海关机要保密工作劳动模范。

2. 办公室李珏娥同志获评广东省保密工作先进工作者。

3. 法规处（黄埔海关驻翁城镇富陂村扶贫工作队）崔健同志获评2019—2020年广东省脱贫攻坚突出贡献个人。

4. 进出口食品安全处郑育洪同志获评全国食品安全工作先进个人。

5. 科技处杨贵铖同志在2021年全国科技活动周及重大示范活动中获得荣誉证书。

6. 离退休干部办公室曾萍同志获评全国先进老干部工作者。

7. 黄埔海关缉私局熊磊同志获评2020—2021年度广东省优秀共青团员。

8. 黄埔海关缉私局柯伟杰同志获评广东省直属机关优秀共产党员。

9. 黄埔海关缉私局冯柏齐同志获评广东省直属机关优秀党务工作者。

10. 黄埔海关缉私局郝静同志获评公安部直属机关优秀共产党员。

11. 黄埔老港海关林宝生同志获评广东省打击虚开骗税违法犯罪专项行动先进个人。

12. 黄埔新港海关赵莹家庭获评2021年全国最美家庭。

13. 黄埔新港海关王芳菲同志获评广东省优秀共青团员。

14. 东莞海关张小英同志获评全国海关机要保密工作劳动模范。

15. 东莞海关欧阳利同志获评全国海关机要保密工作劳动模范。

16. 东莞海关高圣淦同志获评广东省打击虚开骗税违法犯罪专项行动先进个人。

17. 东莞海关陈晓同志获评广东省打击虚开骗税违法犯罪专项行动先进个人。

18. 太平海关高博同志获评2020年第四季度敬业奉献类广东好人。

19. 凤岗海关吴惠玲同志获评2021年第二季度见义勇为广东好人。

20. 沙田海关张文辉同志获评2021年广东省"扫黄打非"先进个人。

21. 沙田海关陈讷敏同志获评广东省优秀共青团员。

22. 黄埔海关技术中心林惠娇同志在2021年全国科技活动周及重大示范活动中获得荣誉证书。

23. 动植物检疫处获评广东省粮食和物资储备工作先进集体。

24. 科技处在2021年全国科技活动周及重大示范活动中获得荣誉证书。

25. 政工办打造"心灵驿站"为一线防疫人员注入"心动能"获评总署"'我为群众办实事'百佳项目"。

26. 黄埔海关工会获评2017—2020年度全国群众体育先进单位。

27. 黄埔老港海关打击虚开骗税专项行动工作组获评广东省打击虚开骗税违法犯罪专项行动先进集体。

28. 黄埔新港海关集中审像科党支部获评2021年度全国海关党建示范品牌。

29. 黄埔新港海关集中审像科党支部获评广东省先进基层党组织。

30. 穗东海关综合业务二科综合组获评第20届全国青年文明号。

31. 东江口海关"妙稽查工作组"获评2020年度广东省巾帼文明岗。

32. 增城海关精准帮扶增城"菜篮子"走出国门获评总署"'我为群众办实事'百佳项目"。

33. 东莞海关获评广东省直机关模范机关创建先进单位。

34. 东莞海关"关助力"行动服务粤港澳大湾区加工贸易融入"双循环"获评总署"'我为群众办实事'百佳项目"。

35. 东莞海关处置科获评广东省打击虚开骗税违法犯罪专项行动先进集体。

36. 东莞海关驻邮局办事处邮件监管科获评广东省五一劳动奖状。

37. 东莞海关团委获评广东省五四红旗团委标兵。

38. 东莞海关星火党建工作室被评为全国海关基层党建创新案例。

39. 沙田海关核查外勤科获评第20届全国青年文明号。

40. 黄埔海关缉私局情报技术处团支部获评2020—2021年度广东省五四红旗团支部。

41. 黄埔海关驻常平办事处缉私分局法制科党支部获评广东省直属机关先进基层党组织。

42. 黄埔海关缉私局情报技术处获评广东省直机关模范机关创建先进单位。

43. 黄埔海关技术中心获评广东省国家机关"谁执法谁普法"优秀普法项目。

2021年黄埔海关首次荣获"光荣在党50年"纪念章名单（57人）

袁鸣耀	谢俊强	刘煜煌	杨宏珍	杨汉生	林本豪	邵全展	马鸣岐
徐林余	蔡秀芬	林长琦	王祖兴	王燕昌	吴义才	钟心樑	黄宏扬
何明雄	曾广彬	刘起河	何树宏	夏雪春	李煜清	于殿轲	黎德林
张力人	曹武基	杨素贞	李昌盛	邹佑才	吴晋平	钟伯添	江覃水
胡俊如	黄自民	廖素萍	郑普恩	李尚明	彭寅邦	李学炎	武 刚
何志强	王素芳	叶 玲	姚本雄	宋 浩	陈 恭	李淑英	方才生
宋兆华	周春起	吴林怀	刘瑞文	张瑞昌			
胡庆华	杨映隆	王立群	曾胜华				

2021年黄埔海关获三等功奖励人员名单（143人）

周 毅 (5255810)	苏 炜	崔 健	李建林	郑 瑜	黄晓中	吴晓宇
刘晓庆	周敏儿	郑育洪	高泳庄	王 挺	马兆辉	李 西	胡学思
朱 垠	张 瑞	沈源里	曾 萍	陈帅谋	赖德国	王绮怡	钟 钢
贺韶辉	黄 敏	陈 鑫 (5232350)	冼丽燕	蔡树群	郭伟锡	钟剑平
杨 宇	林长欣	唐雯燕	洪晓峰	姜 琼	宋慧玉	江银娣	罗 尉
杨 斌 (5234400)	郑立婷	吴文杰	马雯琴	潘 滴	叶芬良	丁 倩
龚 毅	黄志强	林煜超	王 崧	茹锦江	林永昌	方俊朝	王卫东
薛 倩	韦亘怿	韦向宇		邢 旸	魏伟健	邱奕林	廖振安
王丽萍 (5209000)	刘 凡	郑映平	桂江勇	杨永春	杜雨静	张南峰
李 兵 (5251760)	洪培群	李 彦	汤国谦	左杨伟	邓淋崧	宋 奕
廖莉萍	陈伟雄	吴 洁	朱 珠	黄建军	叶 凯	杨剑锋	梁锐南
李 勇 (5244720)	杨 斌 (5260470)	贺海鸥	陈 勇	郭 坚	于晓菲
胡进平	刘丽仪	付晨霞	陈广春	高 波	王 彦	周春晖	赵晶晶
胡继万	陈怡然	许跃鹏	唐 冰	冯柏齐	柯伟杰	郑 毅	罗 莎
邱译娴	黄奕斌	樊 良	林景山	陈飞霞	刘学舟	张宇杰	陈成飞
谭 玲	徐 莉	张丽萍		邓淋崧	丁 铭	吴润楠	李元磊
黄 柯 (5226990)	雷佳瑜	汤欲中	陈 明	贺海鸥	高 波	曹 阳
陈志恒	黄寿彭	余剑斌	李 成	梁婉君	彭小东	郑 龙	钟健聪
梁光发	宋伟锋	何伟东	杨龙文	吕 杰	江殿存	黄 晋	陈少波
黄权辉	高 冰	苏 峥	顾春龙				

2021年黄埔海关调整为三级关务监督及以上人员名单（40人）

一、以下同志由二级关务监督关衔晋升为一级关务监督关衔（1人）

陈所庆

二、以下同志由三级关务监督关衔晋升为二级关务监督关衔（7人）

杨晓勇　郭小东　刘　锋　陈　雷
邓伟民　梁　为　林　臻

三、授予以下同志二级关务监督关衔（2人）

万　华　赵　奇

四、授予以下同志三级关务监督关衔（13人）

曹向民　梁小梅　李　蕾　李文青
杨　岭　熊贵强　胡友军　朱进伟
李　兰　王建华　刘志明　李小文
周　穗

五、以下同志关衔选升为三级关务监督（17人）

金　融　范　波　冯建辉　刘　斌
李嘉平　夏永忠　缪燕萍　张学敬
魏林第　刘松良　汪国荣　王永俊
宣　飞　杨　忠　彭毅敏　张锐强
陈安平

第九篇

大事记

2021 年黄埔海关大事记

1 月

▲5 日　《人民日报》报道黄埔海关专门制订 8 项措施，并强化系统集成，推出电商出口 24 小时通关模式。

中央电视台《新闻直播间》《正点财经》《天下财经》等栏目报道黄埔海关破获走私水果案，案值 6.6 亿元。

▲8 日　沙田海关查发非跨境电商正面清单商品一批，涉及游戏卡带、游戏机、游戏套装等货物，货值 1.05 亿元。

▲11 日　按照总署缉私局统一行动部署，黄埔海关缉私局在东莞地区开展抓捕查缉行动，共抓获犯罪嫌疑人 5 人，现场查扣涉嫌走私进口雪茄约 3,500 支，刑事立案 2 起，案值合计 1,580 万元。

萝岗海关完成黄埔海关首票进口高风险非冷链集装箱货物查验工作。

▲12 日　黄埔海关向广东省文物局移交 3 件依法没收的禁止出境一般文物。该批文物由广东省文物局指定潮州市湘桥区博物馆收藏保管。

▲13 日　黄埔海关进出口危险化学品及其包装检验业务实训点正式挂牌。

新沙海关完成黄埔海关首批进境小麦"两段准入"附条件提离，重 9,500 吨。

▲15 日　黄埔海关收到广东省高级人民法院送达的行政判决书，对黄某、陈某不服黄埔海关行政处罚决定诉讼案作出二审终审判决。法院经审理，驳回黄某、陈某全部上诉请求，维持一审判决。

经黄埔海关风险防控分局布控，沙田海关查发全国首宗通过保税渠道进口假冒伪劣香烟涉刑案件，经广东省烟草质量监督检测站鉴定为"假冒注册商标且伪劣卷烟"，涉及 Mighty、D&B、Marvels 等多个品牌共计 2,129 万支，涉案金额 82.68 万元。

▲16 日　黄埔海关缉私局通过中马双边警务合作机制将"1·17"国际特大走私象牙走私案犯陈某、胡某抓获归案。

▲19 日　黄埔海关对某有色金属有限公司成功索偿税款及滞纳金 2,022.96 万元。

▲22 日　东莞长安海关查发某公司进口手机集成电路所涉特许权使用费审价补

税情事，涉及货值 6.16 亿元。

▲26 日　东莞长安海关查发某公司进口手机集成电路所涉特许权使用费审价补税情事，涉及货值 3.86 亿元。

《经济参考报》报道东莞海关为中欧班列精简和优化通关环节，通关时间缩短 50% 以上。

▲28 日　黄埔海关首次向广东省农业农村厅移交一批濒危野生动物石珊瑚制品，合计重 3,163.5 克。该批罚没石珊瑚制品将由广东省农业农村厅提供给高校做科普展览。

▲29 日　凤岗中集新造集装箱堆场通过海关监管作业场所实地验收，为黄埔海关监管的第一个新造集装箱堆场。

2 月

▲1 日　黄埔海关、广东省发展改革委、省财政厅、省自然资源厅、省商务厅、省税务局、省市场监督管理局、国家外汇管理局广东省分局组成的联合验收组，通过听取汇报、实地验收和综合评议，同意广州黄埔综合保税区通过验收。

黄埔海关进口加工食品检验监管业务实训点正式挂牌。

《人民日报》报道黄埔海关持续深化 H986 各项改革工作。

▲2 日　召开 2021 年工作会议。关长、党委书记郑汉龙作讲话。

▲3 日　黄埔海关帮扶建设的韶关市翁源县翁城镇富陂村村容村貌提升工程顺利竣工验收。

▲4 日　黄埔海关缉私局党组织隶属关系调整为中共广东省直属机关工作委员会管理。

▲5 日　黄埔海关顺利完成 CT 设备疫苗智能审图算法更新部署工作。

黄埔海关缉私局立案侦查一起东莞某公司涉嫌未经报实质性检验而擅自出口蔬菜的逃避商检案件，案值约 3,000 万元。

▲9 日　经黄埔海关风险防控分局布控，凤岗海关在跨境电商出口渠道查获侵犯 3M 知识产权 N95 口罩 14.76 万个。为"龙腾行动 2021"开展以来，黄埔海关查发的第一宗防疫物资侵权案件。

▲18 日　黄埔海关旅检现场已全部完成人脸识别系统软硬件安装。

▲20 日　黄埔新港海关查获自南非进口放射性超标锆英砂 1,120 吨。

▲21 日　3,479 台雪佛兰汽车从新沙口岸出口至南美洲，为新沙口岸历史以来单航次最大批量汽车出口。

▲24 日　总署风险防控局（黄埔）针对海参、鱼翅等濒危海产品走私进口实时监控重点车辆，配合全国缉私部门跟踪货物流向，锁定重点企业仓储场所，全国缉私部门共刑事立案 11 宗，案值 6.6 亿元。

▲25 日　黄埔海关与广州海关签署《黄埔海关　广州海关深化合作备忘录》，明确了共同维护国门安全等 7 方面 25 条合作内容。

黄埔海关查验核心技能实训教学点正

式挂牌。

3月

▲2日　新沙海关检出黄埔海关首批俄罗斯煤氟超标，该批货物共5.2万吨。

增城出入境检验检疫局综合技术服务中心注销。

《经济参考报》报道黄埔海关驻韶关市翁源县翁城镇富陂村扶贫工作队创新帮扶方式，帮助富陂村推广高价值富硒米，助力村民致富。

▲3日　东莞长安海关全国首宗信用"单兵应用"系统认证作业展开，在全国企管领域首次使用"信用单兵"系统。

中央电视台《朝闻天下》栏目报道特大走私象牙案犯罪嫌疑人全部到案。

▲4日　召开2021年缉私工作会议。

黄埔新港海关、技术中心在一批来自加拿大的小麦中检出黄埔海关首例十字花科黑斑病菌。

▲5日　黄埔海关在入境港澳小型货轮上查发一批未经卫生检疫审批的人血白蛋白等物品，为全国海关首次。

第二次驻穗海关关长联席会议在穗东海关召开。

▲8日　召开黄埔海关"现场监管与外勤执法权力寻租"专项整治工作动员部署视频会议。

广州黄埔综合保税区获总署批复，认定验收合格，可封关运作。

新沙海关检出全国首批环保项目不合格进口车辆3,268辆。

▲9日　黄埔海关缉私局立案侦查一起走私进口柴油案，共计走私进口柴油4,584.8吨，案值3,000万元。

沙田海关查发某公司一般贸易进口打印机等商品申报价格存在特殊关系影响成交价格情事，涉及货值3.34亿元。

▲12日　黄埔海关与东莞市人民政府签署《黄埔海关　东莞市人民政府关于加强危险货物和危险化学品安全生产监管的合作备忘录》，进一步健全完善危险货物和危险品安全生产监管联防联控长效机制。

中国电子口岸数据中心黄埔分中心与中国建设银行广东省分行及广州支行举办"关银一KEY通"项目签约仪式，标志黄埔海关"关银一KEY通"项目建设正式启动。

▲13日　黄埔海关在太平海关开展输入性新冠肺炎病例追溯模拟演练。

▲16日　广州黄埔综合保税区进口汽车保税存储业务启动仪式在广州黄埔综合保税区举行，首批日本进口的斯巴鲁汽车顺利进区，标志着广东省内综合保税区首票进口汽车保税入区存储业务顺利落地。

▲17日　沙田海关在后续核查环节查发通过伪报原产地方式骗取许可证走私交趾黄檀、奥氏黄檀等濒危木材261.66吨，属于《濒危野生动植物种国际贸易公约》（CITES）附录Ⅱ列名物种。

▲18日　《黄埔海关卫生检疫处新型

冠状病毒感染肺炎防控工作日志》《黄埔海关运用包船入境口岸延伸监管模式助力东莞台胞返回内地复工复产复学》两件档案，成为全国海关首批被中国国家博物馆正式收藏的海关抗击新冠肺炎疫情见证物（中国国家博物馆馆藏收据编号：20210007313）。

▲19日　黄埔海关首票采取跨境快速通关模式以市场采购贸易方式转关出口的货物，在东莞长安车检场办结海关手续，2个小时内即在深圳皇岗口岸正常出境。该批货物净重2吨，货值36.79万元。

▲24日　根据总署部署，黄埔海关前后开展3批次13项重点产品专项调研工作。2020年11月27日—2021年3月24日，黄埔海关专班工作组通过电话、视频、书面、现场调研等方式向346家单位（包括生产企业、消费企业、科研院所、行业学会、政府单位等）开展调研，赴广东、江苏、陕西、湖南、甘肃、四川、云南、北京、上海等共7省14市、67家单位实地调研。关领导分头带队开展调研，分组审定相关稿件，并参加与署领导的视频连线答辩会议，积极为产业链稳链补链强链建言献策。

黄埔海关缉私局立案侦查一起个人走私进口二手挖掘机案，现场查扣二手挖掘机2台，初估案值4,000万元。

▲25日　黄埔海关查发某公司进口化妆品非卖品等货物存在特殊关系影响成交价格情事，涉及货值2.48亿元。

▲31日　根据总署风险防控局（黄埔）指令，在马尾口岸连续查获2起某公司伪报物种进口逃避濒危监管情事，经取样送检鉴定为冻长鳍鲭鲨和冻尖吻鲭鲨鱼鳍，共重127吨，属于《濒危野生动植物种国际贸易公约》（CITES）附录Ⅱ列名物种。

4月

▲1日　黄埔海关与广州海关联合实施进出口货物收发货人注册登记业务跨关区"一窗通办"。

新版"政策法规管理系统"正式上线运行。该系统搭建起法律法规、总署规章、直属海关业务制度"三位一体"的制度规范查询体系，实现了业务制度、操作规范同步、快捷检索。

根据总署风险防控局（黄埔）指令，在上海浦东机场查获上海某公司伪报品名出口芦荟植物2.4万株，经查验鉴定申报的白斑厚叶草实际为芦荟属植物，属于《濒危野生动植物种国际贸易公约》（CITES）附录Ⅱ列名物种。

▲2日　黄埔海关首票采用智能报检模式录入的法检报检登记单在萝岗海关完成申报，实现法定送检项目智能匹配送检中心及检测实验室、智能推荐集中收样地点、预约送样、一键推送至e-lab系统等功能。

东莞长安海关查发某公司进口手机集成电路所涉特许权使用费审价补税情事，

涉及货值5.45亿元。

▲6日　东江口海关查发某日用品有限公司主动披露进口的益生菌固体饮料等货物涉及应税特许权使用费情事，涉及货值4.33亿元。

▲9日　召开黄埔海关"现场监管与外勤执法权力寻租"专项整治警示教育大会。

黄埔海关移动P2+实验室获得东莞市卫生健康局颁发的广东省二级病原微生物实验室备案通知书。

黄埔海关立案调查一起进口不锈钢商品编码申报不实违规案，案值约1.4亿元。

东莞长安海关查发某公司进口手机集成电路所涉特许权使用费审价补税情事，涉及货值4.13亿元。

▲10—13日　中央电视台《新闻直播间》栏目报道黄埔海关查获千万余支侵权香烟，重量超10吨。

▲14日　驻署纪检监察组组长陶治国在黄埔海关调研，听取黄埔海关全面从严治党工作情况汇报，到所属沙田海关、东莞海关、涉案财物仓库及东莞三星视界有限公司实地调研，深入了解海关常态化新冠肺炎疫情防控、促外贸稳增长等情况，督导"现场监管与外勤执法权力寻租"专项整治工作，并慰问一线干部职工。

黄埔新港海关顺利验放《关于规范再生钢铁原料进口管理有关事项的公告》（2020年78号公告）生效后黄埔口岸首批进口再生钢铁原料。

▲16日　总署风险防控局（黄埔）派员参加世界海关组织第25届《全球贸易安全与便利标准框架》工作组视频会议。

▲19日　黄埔海关在广州集装箱码头有限公司开展口岸新冠病毒核酸阳性食品无害化处置演练。

东莞长安海关查发某集团公司进口手机集成电路所涉特许权使用费审价补税情事，涉及货值4.2亿元。

▲19日—5月17日　开展黄埔关区2021年度第一次粤港澳海关保护知识产权联合执法行动。

▲20日　黄埔海关查办的出口侵权背包案入选广州市2020年知识产权保护十大典型案例。

黄埔海关缉私局组织开展"HP2021-02"打击濒危木材走私专项行动，共抓获犯罪嫌疑人21名，成功打掉3个特大濒危木材走私团伙，冻结账户资金约480万元，查证走私进口刺猬紫檀、交趾黄檀约1.4万吨，案值约9,982万元。

▲22日　根据总署风险防控局（黄埔）指令，在广西某保税港区抽检原产美国的进口玉米粒中首次查获检疫性杂草籽豚草等有害杂草籽。

▲23日　黄埔海关收到广东省高级人民法院送达的行政裁定书，对广东某公司不服黄埔海关复议决定诉讼案作出二审终审裁定。法院经审理，驳回该公司上诉，维持一审驳回起诉的裁定。

黄埔海关顺利完成2021年网络安全攻

▲25日　黄埔海关缉私局立案侦查2起涉嫌走私进口珍贵动物及其制品案，犯罪嫌疑人涉嫌通过非设关地走私方式走私进口犀牛角共计966克、犀牛角丝1,130克等。

▲26日　广州、深圳、黄埔海关打击出口转运侵权货物系列案入选2020年中国海关知识产权保护十大典型案例。

黄埔海关驻莞片区海关与东莞市市场监管局签署《东莞海关　东莞市市场监督管理局加强知识产权保护合作备忘录》，在创新成果保护服务、知识产权保护技术协助、执法合作、信息交流、理论研讨、宣传普及等方面开展广泛合作。

▲26日—12月31日　成立黄埔海关粮食进口工作专班，集中研究解决辖区内出现的粮食滞港问题。截至2021年12月31日，全关区已验放离港船舶219艘，粮食1,104.9万吨。

▲28日　黄埔海关举办"学党史　感党恩　作表率"主题演讲比赛决赛。

全关区所有业务现场顺利完成H2018新一代通关管理3.0版切换工作。

东莞市虎门港澳客运码头至中国澳门水路客运航线复航，复航首日共监管船舶2艘次（1出1进），旅客34人（29出5进）、客轮服务人员20人次（10出10进）。出入境人员均持有7天内核酸检测阴性证明且14天内无外国及其他境外旅居史。

▲29日　黄埔海关保障首列"广州港—阿拉山口—波兰"海铁联运中欧班列开行。

▲30日　太平海关查发某公司进口一批不锈钢材涉嫌商品编码申报不实，涉及货值7,705.28万元。

5月

▲7日　黄埔海关首次采取"关企校合作培训"方式开展正处级领导干部专题培训，与华为南方工厂东莞基地合作开展"体验式"党史教育活动。

黄埔海关顺利完成2017—2018年度科研项目验收工作。该批项目共发表综述论文17篇，中文核心期刊论文5篇，获实用新型专利5项，申请发明专利11项，参与SN标准制定1项；提出了科学的农产品追溯编码体系、研究了小蠹分类新特征、建立了3种褐腐病菌的试纸技术快速检测和甜菜粕转基因GTSB77品系特异性检测方法等，部分研究成果填补了国内空白。

▲12日　增城海关帮扶一批共计0.4吨的三月红荔枝经海关检疫合格后首次进入英国市场。

▲13日　黄埔海关向广东省自然资源厅移交罚没古生物化石硅化木210件共计12.49吨，将由广东省自然资源厅提供给中山大学地球科学与工程学院用作科普展览和课题研究。这是近年来黄埔海关移交数量最多、重量最大的一批古生物化石。

▲14日　黄埔海关收到广州铁路运输

中级法院送达的行政裁定书,对樵某不服黄埔海关驳回行政复议申请决定诉讼案作出一审裁定。法院经审理,裁定驳回原告的起诉。

▲17日 "黄埔海关公职律师服务岗"授牌成立。

黄埔海关在太平海关开展新冠肺炎输入性病例追溯突击演练。

黄埔海关支持粤港澳大湾区生物产业发展,助力广东地区首批来自美国的HLA-DR4基因工程小鼠成功入驻某公司隔离场所。

广州出入境检验检疫局机关服务中心、广州进出口商品检验技术研究所注销。

▲18日 新沙海关保障全国首船进口储备玉米顺利通关,重量6.8万吨,货值1.37亿元。

▲19日 凤岗海关在跨境电商渠道查获侵犯雀巢产品有限公司知识产权商品标签贴纸102.5万张。

▲20日 黄埔海关顺利完成署级承办项目"海关稽核查业务管理系统"与"海关线索移交反馈系统"对接工作。

▲25日 增城海关保障首列"粤港澳大湾区(广州增城)至东盟(越南河内)"国际货运班列开行。

▲27日 黄埔海关党建实训中心(广州片区)揭牌。

▲28日 黄埔海关首次开展全关人员新冠病毒核酸检测工作。

▲31日 黄埔老港海关监管退运一批辐射超标铜矿石27.67吨。

6月

▲1—18日 黄埔海关跨境电商进口业务量再创新高,共验放跨境电商进口清单260万票、货值6.57亿,同比分别增长16%、16.1%,再创历史新高。业务量最大的三家平台分别为京东、天猫、杭州唯堂(VTN),合计占比超过94%。

▲2日 黄埔海关党建实训中心(东莞片区)揭牌。

▲7日 东莞市虎门港澳客运码头至中国澳门水路客运航线因船舶突发故障停航。复航期间(4月28日至6月6日),监管进出境旅客1,959人次(进847人次、出1,112人次),查验进境行李物品131票,查获59票行李物品。

穗东海关启用广州黄埔综合保税区5,219关区代码。

▲9日 中央电视台《一线》栏目报道黄埔海关缉私局民警王锐全等成功截获被运走的走私冻品,抓获十多名主要嫌疑人的过程。

▲10日 东江口海关查发某公司主动披露进口的化妆品非卖品等货物存在特殊关系影响成交价格情事,涉及货值3.38亿元。

太平海关收到东莞市中级人民法院送达的行政裁定书,对东莞市某公司不服太平海关稽查结论诉讼案作出一审裁定。法院裁定，准许原告撤回起诉。

▲11日　黄埔海关全面启用新版实验室管理系统（V2.0版）。

驻莞海关关长联席会在东莞海关召开。

▲15日　黄埔老港海关查获国家禁止进口固体废物大防盗磁扣针、大防盗扣面共48万余套（件）。

《经济参考报》报道黄埔海关监管出口集装箱近20万个，实现"出厂即入场、出场即放行"。

▲22日　黄埔海关顺利完成智能审图图像直传总署试运行工作。

穗东海关保障192件广州海事博物馆《南海西行——丝路沿线的河岸和海洋文明》主题展览展品便利通关，货值约5,800万元。

▲24日　召开黄埔海关"现场监管与外勤执法权力寻租"专项整治工作推进会。

召开2021年上半年黄埔海关全面深化改革领导小组会议。

▲25—26日　中央电视台《新闻直播间》《正点财经》《经济信息联播》《第一时间》《中国三农报道》等栏目报道黄埔海关超1.5万吨荔枝出口20多个国家。

▲28日　东莞长安海关查发某公司进口手机集成电路所涉特许权使用费审价补税情事，涉及货值10.65亿元。

东莞长安海关查发某公司进口手机集成电路所涉特许权使用费审价补税情事，涉及货值7,710.6万元。

经黄埔海关风险防控分局布控，沙田海关在货运渠道查获伪瞒报品名进口濒危物种黄檀属原木27.78吨，属于《濒危野生动植物种国际贸易公约》（CITES）附录Ⅱ列名物种。该次查获是2020年以来全国海关货运渠道查获伪瞒报品名进口濒危木材重量最多的一起。

▲29日　沙田海关查发某办公信息系统有限公司主动披露进口的打印机等商品存在特殊关系影响成交价格情事，涉及货值8,214.34万元。

▲30日　黄埔海关选派4名干部组建驻镇帮扶工作队，正式进驻扶韶关市乐昌市坪石镇。黄埔海关作为乡村振兴驻镇帮镇扶村工作牵头单位，与广东技术师范大学组团结对帮扶韶关市乐昌市坪石镇。

黄埔海关首票跨境电商网购保税进口商品区外保税展示商品在东莞虎门港综合保税区顺利通关，该票商品品类主要为化妆品、奶粉等快消品，共计1.73吨、4,955件。

黄埔海关缉私局立案侦查2起走私进口红油案，案值约6,750万元。

7月

▲1日　黄埔海关组织收听收看习近平总书记在庆祝中国共产党成立100周年大会上重要讲话现场直播。

黄埔海关举办庆祝中国共产党成立100周年"永远跟党走，奋进新征程"主题书画摄影展。

增城海关保障首列"广州增城—杜伊斯堡"中欧班列开行。

▲2日 黄埔海关"打造'2+N'建实训体系，着力破解党建实操能力不足的难题"项目，入选总署基层党建"书记项目"试点。

▲5日 东莞长安海关查发某公司进口手机集成电路所涉特许权使用费审价补税情事，涉及货值1.06亿元。

▲8日 黄埔新港海关集中审像科党支部党建品牌"三引领审像先锋"获评全国海关党建示范品牌。

▲9日 黄埔海关圆满完成对韶关市翁源县翁城镇富陂村定点扶贫工作。黄埔海关驻村工作队3名干部正式撤离该村，富陂村村委、翁城镇中心小学分别赠送牌匾、锦旗。

东莞长安海关查发某公司进口手机集成电路所涉特许权使用费审价补税情事，涉及货值5.96亿元。

▲12日 黄埔海关首台移动P2+实验室正式投入使用。该实验室可开展多种口岸传染病和动植物疫病的核酸检测工作，日检测最大通量可达800人份。

▲13日 黄埔新港海关、技术中心从进口南非加拿利海枣上截获全国首例一般性有害生物环纹花金龟（*Pachnoda sinuta*）。

▲14日 黄埔海关收到尼泊尔卫生部发来的感谢函，对卫生检疫处及萝岗海关验放抗疫物资优质服务表示感谢。

总署风险防控局（黄埔）派员参加世界贸易组织卫生与植物卫生措施（WTO/SPS）委员会第80次正式会议，提出关于日本排放核废水入海的特别贸易关注，被采用为WTO正式会议对外交涉议题。

东莞长安海关查发某公司进口手机集成电路所涉特许权使用费审价补税情事，涉及货值2.07亿元。

▲16日 黄埔海关举办"学史爱党、学史爱国、学史爱关"知识竞赛决赛。

东莞长安海关查发某公司进口手机集成电路所涉特许权使用费审价补税情事，涉及货值5.96亿元。

经黄埔海关风险防控分局布控，沙田海关查获禁止进境固体废物210吨，为某公司申报自柬埔寨进口的一票"二手扣件"。这是2021年黄埔海关查获重量最大的一票进口固体废物，占2021年黄埔海关查获固体废物总重量的30.6%。

▲19日 黄埔海关顺利启用第八版"中华人民共和国出入境健康申明卡"。

▲23日 东莞海关旧生活大院职工集体宿舍改造项目批复竣工财务决算，批复面积14,102平方米。

▲27日 黄埔状元谷跨境贸易电子商务监管中心被依法注销。

▲28日 科技处完成集中封闭管理人员信息管理功能开发。该功能实现了集中封闭管理人员的信息及排班情况管理，在"14+7+7"的封闭管理期间可通过微信小

程序每日上报核酸采样情况和体温等健康信息。

黄埔老港海关监管退运国家禁止进口固体废物"棕榈灰"40吨。

▲30日　黄埔海关启用综合业务管理平台"业务请示问答"模块及配套监督考核机制。

8月

▲3日　黄埔新港海关办理黄埔海关首宗新修订《中华人民共和国行政许可法》实施以来新申请"国境口岸卫生"行政许可事项。

▲4日　穗东海关运用H2018系统新增的减免税管理子系统为企业成功办理黄埔海关首票税款担保延期证明。

▲4—5日　黄埔海关委托企业采用高温焚烧发电方式，在汕头市集中销毁一批无合法来源的冻牛肉、冻鸡爪等走私冻品共240.54吨。

▲9日　黄埔海关在黄埔新港海关设立进口棉花质量安全风险二级监测点，负责收集分析进口棉花质量安全风险信息。

▲10日　黄埔海关缉私局开展打击走私进口废金属专项行动，抓获犯罪嫌疑人8名，打掉走私进口废金属犯罪团伙2个，现场查扣书证、物证一批。该案案值25.98亿元，涉嫌走私进口废金属共计约3.6万吨。

▲11日　黄埔海关缉私局立案侦查2宗擅自内销保税料件走私案，涉嫌擅自内销保税料件ABS塑胶粒6,499吨、HIPS塑胶粒248吨，案件合计案值约8,450万元。

▲12日　新沙海关从一批自印度尼西亚进口的动力煤中检出汞含量超标，是全国海关2021年首次检出印度尼西亚煤炭环保指标不合格。该批煤炭重量6.6万吨、货值3,245.21万元。

▲17日　黄埔海关首批享受"十四五"支持民用航空维修用航空器材企业进口税收政策项目落地。

▲18日　经黄埔海关风险防控分局布控，黄埔老港海关查获无3C认证轮胎1,190条。

黄埔新港海关、技术中心从一批阿根廷进口的大麦中截获全国口岸首例恶性杂草"三叉针茅"（Nassella trichotoma）。

穗东海关成功办理黄埔海关首批保税油跨关区承运船舶备案。

▲20日—9月13日　财务处对大沙地东路333号大院约680间办公用房的使用面积进行了逐一多次测量核实，结合黄埔海关各部门实际业务及办公需求，进行办公用房功能分类，制订办公用房使用安排方案于8月31日上报总署财务司，并于9月13日获总署批复同意。

▲24日　黄埔海关启动"盐莞组合港"常态化试点。

黄埔海关顺利完成关区业务网国产邮件系统切换工作。

经黄埔海关风险防控分局布控，黄埔

海关发挥三级监控中心体系建设成效，首次在货运渠道查获"水客"涉嫌走私案件，共查获夹藏进口月饼1.3万盒，花旗参、燕窝、奶粉、咖啡等约17万件，总计54吨。

▲27日 黄埔海关缉私局立案侦查一起中国台湾籍吸毒人员快件走私新型毒品案，抓获犯罪嫌疑人2人，刑拘1人，现场查获新型毒品224粒。

▲27日—9月26日 开展黄埔关区2021年度第二次粤港澳海关保护知识产权联合执法行动。

▲31日 法规处牵头完成覆盖关区全业务领域约50万字、230份业务操作指引编制工作，并上传政策法规系统供全关查询、下载学习。

9月

▲1日 黄埔海关法治宣传教育基地正式投入使用。

黄埔海关收到广州铁路运输中级法院送达的行政裁定书，对东莞市某公司不服黄埔海关处罚决定诉讼案作出一审裁定。法院裁定，准许原告撤回起诉。

黄埔海关启动减免税审核业务集约改革，关区减免税审核业务集中到穗东海关、增城海关和东莞海关三个海关办理。

黄埔海关上线运行"互联网+实验室检验进度查询（试点）"模块。

▲2日 黄埔海关收到广州铁路运输中级法院送达的行政判决书，对深圳某公司不服黄埔老港海关处罚决定、黄埔海关复议决定诉讼案作出一审判决。法院经审理，驳回原告全部诉讼请求。

▲2—6日 黄埔海关连续依法责令退运3批含氟量超标的俄罗斯进口煤炭，合计重量12.66万吨、货值6,547.12万元。

▲6—14日 中央电视台《共同关注》《正点财经》《经济信息联播》《第一时间》《中国三农报道》等栏目和《法制日报》《经济参考报》报道黄埔海关查获夹藏走私月饼等商品54吨。

▲7日 太平海关查发两宗经营供港蔬菜违规情事。经查，东莞市某加工厂存在以非"供港澳蔬菜种植基地"蔬菜冒充"供港澳蔬菜种植基地"蔬菜并用于出口情事，涉案货值约9,137.7万元；东莞某公司生产出口食品使用的原料未按照规定来自备案基地，存在违规行为，涉案货值2.74亿元。

黄埔海关收到阿尔及利亚民主人民共和国发来的感谢函，对萝岗海关助力新冠病毒检测试剂快速通关表示感谢。

《经济日报》报道黄埔海关破解"一箱难求""箱比货贵"难题。

▲8日 黄埔老港海关在进口木材查验中截获全国海关首例有害生物枪白蚁（*Termes hospes*）。

▲9日 与广州市反恐办联合举办"平安羊城，党旗飘飘——反恐宣传进黄埔海关活动"。

▲10日 黄埔海关缉私局保持常态化

打击治理"水客"走私，查验进境行李物品131票，查获59票行李物品；登临检查查发来往港澳小型船舶船员违规携带物品情事2起；发现寄递渠道异常清单805份；对涉嫌"水客"渠道案件刑事立案7宗，打掉7个走私团伙，抓获犯罪嫌疑人13人，合计案值约2,943.47万元。

▲13日　黄埔海关向广东省红十字会转交罚没侵权物资一批，包括服装、鞋子、袜子等，共计2,863件，用于韶关市乐昌市坪石镇的乡村振兴以及助学济困等公益事业。

▲15日　黄埔海关在总关机关开展内部工作人员感染新冠病毒内部应急处置演练。

经总署风险防控局（黄埔）、黄埔海关风险防控分局布控，黄埔新港海关从自印度进口的一批电吉他中发现89把的琴指板为柿属乌木、148把的琴指板为黄檀属黑酸枝，均属于《濒危野生动植物种国际贸易公约》（CITES）附录Ⅱ列名物种，涉及货重1.87吨。

▲16日　黄埔海关与黄埔区人民政府举行大沙地东路333号大院交接仪式，并签署移交备忘录。

▲18日　黄埔海关以粉碎机碎片化处理方式集中销毁一批涉案淫秽书籍和侵权光碟。

▲22—24日　黄埔海关缉私局集中开展打击治理"水客"走私专项行动，打掉1个"水客"走私团伙，抓获犯罪嫌疑人25名，刑事立案13起，案值合计约1.1亿元。

▲23日　太平海关查发某公司进口眼镜及其配件等货物存在特殊关系影响成交价格情事，涉及货值5.1亿元。

东莞长安海关查发某公司进口手机集成电路所涉特许权使用费审价补税情事，涉及货值7.26亿元。

▲23—30日　驻署纪检监察组"现场监管与外勤执法权力寻租"专项整治第三实地检查组进驻黄埔海关对专项整治开展情况进行实地督导检查。

▲25日　常平海关在辖区某企业的进口集装箱内发现一只大壁虎，为国家二级保护动物。

▲26日　东莞长安海关查发某公司进口手机集成电路所涉特许权使用费审价补税情事，涉及货值3.61亿元。

▲26日—11月20日　总署启动直属海关权责清单编制工作，黄埔海关作为全国14个试点直属海关之一和试点小组的牵头海关，按时高质完成试点分工主办事项（行政备案）清单内容编制，并牵头组内海关研究提出《海关政务服务事项目录清单》调整意见。

▲27日　东莞国境口岸医院注销。

▲27—28日　全国公安机关海关缉私部门水上缉私实战大练兵比武考核在中山举行。黄埔海关缉私局与大连缉私局组成的第三联队勇夺团体一等奖，黄埔海关缉私局3名警员荣获先进个人。

黄埔海关法治宣传教育基地被东莞市普法办、南方报业传媒集团联合授予"南方报业小记者（研学）实践基地"。

▲28—29日　广东省委机要局和保密局分别对黄埔海关新办公大楼机要室和保密室进行实地验收。

▲29日　东莞长安海关查发某公司进口手机集成电路所涉特许权使用费审价补税情事，涉及货值6.33亿元。

▲30日—10月7日　黄埔海关机关从广州市经济技术开发区保金路36号搬迁至广州市黄埔区大沙地东路333号。

10月

▲1日　黄埔老港海关监管退运国家禁止进境的固体废物低压电容器、低压电容器元件和高压电容器元件共23.01吨。

▲8日　黄埔老港海关闭环专班助力广州海洋地质调查局所属的中国籍科考船"海洋地质六号"轮完成归国检疫手续。

▲9日　东莞长安海关查发某公司进口手机集成电路所涉特许权使用费审价补税情事，涉及货值1.22亿元。

▲10日　黄埔海关开展进出口头盔质量安全风险监测，共抽取9批样品（4批次进口、5批次出口），经检验发现8批不符合我国强制性标准要求，抽检不合格率高达88.9%。黄埔海关对2,736个不合格出口头盔、2,416个不合格进口头盔分别实施不予出口、退运和销毁等处理措施。

▲11—12日　总署副署长、全国打私办主任胡伟在广州出席打击治理珠江口水域走私工作会议，并到黄埔海关缉私局调研。

▲12日　黄埔海关积极稳妥应对"圆规"台风登陆做好防台相关工作。

印发《黄埔海关贯彻落实〈"十四五"海关发展规划〉实施方案》及其任务分解表（埔关统发〔2021〕194号）。

▲14日　黄埔海关开展加工贸易残次品管理改革，关区首批试点的2家企业分别完成302只价值7.34万元的残次品鞋和2.62吨价值40.40万元的残次品线路板的全程监督销毁及后续处置，销毁后的残次品按实际报验状态征税内销，共计为企业减免税款11.30万元。

总署风险防控局（黄埔）派员在世界海关组织常设技术委员会第233次会议上，就"世界海关组织灾害管理和供应链连续性指南"相关议题发言，分享了中国海关构筑口岸公共卫生屏障、运用大数据和人工智能等数字技术精准开展风险分析评估，有效减轻灾害影响、维护供应链稳定的成功经验，得到了约旦等国代表的积极回应。

▲18日　黄埔国际旅行卫生保健中心（黄埔海关口岸门诊部）维修改造项目批复初步设计和投资概算，批复面积4,940平方米。

▲19日　黄埔海关顺利完成"海关e课堂——动植物检疫实务技能（进境粮食检疫）"专题培训直播任务。

▲20日　中央第十一督导组广东小组副组长牛正良一行4人到黄埔海关缉私局督导检查第二批教育整顿工作。

黄埔海关法规处蔡红宇同志、袁炜同志获聘为总署《中华人民共和国海关法》修订专家团队成员。

▲22日　黄埔海关大沙地院区配套改造项目批复可行性研究报告，批复面积16,990平方米。

▲23日　首批缺芯进口保时捷汽车在黄埔综合保税区完成补芯后查验放行出区，数量127台，货值9,525万元。

▲23—26日　中央电视台《新闻直播间》《天下财经》《今日环球》《第一时间》《中国新闻》等栏目和《经济参考报》报道黄埔海关侦破逾亿元"水客"走私案。

▲25日　总署专项审计实地检查第二检查组到黄埔海关开展实地检查。

▲27日　总署风险防控局（黄埔）派员代表中国海关在世界海关组织常设技术委员会第234次会议上，就中国海关在减轻新冠肺炎疫情对国际贸易影响中发挥的作用发言。中方关于加强数字技术应用，精准开展风险布控的提议受到会议关注。

▲28日　黄埔海关启动海运智能大通关改革试运行工作。

▲30日　增城海关保障首列"广州—阿拉木图"中欧班列开行。

11月

▲1日　黄埔海关与黄埔区人民政府签署保金路36号大院移交备忘录，正式将位于保金路36号大院的两栋建筑物及其附属设施移交给黄埔区政府。

黄埔海关推荐参评总署党的十九大以来海关优秀教学成果获4个奖项。

经黄埔海关风险防控分局布控，黄埔老港海关在海运渠道查获某公司申报出口的二胡12把，经核实该批二胡琴筒为爬行纲蛇目蟒科缅甸蟒蟒皮制，属于《濒危野生动植物种国际贸易公约》（CITES）附录Ⅱ列名物种。

增城海关收到广东省高级人民法院送达的行政裁定书，对樵某不服增城海关投诉举报处理结果诉讼案作出二审终审裁定。法院经审理，驳回樵某上诉请求，维持一审驳回起诉的裁定。

东莞海关收到东莞市中级人民法院送达的行政判决书，对张某不服东莞海关处罚决定诉讼案作出一审判决。法院经审理，驳回原告全部诉讼请求。

▲1—11日　"双十一"期间，黄埔海关共验放跨境电商零售进出口清单1,514万票，货值23.7亿，同比增长20.3%。

▲2日　沙田海关、技术中心在一批从墨西哥入境的合生果木粗方中截获全国口岸首例簇毛小蠹（*Scolytus propinquus Blandford*）。

▲3日 黄埔海关向广东省林业部门所属野生动物监测救护中心移交濒危植物沉香97.4千克，这是近三年来黄埔海关首次向地方林业部门进行濒危植物实物移交。

黄埔海关缉私局开展打击走私进口二手挖掘机专项行动，抓获犯罪嫌疑人13名，打掉犯罪团伙1个，案值约5.5亿元。

▲4日 黄埔海关收到广州铁路运输中级法院送达的行政裁定书，对广州市某公司不服黄埔新港海关处罚决定诉讼案作出一审裁定。法院裁定，准许原告撤回起诉。

黄埔海关首次在进口高风险非冷链集装箱货物预防性消毒作业过程中顺势实施第三方实验室消毒效果评价。

经黄埔海关风险防控分局布控，黄埔老港海关在货运渠道查获濒危植物制品96件2.58吨，47件为奥氏黄檀，49件为特氏古夷苏木，属《濒危野生动植物种国际贸易公约》附录Ⅱ列名物种。

由总署联合中央广播电视总台共同制作的纪录片《中国海关》摄制组到后勤管理中心麻涌涉案财物仓库进行实地取景拍摄。

▲5日 经黄埔海关风险防控分局布控，黄埔新港海关自一批美国进口"高岭土"的木托上截获检疫性有害生物松材线虫。

▲8日 黄埔海关"'VR+5G'普法阵地""东莞市青少年国门安全法治教育基地"两个普法项目获评2020—2021年全省国家机关"谁执法谁普法"创新创先项目优秀奖。

黄埔海关收到广州铁路运输中级法院送达的行政判决书，对广州市某公司不服黄埔老港海关处罚决定诉讼案作出一审判决。法院经审理，驳回原告全部诉讼请求。

▲11日 黄埔海关顺利完成对查获的走私运输工具22台油罐车、箱式货车进行拆解回收处理，有效防止废旧汽车零配件流入市场。

在省公安厅的支持和配合下，黄埔海关完成枪械及其零配件专项制图工作，此次制图共采集不同的整枪20支，枪管、弹匣和枪机等枪械零配件8种共19件，制得机检图像1,068幅。

▲12日 《法治日报》报道黄埔海关稽查部门共受理104家企业的主动披露报告，其中73家企业通过主动披露途径化解了行政处罚风险。

▲15日 召开2021年下半年黄埔海关全面深化改革领导小组会议。

黄埔海关收到广东省高级人民法院送达的行政判决书，对佛山市某公司不服黄埔新港海关行政处罚、黄埔海关复议决定诉讼案作出二审终审判决。法院经审理，驳回该公司上诉，维持一审驳回原告诉讼请求。

广东正贸有害生物防控技术有限公司广州分公司注销。

▲17日　黄埔海关参与建设的海关系统首条新能源汽车检测线在广州顺利建成运行，填补了国内进口新能源汽车检测领域空白，为海关监管进口新能源汽车风险防控、服务国产新能源汽车拓展国际市场提供有力技术支撑。

增城海关保障首列"广州—奥斯陆"中欧班列开行。

凤岗海关彭莹同志被评选为"2020年度全国海关优秀公职律师"。

▲17日—12月16日　开展黄埔关区2021年度第三次粤港澳海关保护知识产权联合执法行动。

▲18日　黄埔海关缉私局开展的打击低报价格走私进口木材专项行动，抓获犯罪嫌疑人17名，查证走私进口各种木材约10万立方米，案值约5.2亿元。

凤岗海关顺利完成总署出口转关政策调整后黄埔海关首家非高级认证企业货物转关出口。

▲19日　东江口海关查发某公司与关联方制订进口货物成交价格时存在特殊关系影响成交价格情事，涉及货值4.91亿元。

东莞海关报送的党建创新案例"创建'星火党建工作室'着力打造党建新引擎"入选第一批全国海关基层党建创新案例。

▲20—25日　中央电视台《新闻直播间》《天下财经》《今日环球》《中国新闻》等栏目报道黄埔海关破获走私进口二手挖掘机案，案值5.5亿元。

▲22日　东莞长安海关查发某公司进口手机集成电路所涉特许权使用费审价补税情事，涉及货值37.17亿元。

凤岗海关受理新修订的企业信用管理办法实施后黄埔海关首宗企业信用修复申请。

▲23日　黄埔海关开展全领域自查自纠工作。

▲24日　中央和国家机关工作委员会主办的《旗帜》杂志（2021年第11期）刊发东莞海关基层党建经验文章《结对共建"1+1"　党建效能">2"》，介绍该关创新支部结对共建、推动党建业务深度融合等经验做法和工作成效。

▲29日　根据总署风险防控局（黄埔）指令，在花都海关布控查获一票进口原产沙特阿拉伯的氧化锌混合物共计524.93吨，经送检鉴定为国家禁止进口的固体废物。

▲29日—12月1日　中央电视台《经济信息联播》《第一时间》等栏目黄埔海关破获5.2亿元走私进口木材案。

▲30日　广东省副省长陈良贤一行到广州港新港作业区调研。广东省政府有关部门负责人，广州市副市长谭萍、海关广东分署副主任刘红和黄埔新港海关负责人参加调研。

黄埔海关监督执纪谈话室正式投入使用。

黄埔海关缉私局被联合国环境规划署（UNEP）评选为2021年度亚洲环境执法

奖（AEEA）合作类获奖者之一。

12月

▲1日　根据总署统一安排，实施"以企业为单元"的税款担保改革，实现一份担保可以同时在全国海关用于多项担保业务并同步上线H2018新一代通关管理系统子系统税款担保管理模块。同日，黄埔海关完成新模块下全国首票担保核批。

▲3日　增城海关保障首列"广州—万象"中老班列开行。

▲8日　黄埔老港海关自一批加拿大进口黄大豆中截获仓储类害虫绿豆象［*Callosobruchus chinensis*（Linnaeus）］。

东莞虎门港综合保税区一般纳税人资格试点完成向国家税务总局、财政部、总署备案工作。

▲9日　黄埔海关首票"一港通"报关单顺利结关。

经黄埔海关风险防控分局布控，黄埔老港海关在货运渠道查获濒危植物制品24件，其中11件为奥氏黄檀、1件为特氏古夷苏木、11件为交趾黄檀、1件为红豆杉，属于《濒危野生动植物种国际贸易公约》（CITES）附录Ⅱ列名物种。

▲10日　黄埔海关完成政务办公子系统的国产化适配改造工作。

启动广州片区进口检验检疫证单签发集约化改革，将黄埔新港、黄埔老港、穗东、萝岗、增城等5个隶属关进口检验检疫证单签发集中在黄埔老港海关签证部门。

▲14日　东江口海关查发某公司主动披露进口的化妆品非卖品等货物存在特殊关系影响成交价格情事，涉及货值1.34亿元。

▲15日　黄埔海关正式启动"两步申报+区块链"跨境电商网购保税进口业务试点。

"香港—东莞国际空港中心"项目试运行阶段首票航空货物顺利通关。项目首创跨关境安检前置，是直达空侧的海空联运模式。

▲16日　黄埔新港海关完成首列"港铁号"海铁联运中亚班列发运监管工作。

东莞市反恐办发来表扬信，对黄埔海关反恐怖工作给予肯定。

中央电视台《正点财经》栏目报道黄埔海关查获夹藏手机等电子设备798件。

▲17日　黄埔海关缉私局顺利完成首次远程视频提讯工作，通过视频系统远程提审在办的"宝Ｘ运668"船涉嫌海上偷运走私进口冻品案3名犯罪嫌疑人，有效解决新冠肺炎疫情期间办案提审难题。

黄埔新港海关完成"港铁号"海铁联运中欧班列首列承运过境货物换装监管工作。

东莞飞力达供应链管理有限公司价值约8,818元的手机零配件类保税研发货物入区，标志东莞虎门港综合保税区内首个保税研发项目正式落地。

▲21日　黄埔海关收到最高级人民法

院送达的行政裁定书，对黄某、陈某不服黄埔海关行政处罚决定诉讼案再审申请作出裁定。法院经审理，裁定准许原告撤回再审申请。

太平海关剥离企业管理资质类业务。

黄埔老港海关自一批莫桑比克申报进口的成对古夷苏木原木中截获黄埔海关首例绿喜绿天牛（Philematium virens）。

▲22日　黄埔海关完成海关监管装备智慧管理应用署级项目建设，解决了与H986、CT设备、X光机、辐射探测设备、毫米波个人检查设备等多类监管装备的联网通信问题，确保监管装备智慧管理核心关键技术自主可控。该项目在全国10个直属海关启动试运行。

▲23日　黄埔老港海关自一批美国进口的大豆中检出检疫性有害生物菜豆荚斑驳病毒。

▲25日　黄埔海关与广州海关、广州市卫生健康委员共同修订《广州市口岸突发公共卫生事件应对合作机制》。

▲27日　穗东海关综合业务二科党支部《"到黄埔去"走好新时代赶考路》"微党课"视频在总署政工办第二批20个基层党组织书记"微党课"视频展播中获评最佳创意奖。

增城海关完成房产证权属人登记变更工作，将位于荔城办事处的24套原增城局并入房产的权属人由"增城商检局"变更为"增城海关"。

▲28日　黄埔海关受邀参加广东省反恐怖主义法颁布六周年主题宣传活动暨广州市反恐专业队应急拉练活动。

▲29日　黄埔海关通过"钉钉"平台向全国海关涉案财物管理人员讲授新版海关涉案财物管理系统和海关智能仓储管理系统的使用。该系统由黄埔海关牵头开发，搭建了"互联网+"、移动App端客户端，对接缉私办案平台，依托物联网中心对接智能设备，形成一套图覆盖内外网，贯穿涉案财物全业务流程的智能管理体系，将于2022年1月1日起正式在全国海关推广运用。

▲31日　黄埔海关处置全国首单通过新一代检查异常处置系统办理的检查异常事件。

在广东省文化和旅游厅的协助下，黄埔海关向江门市博物馆捐赠国内不予兑换的巴基斯坦币、阿富汗币和马来西亚币共计2.45万元（币值），双方签订了不予收兑货币捐赠协议。此批外币将用于收藏、研究、展览、拍摄、出版和文化交流等公益用途。

黄埔海关报送的精准帮扶增城"菜篮子"走出国门、"关助力"行动服务粤港澳大湾区加工贸易融入"双循环"、打造"心灵驿站"为一线防疫人员注入"心动能"等三个典型项目案例获评全国海关党史学习教育"'我为群众办实事'百佳项目"。

第十篇

海关统计资料

2021年黄埔关区进出口贸易方式总值表

贸易方式	进出口		出口		进口	
	金额（亿元）	同比（%）	金额（亿元）	同比（%）	金额（亿元）	同比（%）
总值	17,848.1	16.9	8,602.5	23.5	9,245.6	11.4
一般贸易	8,395.4	13.0	4,022.8	22.6	4,372.6	5.4
国家间、国际组织间无偿援助和赠送的物资	0.3	173.6	0.3	112.3	0.1	—
其他捐赠物资	0.0	-52.9	0.0	210.8	0.0	-100.0
加工贸易	5,249.8	5.6	3,264.3	5.1	1,985.5	6.5
来料加工贸易	546.7	1.8	311.5	0.2	235.1	4.1
进料加工贸易	4,703.1	6.1	2,952.7	5.6	1,750.4	6.8
边境小额贸易	0.0	146.2	0.0	146.2	0.0	—
加工贸易进口设备	1.4	-23.1	0.0	—	1.4	-23.1
对外承包工程出口货物	31.5	86.9	31.5	86.9	0.0	—
租赁贸易	5.9	97.4	0.6	44.2	5.3	106.1
外商投资企业作为投资进口的设备、物品	22.2	-63.1	0.0	—	22.2	-63.1
出料加工贸易	0.7	-57.7	0.6	-17.5	0.1	-92.7
保税物流	3,565.8	29.2	712.2	31.5	2,853.6	28.7
海关保税监管场所进出境货物	2,783.0	13.8	436.2	-1.4	2,346.8	17.2
海关特殊监管区域物流货物	782.9	149.0	276.0	177.7	506.8	135.7
海关特殊监管区域进口设备	2.4	306.0	0.0	—	2.4	306.0
其他贸易	572.7	2,406.4	570.1	3,048.0	2.6	-44.8
免税品	0.0	-100.0	0.0	—	0.0	-100.0

2021年黄埔关区进出口国别（地区）总值表

国别（地区）	进出口		出口		进口	
	金额（亿元）	同比（%）	金额（亿元）	同比（%）	金额（亿元）	同比（%）
总值	17,848.1	16.9	8,602.5	23.5	9,245.6	11.4
阿富汗	0.2	-69.3	0.2	-70.5	0.0	738.6
巴林	11.6	113.3	3.5	61.1	8.1	148.4
孟加拉国	54.7	35.9	52.2	35.6	2.5	41.9
不丹	0.1	1,918.6	0.1	1,918.6	0.0	—
文莱	2.5	-53.3	0.9	4.5	1.7	-63.6
缅甸	26.9	-12.7	9.1	78.8	17.8	-30.9
柬埔寨	35.0	17.4	31.8	18.2	3.2	9.9
塞浦路斯	1.7	10.5	1.7	10.6	0.0	-29.7
朝鲜	0.0	-100.0	0.0	-100.0	0.0	-100.0
中国香港	1,782.7	9.8	1,763.9	9.5	18.9	47.0
印度	443.9	2.5	363.7	-1.2	80.3	22.9
印度尼西亚	506.3	34.9	212.8	3.0	293.4	74.1
伊朗	50.1	34.9	4.5	49.8	45.6	33.6
伊拉克	15.2	154.4	15.2	154.4	0.0	52.8
以色列	45.5	96.9	38.2	165.7	7.3	-16.3
日本	1,400.0	2.2	425.8	24.9	974.1	-5.3
约旦	10.9	19.0	9.3	73.7	1.5	-58.9
科威特	20.9	-25.1	6.1	37.4	14.7	-37.1
老挝	16.4	604.7	0.5	-34.7	15.9	899.0
黎巴嫩	1.4	81.3	1.4	78.8	0.0	27,273.6
中国澳门	22.5	10.1	22.5	10.6	0.0	-98.7
马来西亚	467.6	11.3	148.9	2.6	318.7	15.9

续表1

国别（地区）	进出口		出口		进口	
	金额（亿元）	同比（%）	金额（亿元）	同比（%）	金额（亿元）	同比（%）
马尔代夫	0.7	146.7	0.7	146.7	0.0	167.8
蒙古国	0.0	194.8	0.0	193.3	0.0	—
尼泊尔联邦民主共和国	2.9	-2.2	2.8	-2.3	0.0	8.2
阿曼	47.6	58.6	1.6	27.3	46.0	60.0
巴基斯坦	77.2	41.2	58.5	31.8	18.7	82.3
巴勒斯坦	0.4	529.2	0.4	529.3	0.0	-100.0
菲律宾	318.5	40.7	201.6	49.5	116.9	27.7
卡塔尔	32.7	14.1	6.2	47.1	26.6	8.5
沙特阿拉伯	157.4	7.9	57.5	26.7	99.9	-0.7
新加坡	276.3	1.7	111.8	1.1	164.5	2.1
韩国	1,449.0	17.8	347.2	35.7	1,101.8	13.1
斯里兰卡	11.8	57.2	10.9	62.1	0.8	12.2
叙利亚	0.3	-41.2	0.3	-40.1	0.0	-97.6
泰国	430.1	19.8	198.2	34.4	231.9	9.7
土耳其	60.3	-11.6	52.2	-13.5	8.1	2.7
阿联酋	137.7	57.5	90.1	45.8	47.6	85.6
也门	1.6	74.8	1.6	75.3	0.0	-84.1
越南	491.0	6.3	286.9	19.7	204.1	-8.2
中国	1,443.1	14.7	0.0	—	1,443.1	14.7
中国台湾	1,667.5	16.5	199.2	22.5	1,468.3	15.8
东帝汶	0.1	119.5	0.1	395.5	0.0	-99.3
哈萨克斯坦	13.9	9.8	13.4	12.2	0.5	-29.4
吉尔吉斯斯坦	1.0	-20.0	1.0	-20.0	0.0	-16.5
塔吉克斯坦	0.5	667.6	0.5	605.7	0.0	301,703.5
土库曼斯坦	0.1	11.3	0.1	65.2	0.0	-100.0
乌兹别克斯坦	5.4	-16.7	5.3	-14.2	0.1	-61.2
亚洲其他国家（地区）	0.0	-6.5	0.0	-98.2	0.0	47.3
阿尔及利亚	9.5	-11.3	9.5	0.4	0.0	-99.9
安哥拉	5.2	-33.4	2.6	150.0	2.6	-61.5
贝宁	1.5	11.8	1.1	10.1	0.5	16.1
博茨瓦纳	0.1	12.1	0.1	12.1	0.0	—
布隆迪	0.1	99.3	0.1	254.5	0.0	-100.0
喀麦隆	2.6	18.2	2.5	21.0	0.1	-27.5

续表2

国别（地区）	进出口 金额（亿元）	进出口 同比（%）	出口 金额（亿元）	出口 同比（%）	进口 金额（亿元）	进口 同比（%）
加那利群岛	0.0	-85.3	0.0	-85.3	0.0	—
佛得角	0.0	4.8	0.0	4.8	0.0	—
中非	0.1	-63.8	0.0	-94.5	0.1	-60.9
塞卜泰（休达）	0.0	7,015.2	0.0	-83.1	0.0	—
乍得	0.0	-93.6	0.0	-93.6	0.0	-94.6
科摩罗	0.1	190.6	0.1	192.2	0.0	-7.5
刚果（布）	1.3	33.1	0.9	160.2	0.4	-33.6
吉布提	4.0	50.5	4.0	50.5	0.0	—
埃及	64.1	24.8	62.1	23.6	2.0	75.3
赤道几内亚	0.2	93.7	0.1	178.7	0.0	14.4
埃塞俄比亚	2.3	-13.9	1.6	6.9	0.7	-40.3
加蓬	0.3	-11.8	0.3	1.9	0.0	-70.5
冈比亚	1.2	-2.9	0.2	154.0	1.0	-13.3
加纳	11.2	17.2	9.8	34.2	1.4	-37.9
几内亚	1.9	97.7	1.9	97.7	0.0	—
几内亚比绍	0.0	848.8	0.0	848.8	0.0	—
科特迪瓦	2.3	43.8	2.3	44.3	0.0	-71.1
肯尼亚	9.0	61.5	8.9	60.0	0.1	397.6
利比里亚	3.5	55.3	3.5	55.5	0.0	-100.0
利比亚	2.2	335.5	2.2	335.5	0.0	-100.0
马达加斯加	1.5	-3.5	0.8	-38.0	0.7	163.5
马拉维	0.1	-17.9	0.1	-18.1	0.0	—
马里	1.7	-49.8	0.2	-26.5	1.4	-52.4
毛里塔尼亚	8.7	81.7	0.4	432.2	8.3	76.1
毛里求斯	1.9	310.2	1.8	339.0	0.2	139.9
摩洛哥	12.2	22.8	9.6	23.9	2.6	18.7
莫桑比克	7.5	-17.2	2.2	-44.6	5.3	3.8
纳米比亚	0.2	-64.8	0.1	-34.3	0.0	-87.1
尼日尔	0.5	37.3	0.1	77.0	0.4	31.7
尼日利亚	35.4	14.9	23.5	8.8	11.9	29.5
留尼汪	0.2	59.9	0.2	60.0	0.0	-100.0
卢旺达	0.2	-50.6	0.0	-28.7	0.2	-53.3
圣多美和普林西比	0.0	510.8	0.0	501.4	0.0	28,542.9

续表3

国别（地区）	进出口		出口		进口	
	金额（亿元）	同比（%）	金额（亿元）	同比（%）	金额（亿元）	同比（%）
塞内加尔	4.3	4.3	3.4	120.5	0.9	-64.2
塞舌尔	0.2	303.0	0.2	302.7	0.0	—
塞拉利昂	8.3	24.5	0.3	32.5	8.0	24.3
索马里	0.4	62.4	0.4	63.8	0.0	-84.6
南非	54.7	56.1	33.3	67.3	21.4	41.4
西撒哈拉	0.0	-96.4	0.0	-96.4	0.0	—
苏丹	2.8	-42.4	2.0	-8.3	0.8	-69.6
坦桑尼亚	12.1	193.7	11.7	331.7	0.4	-72.2
多哥	5.1	84.3	4.9	88.1	0.2	31.2
突尼斯	4.3	52.0	3.9	53.6	0.4	37.4
乌干达	0.5	4.2	0.4	50.4	0.0	-73.6
布基纳法索	0.2	32.6	0.1	-31.9	0.1	—
刚果（金）	78.8	29.5	1.3	57.9	77.5	29.1
赞比亚	34.5	27.7	0.5	-10.6	33.9	28.6
津巴布韦	0.4	54.0	0.4	74.4	0.0	-45.0
莱索托	0.2	-45.2	0.2	-44.3	0.0	-69.5
梅利利亚	0.0	-100.0	0.0	-100.0	0.0	—
斯威士兰	0.1	451.9	0.0	270.1	0.0	997.4
厄立特里亚	0.0	-99.0	0.0	-18.1	0.0	-100.0
马约特	0.1	582.4	0.1	582.4	0.0	—
南苏丹共和国	0.0	108.0	0.0	108.0	0.0	—
非洲其他国家（地区）	0.0	-96.1	0.0	-96.1	0.0	—
比利时	68.1	11.2	55.0	43.4	13.1	-42.7
丹麦	31.7	129.2	27.9	177.6	3.8	-0.2
英国	245.0	16.3	153.6	20.5	91.4	9.8
德国	681.5	6.4	230.3	24.6	451.2	-0.9
法国	191.4	36.5	121.7	67.1	69.7	3.4
爱尔兰	10.3	21.3	7.8	22.8	2.5	17.0
意大利	175.5	37.3	127.7	53.1	47.8	7.6
卢森堡	1.7	-27.0	0.4	31.5	1.3	-35.9
荷兰	264.2	22.6	233.7	31.3	30.5	-18.7
希腊	19.1	97.8	18.7	134.7	0.4	-75.1
葡萄牙	16.0	37.3	10.5	165.0	5.5	-28.5

续表4

国别（地区）	进出口		出口		进口	
	金额（亿元）	同比（%）	金额（亿元）	同比（%）	金额（亿元）	同比（%）
西班牙	117.9	43.9	103.5	69.0	14.4	-30.5
阿尔巴尼亚	0.5	137.2	0.5	185.7	0.0	-96.0
安道尔	0.1	29.5	0.1	29.5	0.0	422.5
奥地利	41.6	73.0	18.3	81.4	23.3	66.9
保加利亚	8.0	80.9	3.5	118.8	4.5	59.2
芬兰	19.2	28.7	3.8	3.0	15.4	37.2
直布罗陀	0.0	1,381.0	0.0	1,365.4	0.0	26,767.5
匈牙利	40.7	57.6	25.4	57.8	15.3	57.3
冰岛	0.2	38.8	0.1	40.8	0.1	37.2
列支敦士登	0.2	5.1	0.1	3.1	0.1	6.6
马耳他	3.8	24.2	2.4	11.4	1.4	56.7
摩纳哥	0.0	-58.6	0.0	132.1	0.0	-70.2
挪威	35.2	42.1	9.8	40.6	25.4	42.7
波兰	117.0	39.8	103.4	38.1	13.6	54.9
罗马尼亚	14.7	70.6	13.8	86.9	0.9	-26.5
圣马力诺	0.0	-18.7	0.0	-72.6	0.0	18.3
瑞典	39.4	-0.3	23.7	32.8	15.7	-27.5
瑞士	38.1	82.9	29.3	148.9	8.8	-3.0
爱沙尼亚	1.6	-17.6	1.4	10.6	0.2	-66.8
拉脱维亚	2.1	0.8	1.8	3.9	0.3	-14.1
立陶宛	1.8	-57.5	1.5	12.7	0.3	-89.0
格鲁吉亚	1.0	-30.0	1.0	-3.9	0.0	-95.0
亚美尼亚	1.1	571.7	0.2	128.0	0.9	1,045.0
阿塞拜疆	1.6	24.3	0.4	159.1	1.1	3.2
白俄罗斯	1.2	-44.6	0.5	-46.4	0.8	-43.5
摩尔多瓦	0.2	-18.0	0.2	-17.5	0.1	-18.7
俄罗斯联邦	174.4	-1.6	105.7	-11.1	68.8	17.6
乌克兰	88.4	24.8	11.3	28.1	77.1	24.3
塞尔维亚和黑山①	0.0	-100.0	0.0	—	0.0	-100.0
斯洛文尼亚	6.5	103.6	5.7	107.6	0.9	80.9

① 黑山独立后，塞尔维亚和黑山国家联盟分成了塞尔维亚和黑山两个国家，为方便塞尔维亚和黑山国家联盟的历史报关单结关后纳入统计，保留塞尔维亚和黑山国家联盟国别（地区）代码，并未删除，至2023年，修正国别（地区）代码时，塞尔维亚和黑山国家联盟国别（地区）才被删除。

续表5

国别（地区）	进出口 金额（亿元）	进出口 同比（%）	出口 金额（亿元）	出口 同比（%）	进口 金额（亿元）	进口 同比（%）
克罗地亚	2.3	36.9	1.9	48.3	0.4	0.8
捷克	41.0	34.8	36.5	40.0	4.5	3.6
斯洛伐克	122.2	-3.7	10.6	0.6	111.6	-4.1
北马其顿共和国	0.2	-22.1	0.1	34.6	0.1	-58.9
波黑	0.2	-25.3	0.0	-35.6	0.1	-20.6
梵蒂冈城国	0.0	2,732.3	0.0	2,732.3	0.0	—
法罗群岛	0.0	-94.6	0.0	-64.4	0.0	-100.0
塞尔维亚	1.5	-18.3	0.8	-24.7	0.6	-8.0
黑山	0.2	-56.9	0.2	-52.7	0.0	-88.0
欧洲其他国家（地区）	0.0	-63.5	0.0	-100.0	0.0	-57.5
安提瓜和巴布达	0.2	1,239.9	0.2	1,239.9	0.0	—
阿根廷	62.1	53.0	14.9	56.0	47.2	52.1
阿鲁巴	0.1	141.8	0.1	141.8	0.0	—
巴哈马	0.7	6.4	0.7	5.8	0.0	—
巴巴多斯	0.1	119.1	0.1	160.1	0.0	-42.6
伯利兹	0.3	-46.2	0.3	-46.0	0.0	-76.4
多民族玻利维亚国	3.0	201.3	1.6	131.7	1.4	370.4
博内尔	0.0	1,812.0	0.0	1,812.0	0.0	—
巴西	234.3	9.6	71.2	10.4	163.1	9.3
开曼群岛	0.1	279.2	0.1	279.2	0.0	—
智利	140.2	37.9	55.8	88.3	84.3	17.2
哥伦比亚	29.4	104.1	28.9	106.6	0.5	23.2
多米尼克	0.1	334.5	0.0	-42.4	0.1	838.3
哥斯达黎加	4.8	65.1	3.3	68.9	1.5	57.5
古巴	0.4	-51.8	0.4	73.3	0.0	-99.6
库腊索岛	0.6	143.3	0.6	143.3	0.0	—
多米尼加共和国	5.9	89.4	5.4	81.6	0.5	240.1
厄瓜多尔	10.4	80.8	9.4	135.4	1.0	-42.9
法属圭亚那	0.0	18.1	0.0	13.7	0.0	21,851.2
格林纳达	0.0	-84.5	0.0	-84.5	0.0	—
瓜德罗普	0.0	-36.0	0.0	-36.0	0.0	—
危地马拉	6.9	81.4	6.8	79.9	0.1	210.4
圭亚那	0.4	117.7	0.3	134.5	0.0	-38.0

续表6

国别（地区）	进出口		出口		进口	
	金额（亿元）	同比（%）	金额（亿元）	同比（%）	金额（亿元）	同比（%）
海地	1.3	16.5	1.3	16.4	0.0	21.3
洪都拉斯	2.0	60.7	1.9	67.5	0.0	-56.1
牙买加	1.1	59.5	1.1	61.2	0.0	-97.7
马提尼克	0.0	106.3	0.0	106.3	0.0	—
墨西哥	293.0	48.2	255.4	66.2	37.6	-14.6
蒙特塞拉特	0.0	-82.5	0.0	-82.5	0.0	—
尼加拉瓜	5.0	26.3	4.9	28.6	0.0	-61.5
巴拿马	31.9	107.3	27.9	116.9	4.0	58.2
巴拉圭	2.8	86.7	2.8	87.4	0.0	34.0
秘鲁	79.5	56.5	22.1	105.1	57.4	43.5
波多黎各	2.5	-7.9	1.4	73.9	1.1	-41.2
萨巴	0.0	-100.0	0.0	-100.0	0.0	—
圣卢西亚	0.0	60.0	0.0	57.3	0.0	288.8
圣马丁岛	0.0	355.9	0.0	355.9	0.0	—
圣文森特和格林纳丁斯	0.0	95.1	0.0	95.9	0.0	-100.0
萨尔瓦多	3.1	84.8	2.7	91.5	0.4	49.4
苏里南	0.9	18.5	0.4	111.9	0.5	-16.3
特立尼达和多巴哥	0.7	70.6	0.5	113.0	0.3	25.1
特克斯和凯科斯群岛	0.0	231.8	0.0	231.8	0.0	—
乌拉圭	10.8	-4.4	5.3	50.3	5.5	-29.1
委内瑞拉	4.3	212.0	4.2	209.6	0.1	555.3
英属维尔京群岛	0.0	-99.7	0.0	-99.7	0.0	—
圣其茨和尼维斯	0.0	17.1	0.0	15.0	0.0	29,201.1
圣皮埃尔和密克隆	0.0	1,968.7	0.0	1,968.7	0.0	—
荷属安地列斯	0.0	-8.2	0.0	-8.2	0.0	—
拉丁美洲其他国家（地区）	0.0	1,105.8	0.0	1,105.8	0.0	—
加拿大	166.6	20.6	89.6	40.2	76.9	3.7
美国	1,854.9	23.6	1,333.2	24.0	521.7	22.6
格陵兰	0.0	-86.9	0.0	-86.9	0.0	—
百慕大	0.0	369.4	0.0	369.4	0.0	—
北美洲其他国家（地区）	0.0	-99.1	0.0	-99.1	0.0	—
澳大利亚	244.5	7.8	143.0	23.5	101.5	-8.7
库克群岛	0.0	-89.8	0.0	-89.8	0.0	—

续表7

国别（地区）	进出口		出口		进口	
	金额（亿元）	同比（%）	金额（亿元）	同比（%）	金额（亿元）	同比（%）
斐济	0.7	35.3	0.6	35.1	0.0	43.6
盖比群岛	0.0	-100.0	0.0	-100.0	0.0	—
马克萨斯群岛	0.0	-100.0	0.0	-100.0	0.0	—
瑙鲁	0.1	483.4	0.0	476.2	0.0	—
新喀里多尼亚	12.1	978.1	0.2	76.1	11.9	1,087.7
瓦努阿图	0.1	56.8	0.1	69.4	0.0	-63.0
新西兰	53.4	14.3	17.2	25.4	36.1	9.7
诺福克岛	0.0	-67.8	0.0	-67.8	0.0	—
巴布亚新几内亚	0.8	-59.3	0.8	14.6	0.0	-98.6
社会群岛	0.0	-100.0	0.0	-100.0	0.0	—
所罗门群岛	0.4	443.5	0.4	500.0	0.0	-57.6
汤加	0.1	91.6	0.1	92.4	0.0	-100.0
土阿莫土群岛	0.0	-100.0	0.0	-100.0	0.0	—
土布艾群岛	0.0	-100.0	0.0	-100.0	0.0	—
萨摩亚	0.1	6.6	0.1	6.5	0.0	—
基里巴斯	0.1	38.4	0.1	38.4	0.0	—
图瓦卢	0.1	-18.2	0.1	-17.8	0.0	-100.0
密克罗尼西亚联邦	0.0	-88.9	0.0	-88.9	0.0	—
马绍尔群岛	2.4	-57.4	2.3	-57.4	0.0	—
帕劳	0.1	32.4	0.1	32.4	0.0	—
法属波利尼西亚	0.1	47.4	0.1	64.6	0.0	-100.0
瓦利斯和富图纳	0.0	-93.6	0.0	-93.6	0.0	—
大洋洲其他国家（地区）	0.2	320.5	0.2	321.7	0.0	-100.0
国别（地区）不详	0.0	-75.6	0.0	-100.0	0.0	-75.6
RCEP	5,717.5	13.1	2,135.7	22.5	3,581.8	8.2
东盟（10国）	2,570.7	17.8	1,202.4	18.1	1,368.2	17.5
欧盟（27国，不含英国）	2,041.1	20.8	1,192.6	44.1	848.5	-1.5
"一带一路"沿线国家（64国）	4,469.7	17.1	2,388.7	17.3	2,080.9	17.0
其他金砖国家（4国）	907.3	5.6	573.8	0.5	333.5	15.7

"中国海关史料丛书" 编委会

主 任 委 员　　胡　伟

副主任委员　　黄冠胜　杨振庆

编委会委员　　刘学透　赵燕敏　吴瑞祥　刘书臣　黄秀生
　　　　　　　李海勇　王晓刚　田　壮　王　虹　刘先中

执 行 主 编　　谢　放　詹庆华　郭志华

编　　　　辑　　房　季　王　虎　解　飞　范嘉蕾　李　多
　　　　　　　刘金玲　贺　红